Uwe George
Die Wüste

Vorstoß zu den Grenzen des Lebens

Herausgeber: Rolf Winter
Gestaltung: Erwin Ehret
Lektorat: Ortwin Fink
Bildredaktion: Ursula Carus
Dokumentation: Allheide Schulz
Produktion: Druckzentrale G+J
Druck: Brillant Offset GmbH & Co,
Hamburg

© GEO-Bücher im Verlag
Gruner + Jahr AG & Co, Hamburg

gedruckt auf:
Zanders Ikonorex Spezial-Matt
2. Auflage 1982
ISBN: 3-570-01665-X

Ordnung aus dem Chaos

Das Studium der Vielfalt von Formen und Strukturen
in der Sandwüste offenbart das Geheimnis der Schöpfung. Nach
einer Ordnung, die sich aus sich selbst erhält, begann vor vier
Milliarden Jahren die Entstehung der Spiralnebel,
der Sonne, der Erde und unseres Lebens

In der zentralen
Sahara Libyens be-
drängen Wander-
dünen die Oase Man-
dara. Sie gehört
zu den wenigen Inseln
des Lebens in der
Wüste, die ihren Be-
wohnern offenes
Wasser bieten

Die starken Temperaturschwankungen zwischen Tag und Nacht lassen das Gestein in der Gebirgswüste bersten. Die bis zu 3000 Meter hohen Zinnen des Ahaggar in Südalgerien sind Basaltpfropfen früherer Vulkane

Das Felslabyrinth des Tassili-Plateaus in Südalgerien entstand, als sich die Erdkruste aufwölbte und in viele Einzelblöcke zerbrach. Die tiefen Risse wurden in Jahrmillionen vom Sandstrahlgebläse des Wüstenwindes erweitert

Die Höhenzüge
des Sinai, der Wüsten-
halbinsel zwischen
Israel und Ägyp-
ten, sind Ursprungs-
ort und Kulisse
dreier großer Welt-
religionen. Die Gipfel
ragen bis zu 2642
Meter auf

Ein uraltes
Sandsteinplateau
in der zentralen Sahara
verwandelt sich
durch Verwitterung
zu Sand, der
sich am Grunde tiefer
Canyons in neuen
Formen ordnet

Durch Verwitterung
und Abtragung eines
Hochplateaus am
Rande des Großen
Östlichen Ergs in Al-
gerien entsteht ein
Ozean aus Sand.
Diese Fotografie
eines Vermessungs-
Satelliten läßt jede
der bis zu 300 Meter
hohen Sterndünen
detailgenau
erkennen

Wegelos, ohne
Orientierungspunkte
und ohne festen
Grund, dehnen sich die
Sterndünen — hier,
in der zentralen
Sahara — zu unermeß-
licher Weite. Die wan-
dernden Wogen
sind in ihrer ganzen
Ausdehnung bis
heute nicht von
eines Menschen Fuß
durchmessen
worden

Die Substanz der
Wüste offenbart unter
der Lupe das Natur-
gesetz des ewigen
Zerfalls. Die Sandkör-
ner aus durchschei-
nendem Quarz bilden
die Reste früherer
Gebirge

Inselberge in der Sahara — letzte Zeugen eines Millionen Jahre währenden Zerfalls — sind feste Landmarken zur Orientierung. Sie werden mitunter aber auch durch Hitze und Luftspiegelung zu Irrsignalen für den Wüstenwanderer

24

Wie mit Lack über-
zogen wirken die aus-
gedehnten Stein-
wüsten in der Sahara.
Der schlacken-
artige Glanz entsteht
durch Metall-
verbindungen, die sich
nach chemischer
Verwitterung auf der
Oberfläche der
Felstrümmer
absetzen

Der Wind formt den Sand zu bizarren Reliefs. Eine der eigenartigsten Formen bilden Seifdünen — genannt nach dem arabischen Wort für Krummschwert —, die in hunderte Kilometer langen Ketten und zu hunderten parallel zueinander verlaufen — hier ein Beipiel im Süden des Tassili-Gebirges

Das Muster
im Kleinen —
die Sandrippel —
setzt sich auch im
Großen in endloser
Abfolge fort.
Diese Ordnung
erhält sich aus
sich selbst

Das erste Morgenlicht
vergoldet das steinerne
Mosaik — Endzustand
der Wüste —, während der
Himmel noch im nächt-
lichen Dunkel des
Erdschattens liegt. Auf
hunderttausenden von
Quadratkilometern
gibt es keine Erhebung,
kein Leben. Aus dem
Weltraum betrachtet,
bietet die tote Ebene
des Tanezrouft im
Süden Algeriens ein
völlig anderes Bild.
Wie bei einer polierten
Marmorplatte werden
Strukturen der Erd-
kruste sichtbar —
durch Windschliff auf-
gedeckte Faltungen
längst abgetragener
Gebirgsketten

Bei Sandsturm beginnt die Oberfläche der Riesendünen zu fließen. Der starke Wind vermag die schweren Sandkörner — im Gegensatz zu Staub — nur knapp über den Boden zu erheben

n der Kühle des Morgens war ich in einer kleinen Oase inmitten der Sahara aufgebrochen, um meine Reise fortzusetzen. Im Schutz der Palmengärten hatte ich die stürmische Nacht verbracht.

Mein Geländefahrzeug war mit Expeditionsausrüstung, Wasser und Benzinvorräten schwer beladen. So quälte es sich durch ein Labyrinth von Palmen und haushohen Dünen. Wie Wogen eines Ozeans war der Sand aus der Wüste über die grüne Insel hereingebrochen und hatte Gärten wie Brunnen der Oase überflutet.

Ich fuhr an Menschen vorüber. Sie waren wie eh und je seit Tagesanbruch damit beschäftigt, ihre kleinen Gemüse- und Getreidefelder und die Schößlinge der Dattelpalmen gegen den vordringenden Sand zu verteidigen. Sie schaufelten den Sand in Korbtaschen und transportierten ihn auf den Rücken von Eseln und Kamelen dorthin, woher er gekommen war.

Betrachtet man die Höhe der Dünen, die Menge des Sandes, so muß dieses Unterfangen einem Fremden hoffnungslos, ja geradezu sinnlos erscheinen. In den Blicken und Bewegungen der Oasenbauern läßt sich jedoch nichts Verzweifeltes, nichts von der einem Sisyphus auferlegten Strafe entdecken. Nichts von der Hektik eines Katastropheneinsatzes bei einem Deichbruch. Eine ausgeglichene Gelassenheit bestimmt alle ihre Handlungen.

Die Bewohner der grünen Insel führen den Kampf gegen den Sand seit Jahrhunderten. Und seit je haben sie überlebt. Aus dieser Erfahrung erwächst ihre Sicherheit.

Es hätte keinen Sinn, gegen den vorrückenden Sand einen Deich zu errichten. Vergleichbar der Brandung des Meeres an einer Küste, entstehen die Sanddünen erst am Rand der Oase. Der Flugsand aus der offenen Wüste sammelt sich im Windschatten der Kulturpflanzen und der Häuser. Hat sich erst einmal ein wenig Sand angehäuft, so führt dies unweigerlich dazu, daß sich schnell – oft über Nacht – eine Düne bildet. Und je größer die Düne wird, desto mehr Sand sammelt sich wiederum in ihrem Windschatten. Zugleich beginnen die Dünen in der Richtung des Windes langsam zu wandern. Immer tiefer, wie eine Krankheit, frißt sich der Sand in die Oasengärten hinein. Die Bauern versuchen ihr Hab und Gut zu bewahren, indem sie außerhalb der Anbauflächen und der Dörfer Schutzzäune aus geflochtenen Palmenblättern errichten. Damit gelingt es, den Sand an genehmen Stellen zu konzentrieren. Mit der gleichen Methode versuchen die Menschen, die Wanderdünen auf vorbestimmten Wegen durch die Oase zu leiten, so daß sie möglichst wenig Schaden anrichten.

Ich hatte die gelbe Brandungszone durchquert und fuhr in die offene Wüste, hinaus in einen Raum von ozeangleicher Weite. „Bahr bela ma" nannten die arabischen Karawanenführer diese größte Wüste der Erde – „Meer ohne Wasser". Sie verglichen ihre Reise mit einer Seefahrt, und der Südrand der Sahara war für sie der „Sahel", das Ufer, das es zu erreichen galt.

Bereits nach kurzer Fahrt versanken die grünen Palmen der Oase hinter mir am Horizont. Die Erdkrümmung entzog sie meinen Blicken. Und wie beim Seemann, wenn er den Hafen verläßt und das offene Meer erreicht, so waren nun meine Blicke auf den Horizont vor mir gerichtet. Ich wollte Neues entdecken in einer Landschaft, die so groß und im Detail so wenig erforscht war, daß die Entdeckung jedes Geheimnisses noch möglich erschien.

Mit den Stunden nahm die Hitze zu. Über der von der Sonne ausgeglühten Landschaft begann die Luft zu wallen und ließ den Horizont verschwimmen. Die schwarzen „Inselberge", die ich klar umrissen in der Ferne gesehen und zur Orientierung benutzt hatte, verwandelten sich seltsam. Sie verzerrten sich, durch die heiße Luft betrachtet, zu breiten, linsenförmigen Gebilden, die, losgelöst vom Untergrund, über dem Boden schwebten. Vor mir tauchten blaue Seen auf, die jedesmal, wenn ich mich ihren Ufern zu nähern schien, zerrannen. Einzelne blaue Fetzen trieben links und rechts vorüber und flossen hinter dem Auto wieder als eine geschlossene Wasserfläche zusammen.

Ich dachte an Moses, wie er die Wasser des Meeres teilt. War das Volk, das er führte, nicht eher durch eine Wüste gezogen?

Es war die Zeit des Tages, da in der Wüste die Grenzen zwischen Schein und Wirklichkeit verschwimmen, die Zeit der Fata Morgana. Die Seen waren das Himmelsblau, das sich an der Grenze zweier verschieden temperierter Luftschichten über dem stark erhitzten Gestein spiegelte. Näherte ich mich einem der durch Lichtbrechung linsenförmig verzerrten Berge, die scheinbar im Wasser schwammen, so stellte er in seiner Mitte wieder einen Kontakt mit dem Boden her und nahm die Gestalt eines riesigen Pilzes an. Einige der Berge, von denen mich noch

Moses führt sein Volk nach dem Auszug aus Ägypten durchs Meer (Kupferstich von 1906)

eine große Distanz zu trennen schien, waren nach wenigen Metern Fahrt erreicht und schrumpften zu ballgroßen Felsbrocken zusammen. Sie waren nur durch die heiße, verzerrende Luft so gewaltig vergrößert erschienen.

Größen und Weiten, die Verteilung der Dinge in Raum und Zeit entsprachen nicht mehr den Erfahrungswerten, die ein Mitteleuropäer gemeinhin von der Welt besitzt. Die unwirkliche Szenerie bewirkte bald das Gefühl in mir, daß nicht ich mich durch die Landschaft bewegte, sondern daß ihre einzelnen Bestandteile an mir vorübertrieben.

Federwolken zogen auf, der Wind wurde böig, und die Richtung, aus der beides kam, verhieß nichts Gutes. Die Böen wirbelten dichte Staubfetzen hoch. Gelegentlich rollten abgestorbene, vom Wind über dem Boden abgebrochene kleine Büsche vorbei. Unzählige Umdrehungen auf dem harten Wüstenboden hatten das Geäst zu einer Kugel geschliffen.

Nach kurzer Zeit hatte der nun konstant wehende Wind gewaltige Staubmengen aufgesogen, die er als gelbbraune Masse vor sich hertrieb. Die Luft war damit so angefüllt, daß die vorher grellweiße Sonne nur noch als mattgelbe Scheibe zu erkennen war. Staubsturm!

Ich wußte aus langjähriger Erfahrung, daß Staubstürme oft in Sandstürme übergehen. Der Wind nahm zu. Als der feine Staub weggeblasen war, wurde die Sicht klarer. Vorübergehend. Dann kündigte sich der Sandsturm mit einzelnen schmalen, gelben Sandbändern an, die über den dunklen Wüstenboden dahintrieben.

Der Farbkontrast erinnerte mich an einen aufgewühlten Ozean, wenn der Wind lange Streifen weißen Schaumes über die düsteren Wogen peitscht. Die wirbelnden Sandstreifen schlossen sich schnell zu einem gelben fliegenden Teppich. Der Anblick der fließenden Wüste erregte

Schwindel. Mit zunehmender Geschwindigkeit wirbelte der Wind immer größere Mengen der schweren Sandkörner auf, wodurch der Teppich immer dicker wurde. Ich hatte das Gefühl, mit meinem Fahrzeug langsam in einem Ozean zu versinken.

Die Sandmassen quollen gegen die Windschutzscheibe. Bevor mir die letzte Sicht genommen wurde, fuhr ich auf eine Anhöhe. Hier war ich sicher; so hoch wurde der Sand nicht gewirbelt.

Von diesem winzigen Eiland aus bot sich mir ein unbeschreiblich schöner Anblick: Über dem goldgelb wogenden Wüstenmeer breitete sich, so weit ich blicken konnte, ein tiefblauer Himmel. In einiger Entfernung ragten andere Kuppen und Berge wie Inseln aus dem dahinfließenden Sandmeer. Nur an ihrer dem Sturm abgewandten Seite, wo der Sandteppich durch Wirbel aufgerissen wurde, waren noch kleine Flecken des mit Gesteinstrümmern übersäten Bodens zu sehen.

Typisch für Sandstürme ist, daß sie eine scharfe Obergrenze zeigen, maximal wenige Meter über der Wüstenoberfläche. Der Wind kann je nach Stärke die Sandkörner gleicher Größe und gleichen Gewichts nur bis auf eine bestimmte Höhe emporheben. Im Gegensatz zu Sand wird Staub wegen seines geringeren Gewichtes höher in die Atmosphäre hinaufgetragen. So gleichen Staubstürme mehr treibenden Nebeln oder Wolkenmassen ohne scharf ausgeprägte Obergrenze.

Staub und Sand sind nichts anderes als das Endprodukt der Verwitterung von Gesteinen der Erdkruste. Sie tritt in den Wüsten, die nicht von dichter Vegetation bedeckt sind, in den Tausende Meter hohen Gebirgszügen, ausgedehnten Gesteinsplateaus und bizarren Felslandschaften besonders augenfällig zutage.

Hervorgerufen wird die Verwitterung in der Wüste durch die großen Temperaturunterschiede zwischen Tag und Nacht. Ursachen dafür sind das Fehlen einer Wolkendecke und die extrem geringe Luftfeuchtigkeit – sie beträgt oft nur drei bis fünf Prozent (der europäische Mittelwert liegt bei gut 60 Prozent). Während etwa in der Klimazone Mitteleuropas nur zirka 30 Prozent der Sonnenstrahlen den Boden erreichen – der Rest wird von den Wolken, der hohen Luftfeuchtigkeit und den Pflanzen absorbiert –, sind es in der Wüste bis zu 95 Prozent. Ungehindert also können die Sonnenstrahlen auf die Wüstenoberfläche treffen und sie im Sommer über 80 Grad Celsius aufheizen – die höchsten Werte, die auf der Erde allein durch die Einwirkung der Sonnenstrahlen erreicht werden. Die Glut der Steine dringt schmerzhaft durch die Schuhsohlen. Wasser verdampft wie auf einer Herdplatte. Die gleichen atmosphärischen Bedingungen, die am Tage die hohe Aufheizung ermöglichen, führen nachts zu einer starken Abkühlung. Nicht von Luftfeuchtigkeit, nicht von Wolken gehalten, entweicht die Wärme dorthin, woher sie gekommen ist – in den Weltraum.

Nach Sonnenuntergang kann die Temperatur in der Wüste innerhalb weniger Stunden um 50 Grad Celsius, die der Steine sogar um 80 Grad sinken. Derart extremen Schwankungen halten weder die Gesteine der Wüste noch die Flanken der Berge stand – sie bersten. Die Trümmer rutschen oft als gewaltige Gesteinsgletscher zu Tal. Dabei zerbrechen sie in immer kleinere Teile. In langer Zeit wird so eine Gesteinsschicht nach der anderen total zertrümmert.

Manchmal kann man in der Sahara ein Bersten und Krachen vernehmen, hin und wieder untermischt von einem peitschenden Knall, wenn irgendwo im Gestein einer jener jäh klaffenden Risse entsteht, die bis zu hundert Meter lang sein können. Oft erlebt der Wüstenwanderer eine ent-

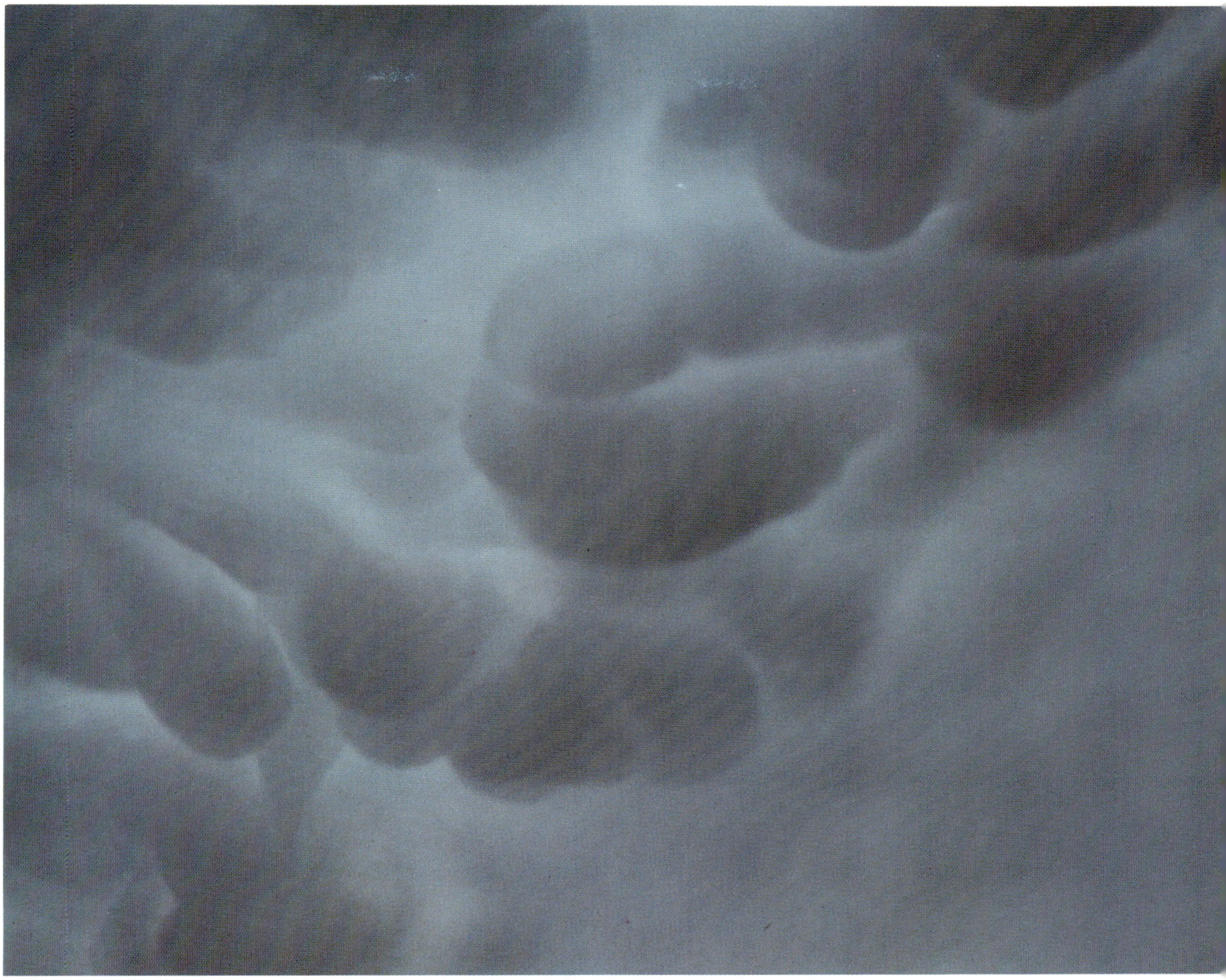

Sackförmige
Wolken kündigen
einen Sandsturm
an. Temperatur-
unterschiede
haben den ein-
zelstehenden
Felsen mit einem
Netz von Rissen
überzogen.
Das Sandstrahl-
gebläse hat in
Bodennähe, wo
seine Wirkung
am stärksten ist,
tiefe Arkaden und
Kavernen her-
ausgefräst

täuschende Überraschung, wenn er einen besonders schön geformten Stein aufheben will, der dann in mehrere bizarre Teile zerfällt. Anschließend lassen sich die Einzelteile wie bei einem dreidimensionalen Puzzle fugenlos zusammensetzen.

Solche Sprünge im Gestein kommen nicht nur durch große Temperaturunterschiede zustande, sondern auch durch eine ungeheure Druckentlastung; sie tritt ein, wenn Gestein, das Millionen Jahre lang unter dem gewaltigen Druck anderer Schichten in größerer Tiefe lagerte, freigelegt wird. Über Millionen von Jahren hatte sich das Gefüge des Gesteins auf den enormen Druck eingestellt. Wenn es dann an der Erdoberfläche freiliegt, genügt ein geringer Anlaß − etwa der Temperaturunterschied zwischen Tag und Nacht oder die abrupte Abkühlung des von der Sonne erhitzten Gesteins durch einen Regenguß − um die innere Spannung zu lösen.

Viele der flachen Steinwüsten in der Sahara, die sich von Horizont zu Horizont erstrecken, sehen so aus, als seien sie mit versteinerten Kohlköpfen übersät. Von den großen Steinen kann man, wie die Blätter bei einem Kohlkopf, Schicht für Schicht abheben. Diese merkwürdige Art der Verwitterung wird durch eingeschlossene Mineralien bewirkt. Regenwasser, das nur im Abstand vieler Jahre aus verirrten Wolken vom Himmel fällt und winzige Mengen Tau dringen durch haarfeine Sprünge ins Gestein ein. Die Feuchtigkeit ist jedoch zu gering, um − wie in nasseren Klimazonen − die Mineralien, zum Beispiel Salze, zu lösen und aus dem Gestein herauszuspülen. Statt dessen quellen sie auf und versiegeln die Risse. Auf diese Weise entsteht im Inneren ein Sprengdruck bis zu dreißig Atmosphären. Dieser Druck bewirkt, daß der Stein sich schichtweise schält, abblättert und langsam einem Kohlkopf immer mehr ähnelt. Je mehr die Gesteine verwittern, umso mehr

Durch Temperaturunterschiede und Druckentlastung ist der etwa fünf Meter hohe Monolith zerborsten. Das Phänomen wird als Kernsprung bezeichnet

Die so entstandenen Kleintrümmer sind vom sandbeladenen Wüstenwind facettenartig geschliffen. Diese Steine werden als Windkanter bezeichnet

verwandelt sich die Erdoberfläche auch farblich. Das Wort Sahara aus dem Arabischen bedeutet: die Rote.

Wer die Wüste kennt, den werden zwei Eindrücke nicht loslassen: die Weite und die Farben − das Goldgelb der Dünenmeere und das dunkle, manchmal fast schwarze Rotbraun der düsteren, ausgeglühten Gebirge und Trümmerflächen. Das Gestein hat einen metallischen Glanz, es sieht aus, als sei es mit einer rotbraunen und schwarzen Lackschicht überzogen. Dieses Phänomen wird treffend als Wüstenlack bezeichnet.

Blickt man gegen die Strahlen der tiefstehenden Sonne über die schwarze Steinwüste, so erlebt man eine grandiose Erscheinung. Die hochglanzpolierten Steine reflektieren das Licht milliardenfach, und weil die Oberflächen der unebenen Steine alle in einem anderen Winkel zu der Lichtquelle stehen, verändern sich die Reflexionen ständig. Die tote Wüste bietet für kurze Zeit das Bild einer Landschaft, die in ein gleißendes, silbernes Glitzern getaucht ist.

Zerschlägt man einen dieser polierten Steine, so entdeckt man, daß nur sein Äußeres dunkel aussieht. Sein Inneres ist völlig anders gefärbt, in den meisten Fällen heller. Bei dem Wüstenlack handelt es

sich um Metalloxyde – unedle Metalle, überwiegend Eisen und Mangan, die sich mit Sauerstoff aus Luft, Regen und Tau verbunden haben. Fein verteilt, sind sie am Aufbau der Gesteine beteiligt. Wie bei der kohlblattähnlichen Gesteinsabschälung, so wirken auch bei der Entstehung des Wüstenlackes winzige Mengen Feuchtigkeit mit. Durch die haarfeinen Risse dringen sie ins Innere des Gesteins ein und lösen die Metalloxyde heraus. Die eingedrungene Feuchtigkeit gelangt schließlich als Lösung durch kapillaren Aufstieg und durch die enorme Verdunstung an die Oberfläche. Hier verdampft das Wasser, während die Eisen- und Manganoxyde sich als dünne Rinde um die Steine ablagern. Mit der Zeit entsteht eine dicke metallische Kruste, die auf massiven Felsplateaus in der zentralen Sahara bis zu einem halben Meter dick

Durch letzte Spuren von Feuchtigkeit quellen die in den Gesteinen enthaltenen Mineralien auf. Dieser Vorgang läßt Felsbrocken rindenartig auseinanderbrechen

Der Hochglanz des Wüstenlacks entsteht nicht nur durch Windschliff, sondern auch durch die kristalline Struktur der Krusten aus Metalloxyd, mit der die meisten Gesteine bedeckt sind

werden kann. Der metallische, lackartige Glanz der Krusten entsteht nicht etwa durch Windschliff, wie man lange annahm, sondern durch den kristallinen Aufbau der Krusten selbst.

Vor wenigen Jahren haben Wissenschaftler noch eine andere Ursache für die Entstehung des Wüstenlackes entdeckt. Als sie solches Gestein unter einem Mikroskop genauer untersuchten, bemerkten sie, daß die Oberfläche und die Risse einiger Steine dicht mit Flechten, Algen, Pilzen und Bakterien bedeckt sind. Die mikroskopisch kleinen, primitiven Pflanzen decken ihren gesamten Wasserbedarf mit den winzigen Mengen von Feuchtigkeit, die sich aus sporadischem Regen und nächtlichem Tau niederschlägt. Und wie die höherentwickelten Pflanzen beziehen sie die lebenswichtigen mineralischen Nährstoffe aus dem Untergrund, auf dem sie wachsen — aus dem Gestein. In erster Linie also lassen die Flechten die Metalloxydkrusten entstehen.

Flechten sind über die ganze Erde verbreitet und haben sich als äußerst widerstandsfähig erwiesen. Sie gedeihen noch überall dort, wo höherentwickelte Pflanzen schon nicht mehr existieren können. Sie besiedeln die nackten Felsgrate der höchsten Gebirge, die eisigen Einöden der arktischen Gebiete und die heißesten Wüsten. Flechten dringen selbst durch mikroskopisch feine Risse in Gestein ein und lösen durch Säureausscheidungen die für sie lebenswichtigen Mineralstoffe heraus. „Unverdauliche" Bestandteile wie Metalloxyde lagern sich dabei an der Oberfläche des Gesteins ab. Während das Gesteinsinnere ständig mürber wird, verdickt sich dementsprechend die metallische Kruste.

Im endlosen Wechselspiel zwischen täglicher Hitze und nächtlicher Kühle erweitern sich die feinen Risse bald zu klaffen-

den Spalten, aus denen der Wind das zu Staub zerfallene Innere herausblasen kann. Bald sind nur noch die harten Metallkrusten als Hüllen vorhanden, steinerne Boviste, aus denen kleine Staubwolken hervorstieben, wenn man sie zertritt.

Die Wüste ist oft übersät mit solchen Kugeln. Ihr Inneres enthält nur noch ein Labyrinth hauchdünner Lamellen, die der Wind in Schwingung versetzt — steinerne Saiten und Stimmgabeln in der Stille der unbelebten Wüste. Es pfeift und summt und schrillt. Sind auch diese Musikinstrumente des Windes eines Tages zerfallen, so bleibt eine öde Schuttwelt zurück, bedeckt mit den Scherben der Hohlsteine. Es knirscht unter den Füßen wie zerbrochenes Glas.

Oft vermögen sich nur noch Flechten der Lebens-feindlichkeit der Steinwüste zu wider-setzen. Diese Gemeinschaften von Pilzen und Algen fördern die Entstehung des Wüstenlacks

Die mechanischen, die chemischen und die biologischen Kräfte der Verwitterung verwandeln in Millionen von Jahren die steinerne feste Haut der Erdkruste in eine Trümmerlandschaft. Ganze Gebirge versinken im Laufe der Zeit in ihrem eigenen Schutt. Letztlich zerfällt alles zu Sand und Staub.

An diesem Punkt setzt ein Vorgang ein, den man als Selbstverwüstung bezeichnen kann. Angetrieben durch den Wind, wirken Staub und Sand wie ein Sandstrahlgebläse. Der Passatwind treibt das feine Verwitterungsmaterial gegen das noch feste Gestein und zerschmirgelt auch das zu Sand und Staub. Durch die unzähligen Sprengrisse dringt dieses Sandstrahlgebläse in das Innere des Gesteins ein.

In der Atmosphäre über der Sahara schweben ständig drei bis fünf Millionen Tonnen Sand und Staub. Jedes neue Sandkorn aber bedeutet neues Schleifmaterial und verstärkt die Schmirgelkraft des Gebläses. So schreitet die Selbstverwüstung der Gesteine unaufhörlich weiter fort in einer Art Kettenreaktion der Verwitterung. Diese Eigendynamik garantiert die Ausdehnung der Wüste − die Wüste erhält sich aus sich selbst.

Während der kühlen Wintermonate kann die Luft über der Sahara an windstillen Tagen zwar so klar sein, daß man vom Rande eines Hochplateaus hundert Kilometer weit blicken kann. Beim Durchzug eines Tiefdrucksystems jedoch saugt der stürmische Wind den Staub auf und treibt ihn als dichte quirlende Masse vor sich her.

Für mich zählen diese Staubstürme zu den atemberaubendsten und zugleich beängstigendsten Erscheinungen in der Natur. Bei oft völlig klarer Sicht ziehen sie − Wolken am Meer vergleichbar − als bis zu 3000 Meter hohe, undurchdringlich erscheinende Walzen am Horizont herauf. Reisende, die einen solchen Sturm zum erstenmal erleben, geraten nicht selten in Panik. Die unaufhaltsam näherrückende, gelblichgraue Wand droht einen niederzuwalzen, zu ersticken.

Das Erlebnis wird dadurch gespenstisch gesteigert, daß rundum völlige Windstille herrscht, während die Staubwalze heranrast. Erst kurz bevor man von ihr überrollt wird, ist ein feines Prasseln zu vernehmen. Es stammt von den schweren Sandkörnern, die von der Luft gegen den Boden gewirbelt werden. Die Geschwindigkeit der Staubwalzen kann so hoch sein, daß man sich kaum auf den Beinen zu halten vermag. Der Staub kann so dicht sein, daß kein Sonnenstrahl mehr hindurchdringt. Sichtweite Null. Im Innern der Staubwalzen herrscht dunkle Nacht.

Auf dieser
Aufnahme eines
Satelliten ist
deutlich zu erkennen,
wie das Sandstrahl-
gebläse im Laufe von
vielen Millionen
Jahren mehr als 100
Kilometer lange,
bis zu 60 Meter tiefe
Rinnen in den Sand-
stein des Borkou-
Plateaus südwestlich
des Tibesti-Gebirges
im Tschad ein-
gekerbt hat

In der nordwestlichen Sahara, im Süden Marokkos, erlebte ich einmal mit, wie Tausende von Rauchschwalben von einer solchen Staubwalze verschluckt wurden. Die Tiere befanden sich auf dem Heimweg von ihren Winterquartieren im tropischen Afrika nach Europa. Als der Sturm vorüber war, fand ich Hunderte von ihnen mit gebrochenen Hälsen und Flügeln. Die Macht des Sturmes hatte sie auf den Boden geschleudert.

Da die Staubwalzen meistens einen Durchmesser von nur wenigen Kilometern haben, ist das bedrückende Gefühl, eingeschlossen zu sein, oft nach einer halben Stunde vorbei und man sieht das Unheil davonziehen. Der aufgewirbelte Staub indes kann über Wochen und Monate in der Atmosphäre schweben. Er wirbelt bis zu 10 000 Meter hoch, und Satellitenbeobachtungen stützen die Vermutung, daß ihn die Winde rund um den Erdball treiben.

Einer der schwersten Staubstürme, die je beobachtet wurden, überquerte 1973 binnen weniger Tage den Atlantischen Ozean. Auf den Antillen vor der Küste Südamerikas waren die Staubmassen immer noch so dicht, daß der Flugverkehr wegen schlechter Sicht für mehrere Tage stark behindert wurde. Auch bei windstillem Wetter während der Sommermonate können mit der heißen Luft große Mengen feinsten Staubes in die Atmosphäre emporgetragen werden. Wie Nebelschwaden breiten sie sich monatelang über weiten Wüstenstrichen aus und machen jede Orientierung unmöglich.

Sand- und staubbeladene Luft über der Sahara ist längst zu einer wichtigen landschaftsprägenden Kraft geworden. Das Sandstrahlgebläse des Windes poliert nicht nur die Gesteinsbrocken am Wüstenboden, sondern es schleift die Grate und Gipfel hoher Gebirge zu runden Kuppen, es folgt Bruchlinien im Gestein und

fräst lange, tiefe Schluchten in die Felsplateaus.

In der östlichen Sahara liegt das fast dreieinhalbtausend Meter hohe Tibesti-Gebirge, das höchste dieser Wüste. Es ist schwer zu erreichen und gehört deshalb zu den letzten noch wenig erforschten Regionen der Erde. Für den sand- und staubbeladenen Nordost-Passat stellt das Tibesti ein Hindernis dar. Der Wind muß es nördlich und südlich umfließen; dabei nimmt seine Geschwindigkeit zu. Das Sandstrahlgebläse erreicht unvorstellbare Kraft. In Jahrmillionen hat es aus den umliegenden Felsplateaus tausende parallel zueinander verlaufende Rinnen herausgefräst, bis zu zweihundert Meter tief und bis zu einem Kilometer breit, teils mehr als hundert Kilometer lang und nur durch schmale Gesteinslamellen voneinander getrennt. Milliarden Tonnen Gestein wurden abgetragen − und, zu Sand verwandelt, fortgeblasen. Die Wände der Rinnen sind spiegelblank poliert.

Eine der eindrucksvollsten, ebenfalls durch Sandschliff geformten Landschaften ist das mehr als 2000 Meter hohe Tassili-N'Ajjer-Plateau im Zentrum der Sahara. Es baut sich vorwiegend aus Sandsteinen auf, Sediment urzeitlicher Meere und Flüsse, verfestigte Schlamm- und Sandschichten.

Als ich dieses kurz Tassili genannte Gebiet zum erstenmal besuchte, türmten sich vor mir unbekannte Schwierigkeiten auf. Das Tassili ist wegen seiner steilen Pässe für Geländefahrzeuge und sogar für Kamele völlig unzugänglich. So mußte ich mir in der Oase Djanet, am Südrand des Plateaus, mehrere klettertüchtige Esel mieten, die meine Ausrüstung und Lebensmittel tragen sollten. Dazu warb ich einen einheimischen Führer an. Denn wie sollte ich ohne Ortskenntnisse da hinaufkommen und mich zurechtfinden? Mit seinen horizontalen Sandsteinschichten,

An den Wänden eines tiefen Canyons im südalgerischen Tassili wird sichtbar, daß sich dieses Plateau aus übereinandergeschichteten Sedimentgesteinen aufgebaut hat. Regenfluten in feuchteren Klimaphasen schufen einst diese heute trocken liegenden Flußtäler

von senkrechten Rissen durchzogen, glich der Steilabsturz des Plateaus einer tausend Meter hohen, unüberwindlichen Mauer. Meine bergsteigerischen Fähigkeiten bemaß ich gering. Doch die stur auf die Riesenwand zutrottenden Esel ließen mich hoffen.

Durch einen schmalen Spalt schlüpfte unsere Karawane in die gewaltige Gesteinsscholle – ein grandioser Canyon von mehreren hundert Metern Tiefe. Er war vor langer Zeit entstanden, als dieser Teil der Erdkruste durch Kräfte aus dem glutflüssigen Innern der Erde emporgehoben wurde und dabei in zahlreiche, von Klüften getrennte Einzelblöcke zerbrach.

Felsbrocken, die aus schwindelerregender Höhe herabgestürzt waren, führten mir eindrucksvoll vor Augen, daß die Risse in der Erdkruste ständig durch Verwitterung und Abtragung erweitert wurden. Stundenlang marschierte unsere Karawane am Grunde des Canyons dahin. Dann mußten wir steile Geröllhalden überwinden, die als steinerne Gletscher von den Höhen herunterströmten und sich durch schmale Schluchten in den Hauptcanyon ergossen.

Fast einen ganzen Tag dauerte der Aufstieg. Am späten Nachmittag erreichten wir die Oberfläche des Plateaus. Die Landschaft war düster und abweisend: Gesteinstrümmer bis zum Horizont. Ich erblickte das Antlitz eines alternden Planeten, dessen festes Land bereits zu mehr als einem Drittel aus Wüsten, Wüstensteppen und Trockensavannen besteht.

Beschwerlich war der Marsch über schwarzes Gestein, das wie zerbrochene Dachziegel unter den Stiefeln knirscht. Gegen Abend schlugen wir zu Füßen von Felsen, die aus dem Plateau herausragen, unser erstes Lager auf.

Nie zuvor hatte ich eine derartige Landschaft gesehen. Ich glaubte in einer versteinerten Stadt zu stehen. Unzählige Canyons, zwanzig bis sechzig Meter tief, zerfurchten die Oberfläche des Plateaus wie ein geometrisch angelegtes Straßensystem. Die Felsstöcke zwischen ihnen sind so vielgestaltig wie die Häuserblocks einer Stadt. Da gibt es quadratische Bauten mit geräumigen Vorplätzen, schmale „unbewohnte" Ruinen, wie man sie bisweilen in Sanierungsgebieten von Großstädten sieht und die, ihres stützenden Nachbarn beraubt, so wirken, als ob der nächste Windstoß sie umblasen könnte. Von den „Straßenzügen" — oft Sackgassen — führen in die „Innenhöfe" der „Häuser" Gänge und Tore, oft so niedrig, daß man nur auf allen Vieren hineingelangen kann. Die meisten „Häuserreihen" sind an ihrer Basis arkadenartig ausgehöhlt, mal einen halben, mal drei und mehr Meter hoch. Und während die „Hausfassaden" mit der düsteren Patina des Wüstenlackes überzogen sind, tritt in diesen Gewölben der helle, cremefarbene Sandstein zutage.

Die Arkaden sind durch die Schmirgelkraft der Sandstürme in die „Hausfassaden" eingefräst worden. Weil das Sandstrahlgebläse in Bodennähe am stärksten ist, werden die Felsstöcke an der Basis schneller abgetragen als in den oberen Bereichen. Sie werden mehr und mehr unterhöhlt, bis sie eines Tages auf die Seite stürzen und zerbrechen. Viele „Straßenkreuzungen" weiten sich zu großen Plätzen, die angefüllt sind mit monumentalen Plastiken, hohen Felsnadeln oder Gebilden riesenhaften Pilzen gleich. In dieser Landschaft scheint jede vorstellbare Form zu existieren.

Von der Höhe der „Hausdächer" und später noch deutlicher aus dem Flugzeug sah ich, daß die Canyons und die Felsformationen von Nordosten nach Südwesten verlaufen, in Richtung des Passatwindes, der ganze Gebiete des Plateaus aerodynamisch abgeschliffen hat. Rissen und Klüf-

ten im Gestein sowie den trockenen Betten vorzeitlicher Flußläufe folgend, hatte der konstante Wüstenwind also auch die Tassili-„Städte" aus dem Gestein herausgefräst.

Überall auf der Welt wirken Verwitterungskräfte, in der Wüste aber besonders augenfällig. Deshalb ist die Sahara alles andere als eine erstarrte Landschaft. Wie alle Wüsten, zeigt sie nicht nur einen großartigen Formenreichtum, in ihr kann man auch, wie kaum anderswo auf der Erde, geradezu miterleben, wie Landschaften entstehen und vergehen, wie die Erdkruste sich ständig verwandelt.

Diese Vorgänge mußten im Laufe langer Zeit dazu führen, daß die Sahara immer mehr eingeebnet wurde. Wie das Endprodukt — Staub und Sand — vom Wind fortgetragen wurde und wird, so wurden einst gewaltige Mengen Gesteinsschutt von ihrem Ursprung am Fuße der Hochplateaus und aus den Tälern der Gebirge vom Wasser vorzeitlicher Flüsse abtransportiert.

Fast überall in der Wüste sind die Einwirkungen fließenden Wassers zu sehen. Tief eingeschnittene Flußläufe durchziehen die Plateaus und Gebirge der Sahara wie Adern. Die Flüsse sind in der erdgeschichtlichen Gegenwart ausgetrocknet, ihre Betten vielerorts mit Schutt und Sand aufgefüllt.

Das wüstenhafte Klima der Sahara, das bereits seit vielen Millionen Jahren vorherrscht, wurde immer wieder durch relativ feuchte Klimaphasen kurz, das heißt für einige Jahrzehntausende, unterbrochen. Dann entsprangen Flüsse in den Gebirgen der zentralen Sahara. Ihre Wasser reichten jedoch in den meisten Fällen nicht aus, um das ferne Meer zu erreichen. Sie mündeten in großräumigen Beckenlandschaften zwischen den Gebirgen. Und dort wurde auch der mitgeführte Gesteinsschutt abgelagert.

In erdgeschicht-
lich kurzer Zeit werden
auch die letzten Rui-
nen uralter Gebirge
in der zentralen Sahara
verschwunden sein.
Der stetige Wüsten-
wind formt sie ständig
um und zerschmir-
gelt sie letztlich
zu Sand

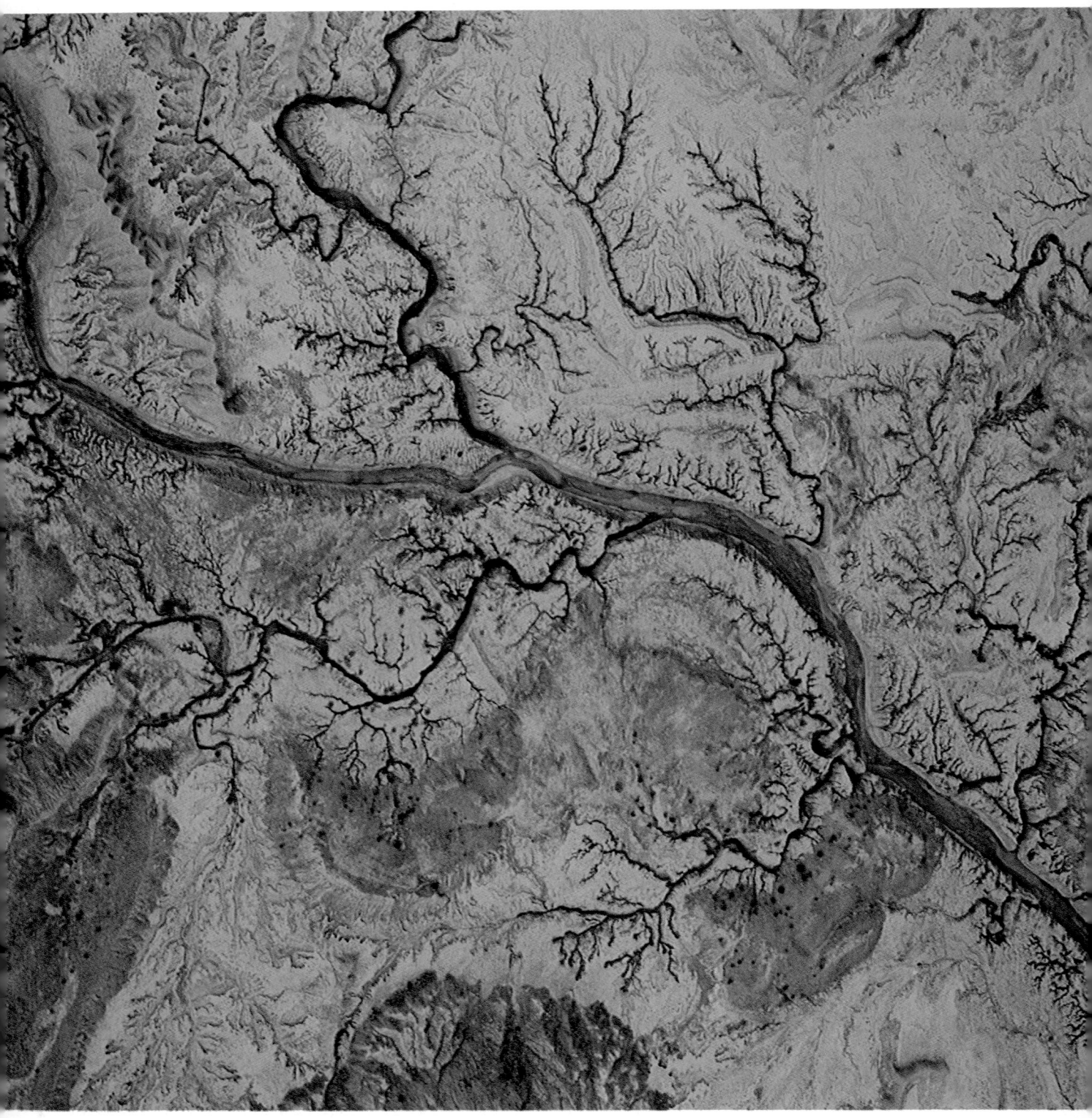

Aus dem Flugzeug wirken die Flußläufe in der iranischen Wüste wie ein System ausgetrockneter Adern. Obwohl es in den Wüsten sehr selten regnet, stellt fließendes Wasser auf der von keiner Vegetation geschützten Oberfläche eine wichtige landschaftsprägende Kraft dar

Etwas Vergleichbares läßt sich auch noch heute beobachten. Selten, oft im Abstand vieler Jahre, kommt es aus verirrten Wolken zu Regenfällen in der Wüste. Es gibt keine Vegetation, die das Regenwasser hindert und aufsaugt, und so entfaltet es auf dem nackten Wüstenboden voll seine Kräfte. In kurzer Zeit spült es große Mengen von Verwitterungsmaterial zusammen. Für wenige Stunden verwandeln sich ausgetrocknete Flußbetten zu reißenden Wildwassern, die tausende von Tonnen Sand und Gestein bis zu kubikmetergroßen Felsbrocken wie eine Walze vor sich herschieben. Selbst Eisenbahnlokomotiven – so ist es in den USA passiert – werden von den Gleisen gerissen und fortgespült. Diese Wassermassen fließen meistens nur wenige Kilometer weit und erreichen ebenfalls niemals das Meer. Sie sammeln sich in Senken und versickern.

Was zurückbleibt, sind große, mit Gesteinsschutt überschwemmte Ebenen, erstarrten Meeren gleich. Auf Flächen, größer als die Bundesrepublik Deutschland, ist die Wüste hier eben wie ein Tisch. Weite Gebiete sind von hochglanzpolierten Windkantern bedeckt – Steinen, die vom Sandstrahlgebläse des Wüstenwindes so lange geschliffen wurden, bis jeder ein aerodynamisches Profil annahm. In anderen Gegenden hat der Wind das Feinmaterial hinweggeblasen und die unterschiedlich geformten Gesteinsreste so lange bearbeitet, bis sie sich zu einem flachen Mosaik lückenlos zusammenfügten. Der Wind findet auf diesem spiegelblank polierten Mosaik, das oft noch von einer Schicht Wüstenlack überzogen ist, keine Angriffsfläche mehr. Kaum einer der Steine gleicht dem anderen. Einmal unterscheiden sie sich, entsprechend ihrer Herkunft, in Beschaffenheit und Farbe. Zum anderen weisen sie eine Vielfalt von Formen auf – sie sind drei-, vier- oder sechseckig, aber auch ebenso oft rhombenförmig oder rund.

Von Horizont zu Horizont gibt es nicht die geringste Erhebung oder irgendein Anzeichen von Leben. Ereignisse, die ein Geräusch verursachen könnten, finden nicht statt. Es herrscht der unheimliche, form- und geräuschlose Zustand der Endwüste. In dieser Landschaft empfinde ich mich als Mittelpunkt einer riesigen, leeren Scheibe, der Horizont bildet einen durch nichts unterbrochenen Kreis.

Nirgendwo offenbart sich das innerste Wesen der Wüste deutlicher. In diesen in sich erstarrten toten Ebenen der Sahara strebt die steinerne Krustenmaterie unseres Planeten einen Endzustand an. Differenzierte Strukturen und Ordnungen, wie sie andere Landschaften unserer Erde zeigen, existieren nicht mehr. Doch so erstaunlich sich das anhören mag, der Zustand der eingeebneten Gesteinsmaterie in der Endwüste ist der wahrscheinlichere aller denkbaren Zustände.

Im gesamten Universum – unsere Erde nicht ausgenommen – herrscht ständig ein Drang zur Entdifferenzierung oder einfacher ausgedrückt: zur Unordnung. Dieser Vorgang vollzieht sich in unserem täglichen Leben ständig und wird von uns so selbstverständlich hingenommen, daß wir ihn gar nicht mehr beachten. Stellen wir beispielsweise ein kaltes Getränk in einen warmen Raum, so gleicht sich die Temperatur der Flüssigkeit ihrer Umgebung an. Umgekehrt kühlt eine warme Flüssigkeit in einer kalten Umgebung ab. Schütten wir verschiedene Flüssigkeiten – zum Beispiel Wasser und Tinte – in ein Gefäß, so vermischen sie sich. Ihre differenzierte Ordnung hebt sich auf. Überläßt man die Dinge sich selbst, so streben sie eine größtmögliche Unordnung an.

Trotzdem besteht unsere Welt größtenteils aus geordneten Strukturen. Sie erstrecken sich von den Spiralnebeln und dem Lauf der Planeten um die Sonne bis hinunter zu den kleinsten Bausteinen, den Molekülen und Atomen. Das Leben schließlich stellt den höchsten Grad von Differenzierung und Ordnung dar. Inmitten einer Umwelt, die natürlicherweise nach Unordnung drängt, lassen sich die Lebensprozesse – wie auch alle unbelebten Ordnungen und Strukturen – nur durch ständige Material- und Energiezufuhr aufrechterhalten. Wo Leben nicht mehr möglich ist, weil dafür wichtige Voraussetzungen fehlen – zum Beispiel, weil es kein Wasser in der Wüste gibt –, nimmt der Grad der Unordnung zu. So besehen, findet in den toten, völlig eingeebneten Regionen der inneren Sahara der kosmische Drang nach Entdifferenzierung, nach Unordnung, sein Abbild. Die Entstehung von Strukturen und Ordnungen aus dem Chaos gehört zu den schwierigsten Rätseln der Naturforschung. Ihnen widmet sich eine neue, von dem deutschen Physiker Hermann Haken begründete Wissenschaft: die Synergetik. In ihr ist das Geheimnis der Schöpfung selbst enthalten.

Wie solche Strukturen und Ordnungen aus ungeordneter Materie entstehen können, habe ich in der Sahara studiert – in einer völlig anderen Landschaft als der gerade beschriebenen: in der Sandwüste. Ein Teil des Sandes, hauptsächlich aber der feine Staub, wird vom Wind aus der Sahara heraustransportiert und lagert sich, wie Untersuchungen ergeben haben, als dicke Schicht auf dem Boden des Atlantiks ab.

Es kann vorkommen, daß pro Tag eine Million Tonnen Staub aus der Sahara fortgeweht wird. Wollte man diese Menge per Güterzug befördern, so müßte er vierhundert Kilometer lang sein. Der weitaus größte Teil der Verwitterungsprodukte, hauptsächlich der schwere Sand, bleibt jedoch in der Sahara und lagert sich, oft weit vom Ursprungsort entfernt, in geräu-

Auf dieser Aufnahme aus dem Weltraum erkennt man, wie hohe Gebirge in der iranischen Wüste am Ostrand der Dasht-e-Kavir in ihrem eigenen Schutt ertrinken, der durch Verwitterung und Abtragung entstand. Die unterschiedlichen Färbungen der bis zu 20 Kilometer breiten Schuttfächer lassen deutlich auf deren Ursprungsort schließen

migen Beckenlandschaften als Sanddünen
ab. Sand ist das Verwitterungsprodukt
vorwiegend grobkörniger Gesteine wie
Granit und Sandstein. Diese abgerundeten Sandkörner, gerade noch mit bloßem
Auge einzeln zu erkennen, dürften die
minimale Zerfallsgröße von Granit und
Sandstein darstellen, denn sie bieten einander kaum noch Angriffsflächen. Legt
man ein solches Sandkorn unter das Mikroskop, so entdeckt man, daß seine
Oberfläche mit Metalloxyden bedeckt
oder sogar ganz umhüllt ist. (Das verleiht
dem Sand seine rötliche Farbe.)

Oft lagert sich der Sand schon im Windschatten des Gebirges ab, aus dem er
entstanden ist. Das läßt sich besonders gut
am Tassili-Plateau erkennen, das sich zum
Südhang hin mehr und mehr zu einem
imposanten Archipel von Inselbergen auf-
löst. Diese Plateaureste, die typisch sind
für fast alle Wüsten unserer Erde, heißen
auch Zeugenberge, weil sie Zeugnis able-
gen von der früheren Ausdehnung eines
Gebirges.

Dieser Archipel von Inselbergen
scheint langsam in seinem eigenen
Zerfallsprodukt zu versinken. Wenn man
von den Zeugenbergen südwärts blickt,
erkennt man bereits das hohe Sanddünen-
gebirge des Erg d'Admer. Von hier bis
dort besteht deutlich sichtbar ein kontinuierlicher Übergang.

Die Verwandlung von Hochplateaus
und Gebirgen zu Sanddünen, diese Metamorphose toter Materie, fasziniert mich
an der Sahara am stärksten. Obgleich die
meisten Menschen mit der Wüste sogleich
die Vorstellung von Sanddünen verbinden, bedecken sie einen weit geringeren
Teil der Sahara, als gemeinhin angenommen wird – nur zu etwa 20 Prozent. Aber
das sind fast zwei Millionen Quadratkilometer, und schon einzelne dieser Sandgebiete, die über die gesamte Sahara verteilt
liegen, sind beinahe so groß wie die Bun-

Wenige Zentimeter hohe Rippel sind das Grundelement der verschieden-sten Typen von Großdünen. Wechselnde Winde formen die Ober-fläche der Wälle ständig um. Am Hang eines Fels-plateaus in der algerischen Sahara lagert sich Sand ab und wandert voran, bis Strudellöcher entstehen, die 15 Meter tief werden können

desrepublik Deutschland mit ihren fast 250 000 Quadratkilometern.

Während die düsteren Stein- und Gebirgswüsten Zerstörung und Chaos suggerieren, findet man in einer Sandwüste geordnete Strukturen. Der Blick gleitet über harmonische Formen, die sich rhythmisch wiederholen. Vergessen sind die zackigen Grate und schroffen Kanten der Trümmerwüste. Angesichts der Sanddünen überkommt den Betrachter ein Gefühl der Ausgewogenheit und Ruhe.

Obwohl in der Sandwüste weithin weder Pflanzen noch Tiere zu sehen sind, verbindet mich mit dieser Landschaft ein Gefühl des Lebendigseins. Ein großer Teil des Sandes ist permanent in Bewegung. Kann der Wind die riesigen, oft bis zu 300 Meter hohen Sanddünen auch nicht auf einmal bewegen, so formt er doch ständig ihre Oberfläche. Der Sand verhält sich dabei wie Wasser, auch er befindet sich in einer Art flüssigem Zustand. Die Oberfläche der Sandwüste ähnelt darum der vom Wind bewegten Oberfläche des Meeres.

Die wenigen Lebewesen, die in den Sandwüsten existieren, mußten sich ihrer „flüssigen" Umwelt anpassen, um zu überleben. Wie die Fische im Meer bewegen sie sich schwimmend im Sand fort. Und um nicht entwurzelt zu werden, passen sich Bäume den Wanderbewegungen der Sanddünen an, indem sie mitwandern. Doch davon ist später noch ausführlich die Rede.

Genau wie beim Wasser des Meeres, aber ganz im Gegensatz zu den erstarrten Gesteinsebenen der Wüste, kann sich die Bewegungsenergie des Windes auf den flüssigen Sand übertragen. Diese Energiezufuhr ist die Voraussetzung dafür, daß Ordnungen und Strukturen in der Sandwüste entstehen und aufrechterhalten werden. Sie macht die Selbstorganisation der unbelebten Materie aus dem Nichts der chaotischen Unordnung erst möglich.

Am Anfang der Entstehung der vielfältigen Gebilde von Sanddünen steht zunächst einmal eine flache Sandrippel. Es beginnt damit, daß sich der Sand bei starkem Wind in drei verschiedenen Ebenen und in unterschiedlicher Weise über den Boden fortbewegt. Zuerst hebt der einsetzende Wind die kleinsten Partikel empor. Wegen ihres geringen Gewichtes schweben sie über den Boden dahin, ohne ihn zu berühren. Es folgen bei zunehmendem Wind die mittelgroßen Sandkörner. Sie sind bereits so schwer, daß der Antrieb durch den Wind und die Schwerkraft sich die Waage halten. Wie Bälle bewegen sie sich ungeordnet springend fort. Wenn sie aufprallen, schleudern sie andere Sandkörner ihrer eigenen Größe in die Luft. Die größten Sandkörner schließlich sind so schwer, daß der Wind sie nicht emporzuheben vermag. Sie kriechen langsam über den Boden, angetrieben durch den Wind und den ständigen Aufprall der mittelgroßen Körner. Im Windschatten kleinster Unebenheiten am Boden bleiben die fortkriechenden schweren Sandkörner plötzlich liegen. Es kommt zu einem Stau. Eine erste Rippel bildet sich quer zur Windrichtung.

Die entstandene Rippel stellt nun ihrerseits ein Hindernis für die über den Boden kriechenden schweren Körner dar. Vergleichbar einem Verkehrsstau mit Auffahrunfällen, so wird die Rippel immer breiter und höher. Wenn mittelgroße, springende Sandkörner auf die Rippel treffen, prallen sie in die Höhe und fliegen wie Bockspringer über das Hindernis hinweg. Anschließend landen alle in der gleichen Entfernung, weil sie alle von gleicher Größe und gleichem Gewicht sind und bei jeder Windstärke eine genau festgelegte Sprungweite haben. Wo nun diese Körner massenhaft am gleichen Ort auftreffen, entsteht ein neuer Stau, eine neue Rippel, die ihrerseits wieder eine Rippel entstehen läßt – und so weiter. So ruft die erste Rippel eine potentiell endlose Abfolge von Rippeln hervor, alle mit gleichem Abstand und von gleicher Höhe. Das ungeordnet herantransportierte Zerfallsprodukt der Gesteine, Sand, gewinnt geordnete Strukturen, die sich multiplizieren.

Langsam, für das Auge noch erfaßbar, wandern die Rippeln mit dem Wind weiter. Die Bewegung kommt dadurch zustande, daß die Sandkörner an der dem Wind ausgesetzten Seite der Rippeln emporkriechen und sich im Windschatten des Kammes wieder ablagern. Während sich die Rippeln fortbewegen, verändert sich der Abstand zwischen ihnen nicht.

Zuerst hatten die mittelgroßen springenden Sandkörner alle einen unterschiedlichen Aufprallpunkt. Nun aber beginnt sich ihre chaotisch-ungeordnete Bewegung durch die ersten Rippelhindernisse gleichzuschalten – zu ordnen. Je mehr Rippeln jetzt von sich aus entstehen, um so öfter werden die noch ungeordnet in den Zwischenräumen aufprallenden Sandkörner „eingefangen" und in die neue Ordnung eingebunden.

Am Anfang stand der Zufall in Form eines Hindernisses. Hat sich aber erst einmal eine Ordnung etabliert, so scheint der Ordnungsparameter seine Umwelt – wie Hermann Haken formuliert hat – zu „versklaven". Die einzelnen Mitglieder des Systems – die unzähligen Sandkörner – können aus der neugeschaffenen Ordnung der Sandrippeln nicht mehr ausbrechen. Vorausgesetzt, der Wind führt weitere Energie zu, so erhält sich die Ordnung aus sich selbst.

Je nach Windstärke und Sandmenge können die Rippeln zu zehn bis zwanzig Meter hohen Dünen anwachsen, die endlos wie die Wellen eines Meeres tausende Quadratkilometer bedecken. Solche Areale innerhalb der Sahara werden treffend als Sandsee bezeichnet.

Einer der markantesten Dünentypen innerhalb der großen Formenvielfalt der Wüste und ein weiteres eindrucksvolles Beispiel für die Selbstorganisation ungeordneter Materie ist der Barchan (arabisch: Halbmonddüne). Diese wandernde Düne besitzt die Form einer Sichel. Ihre offene Seite weist dabei in die Bewegungsrichtung. Barchane entstehen, wenn große Sandmengen strahlartig konzentriert auf ein Hindernis treffen und sich aufstauen. Die mit dreißig Meter höchsten Barchane der Sahara bilden sich dort, wo das Sandstrahlgebläse besonders stark ist: am Ausgang der tiefen Rinnen, die der Passat in die Randplateaus des Tibesti-Gebirges gefräst hat. Diese Riesenbarchane transportieren die durch Gesteinszerstörung ständig neu anfallenden Sandmassen geordnet ab. Die Barchane wandern, indem sich die in ihnen konzentrierten Sandmassen ständig wie im Kreislauf umlagern. Sand wird an der Luvseite der Düne emporgetragen und über den Kamm geweht. Dadurch wird der Hang im Innern der Sichel immer steiler, bis er seine Stabilität verliert und der Sand als kleine Lawine herunterrutscht. Eines Tages kommen dann die im Innern der Sichel abgelagerten Sandkörner an der Luvseite wieder zum Vorschein, wenn der Barchan über sie hinweggewandert ist, und steigen erneut zum Kamm empor. Der Kreislauf ist geschlossen.

Die Sichelform der Barchane kommt dadurch zustande, daß der Wind die einzelne Düne seitlich umfließt. Dabei nehmen seine Geschwindigkeit und Transportkapazität an den Rändern der Düne zu. Je nach Windstärke wandern Barchane im Jahr zehn bis fünfzig Meter weit. Während ein Barchan fortwandert, entsteht an seinem Ursprungsort ein neuer. So erwachsen Tausende von Barchanen, scheinbar aus dem Nichts. Alle durch annähernd gleiche Abstände voneinander getrennt, wandern sie in mehr als hundert Kilometer langen Reihen, wie auf Straßen, durch die mit Gesteinsschutt bedeckten Ebenen der Wüste. Sie können sogar große Felsbarrieren überwinden. Wenn so eine Barchankolonne unterwegs etwa auf die steile Abbruchkante eines Plateaus stößt, dann kommt es zunächst zu einem Stau. Vergleichbar den Wellen des Meeres, die sich durch den Staudruck an einer Küste als Brandung übereinanderschieben, so wälzen sich Hunderte und Tausende von Barchanen ineinander und übereinander zu einer mächtigen Rampe. Sobald sie den oberen Rand des Plateaus erreicht hat, rückt die endlose Kolonne der folgenden Barchane auf das Plateau vor und setzt oben die Wanderung fort.

Die Sichel eines Riesenbarchans kann bis zu einem Kilometer weit werden. Wenn die Sandmassen diese gewisse Grenze überschreiten, kommt es zu einem eigenartigen Phänomen. Der Wind beginnt, die riesige Sandmasse in einzelne Teile aufzulösen – aus dem Rücken der Barchane und aus den Zungen der Sicheln entstehen neue Ketten kleiner Barchane.

Wo in der Wüste der Wind nicht beständig aus einer Richtung bläst, sondern jahreszeitlich umspringt, bilden sich Seifdünen – der Begriff stammt von dem arabischen Wort für Krummschwert. Ihre Form gab den Seifdünen ihren Namen. Sie bestehen aus unzähligen Einzeldünen, die zu einer langen Kette zusammengewachsen sind. Sie besitzen einen durchlaufenden scharfen Grat, der sich in weiten, sanften Bögen hebt und senkt. Wenn der Wind seine Richtung ändert, kehrt sich der Grat einer Seifendünenkette häufig um. Die Bögen öffnen sich dann in die entgegengesetzte Richtung, so daß die Dünenketten vom Flugzeug aus langen, sorgsam geflochtenen Zöpfen gleichen.

Der größte Teil des Sandes sammelt sich am Ende seiner Wanderungen in den

Sicheldünen wandern durch die Atacama-Wüste in Chile. Der Wind umfließt die bizarren Gebilde seitlich; dabei steigert er seine Geschwindigkeit und trägt somit von den Flanken mehr Sand ab als vom Kamm

weiträumigen Landschaften ehemaliger Meeresbecken inmitten der Sahara. Nicht nur, weil die Dünen den Meereswogen gleichen, sondern auch wegen ihrer Ausdehnung vermitteln diese in sich geschlossenen Sandgebiete ein Gefühl ozeanischer Weite. Sie werden arabisch Erg oder Edeien genannt, das bedeutet nichts anderes als „Dünengebiet". Es ist unmöglich, den gesamten Formenreichtum eines Ergs zu beschreiben. Hier fließen alle Formen ineinander und bilden etwas Neues. Der Beobachter am Boden vermag darin nur sehr schwer irgendein System zu erkennen. Schon durch die Abdrücke seiner Fußstapfen, in denen sich der Wind verfängt, werden neue Ordnungen geschaffen. Die Zusammenhänge der Ordnungen und Strukturen lassen sich erst aus dem Flugzeug erkennen.

Die vorherrschende Sanddünenform der Ergs sind die Draas, genannt nach dem arabischen Wort für Dünenkette. Es sind gewaltige, kettenartig miteinander verflochtene Sandrücken. Sie bilden das Grundmuster eines Ergs. Kleinere Dünentypen, von wenigen Zentimeter hohen Sandrippeln bis zu dreißig Meter hohen Seifdünen, haben die Oberfläche der nicht selten mehr als hundert Meter hohen Draas überformt. Wo mehrere solcher Ketten sich kreuzend ineinanderlaufen, entstehen bis zu dreihundert Meter hohe Sandberge, die als Rhourds (arabisch: „überragender Punkt") bezeichnet werden. Elegant geschwungen wie die Arme eines Seesterns, führen die steil ansteigenden Sandgrate auf einen Mittelpunkt hin.

Während die Draaketten bei wechselnden Winden ständig ihre Position innerhalb des Ergs verändern, wirken ihre Kreuzungspunkte, die hohen Sandpyramiden der Rhourds, wie feststehend – oft über Jahrzehnte markante Landmarken. In einigen Regionen scheinen sich die gesamten Sandmassen eines Ergs in den Rhourds zu konzentrieren, und oft formieren sich Sandberge zu mehreren hundert Kilometer langen, parallel zueinander verlaufenden Reihen. Der Raum zwischen ihnen ist dann oft von Sand völlig leergefegt, und als Untergrund kommt die nackte Gesteinstrümmerwüste zum Vorschein. In den Reihen der Rhourds scheinen die Sandmassen der Ergs eine Art Endordnung anzustreben.

Die überaus komplizierten Bedingungen, unter denen die großen Sandozeane entstanden, sind längst noch nicht völlig erforscht. Wenn sich die Dünen bilden und aus sich selbst erhalten, spielen sicherlich auch thermische Aufwinde sowie elektrostatische Aufladungen der mit Metalloxyd umhüllten Sandkörner in Verbindung mit dem Magnetfeld der Erde eine große Rolle.

Bei einem Sandsturm kann die elektrische Spannung der Luft enorm ansteigen. Bis zu achtzig Volt wurde gemessen. Das natürliche elektrische Feld des menschlichen Körpers kann dadurch empfindlich gestört werden. Der deutsche Geograph van der Esch geriet in den dreißiger Jahren in einen Sandsturm, der tagelang wütete. Die elektrische Spannung, die sich in seinem Körper aufgestaut hatte, verursachte ihm rasende Kopfschmerzen und Unwohlsein. Schließlich kam van der Esch auf die Idee, eine stählerne Stange in den Boden zu stoßen, um die Elektrizität abzuleiten. Die Sache funktionierte. Eine halbe Stunde später, so berichtete der Forscher, waren die Kopfschmerzen merklich zurückgegangen.

Weitgehend unerforscht ist eine unheimliche Erscheinung, die in den großen Sandozeanen auftritt. Man kann sie hören, allerdings selten: Es ist ein dumpfes Dröhnen und Beben. Der englische Geologe Ralph Bagnold erlebte das Geräusch in einer der einsamsten Regionen der Sahara, inmitten der Libyschen Sandwüste.

Zu Hunderte
Kilometer langen
Zöpfen verflochten,
ziehen Ketten von
Seifdünen durch
die ägyptische Wüste.
Auf welche Weise
diese besondere
Form von Dünen
entsteht, ist noch
nicht genau
erforscht

Regen hat
diese Dünen
durchfeuchtet und
damit kurzzeitig
verfestigt.
Anschließend hat
sie der Wind
angeschliffen. So
wurden die Struk-
turen ihrer inneren
Schichtung
sichtbar

Etwa 30 Meter
hoch ist dieser
Nebengrat einer
Rhourd-Düne in der
zentralen Sahara.
Sein Hang liegt im
Schatten des
Hauptkammes

Bagnold ist übrigens innerhalb der Fachwelt der Mann, der als erster und am gründlichsten versucht hat, die vielfältigen Erscheinungsformen der Dünen zu analysieren und in ein System zu bringen. Über die merkwürdige akustische Erscheinung in der Wüste schreibt er in einem seiner vielen Expeditionsberichte: „Zweimal hörte ich es während einer stillen Nacht. Es war ein jäh anbrechendes, vibrierendes Dröhnen, so laut, daß ich mich nur schreiend mit meinem Reisegefährten verständigen konnte. Kurz darauf setzte das Dröhnen auch an anderen Orten ein, und zusammen mit dem ersten glaubte man einen langsamen Takt herauszuhören. Dieser unheimliche Chor dauerte mehr als fünf Minuten und verursachte ein Beben des Bodens. Dann trat plötzlich wieder völlige Stille ein."

Diese Erscheinung wird vielleicht dadurch ausgelöst, daß sich Strukturen im Inneren riesiger Dünen verschieben. Wie die Oberfläche der Dünen, so ist auch ihr Inneres durch komplizierte Ordnungen und Strukturen aufgebaut. Während der Wind die Sandmassen ständig umlagert, werden die Sandkörner auch nach ihrer Größe sortiert. Je nach Windstärke lagern sich so verschiedene Schüttungen aufeinander ab. Wo sich gröberer Sand auf den feineren einer älteren Schicht legt – und umgekehrt –, ist deutlich eine Grenzlinie zu erkennen. Entsprechend dem steilen Winkel ihrer Leeseite, bestehen die großen Sanddünen darum aus vielen feinen Schrägschichten. Wenn der Wind um-

Der britische Geologe Ralph Bagnold hat die vielfältigen Erscheinungsformen der Dünen zu einem System geordnet

springt, kehren sich auch der Leehang und der Winkel der Schichtung um. So entstehen im Inneren der Düne spiegelbildlich gegeneinanderlaufende Strukturen, die als Kreuzschichtung bezeichnet werden.

In den inneren Schichtungen der Dünen, die sich während Jahrhunderttausenden bis zu dreihundert Meter hoch anhäuften, hat das wechselvolle Spiel der Winde dieser Zeiten gleichsam ein fossiles Abbild hinterlassen. Indem sich die Sandmassen anhäufen, werden die Körner der Schichten immer dichter zusammengepreßt. Dazu kommen chemische Vorgänge, durch die sich der Sand im Inneren sehr alter Dünen zu Gestein verfestigen kann. Viele Sandsteine sind auf diese Weise entstanden.

Das Innere einer großen Düne besteht wie die Pyramiden aus unzähligen einzelnen Bauelementen. Die wie Keile ineinander verschachtelten Kreuzschichtungen bestimmen die innere Ordnung und Stabilität der Dünen. Das ist an der Oberfläche nur nach einem sehr seltenen Witterungsereignis zu erkennen – nach starkem Regen. Das Regenwasser dringt einen bis zwei Meter tief in den Sand und verfestigt die Oberfläche der Dünen. Wenn dann der Wind die oberste Schicht trocknet und fortbläst, werden tiefere, noch nasse Sandschichten aufgedeckt und angeschnitten. Durch die Feuchtigkeit zusammengehalten, kann der Sand nicht verrutschen. Für kurze Zeit werden seine äußerst fein geschichteten Strukturen sichtbar – wie bei einem angeschliffenen Stein.

Das Studium der Sandwüste bietet die einzigartige Möglichkeit, etwas über die Naturgesetze zu erfahren, die eine Selbstorganisation unbelebter Materie bewirken. Mit einer solchen Selbstorganisation von Materie begann vor Jahrmilliarden wahrscheinlich auch die Entstehung der Spiralnebel, der Sonnen, unseres eigenen Planetensystems und des Lebens. So besehen, ist in der Formenvielfalt, den Strukturen und Ordnungen der Sandwüste das Geheimnis der Schöpfung selbst enthalten.

# Tagebuch der Erdgeschichte

Die Landschaft der Wüste scheint seit dem Anbeginn
der Welt zu existieren. Besucher, die nur wenige Tage oder
Wochen bleiben, erleben keinerlei Veränderungen. Erst wer
immer wieder kommt, hat die Chance, Zeuge
von Wandlungen zu sein

Nur periodisch
wird dieser Fluß in der
nordamerikanischen
Wüste durch Regenfälle
gefüllt. Im Laufe der
Zeit haben die sandbe-
frachteten Wasser-
massen einen 60 Meter
tiefen Canyon aus
den Sandsteinschichten
des Colorado-Plateaus
herausgefräst

An den steilen
Kanten der Inselberge
im Colorado-Plateau
wird sichtbar, daß
sich die äußere Erdkruste
aus Schichten aufbaut,
die als Sedimente in den
verschiedensten erd-
geschichtlichen Epochen
länger als 400 Millionen
Jahre abgelagert wurden
und sich zu Gestein
verfestigten

Erst aus dem Weltall läßt sich diese ringförmige Struktur der Erdkruste in der mauretanischen Sahara erkennen. Die Form entstand vor Jahrmillionen, als Kräfte aus dem Inneren der Erde mehrere horizontal gelagerte Gesteinsschichten domförmig emporwölbten. Danach wurden die Ringe, deren äußerer Durchmesser etwa 80 Kilometer beträgt, durch Verwitterung und Abtragung plangeschliffen

Weite Regionen der heutigen Wüsten waren in erdgeschichtlicher Vergangenheit Millionen Jahre lang von Ozeanen bedeckt. Davon zeugen versteinerte Vorfahren der heutigen Tintenfische — links Goniatiten, rechts ein Ammonit — die an der Oberfläche der Steinwüste zutage treten

Aus verschiede-
nen Tiefenge-
steinen stammen die Flußkiesel,
die nach Abtragung
der Sedimentschichten
ans Tageslicht
gekommen sind. Seltene
Regenfluten haben
sie in einer Senke der
Namibwüste zusam-
mengeschwemmt

Wo sich heute
das Colorado-Plateau
erstreckt, lag bereits
in der Vorzeit eine
Wüste. Die Verwitterung
in der jüngeren Erd-
geschichte hat ein
Indiz dafür aufgedeckt
— versteinerte Rie-
sendünen, vom Wind
vor Jahrmillionen auf-
geweht. Ihre kreuzge-
schichteten Strukturen
lassen auf die klima-
tisch wechselnden
Luftströmungen zur
Zeit ihrer Entstehung
schließen

Durch einen frischen Bruch in der Flanke eines Berges — hier ein Beispiel aus dem US-Staat Utah — ist ein Querschnitt durch die Sedimentschichten der äußeren Erdkruste entstanden. Die Wunde im Gestein überzog sich schnell mit Wüstenlack, der hier wegen hoher Anteile von Manganhydroxyden blauschwarz erscheint

Das Rätsel der wandernden Steine konnte bis heute nicht gelöst werden. Niemand hat bisher herausgefunden, wie diese bis zu 300 Kilogramm schweren Felsbrocken über den völlig ebenen Boden der Mojave-Wüste wandern und dabei kilometerlang tiefe Furchen hinterlassen

Der Unterbau der Erde kommt ans Tageslicht. In Jahrmillionen wurden in der Sahara die Sedimentgesteine, die einen großen Teil der äußeren Erdkruste ausmachen, abgetragen und der kristalline Unterbau freigelegt: Granit, von den Kräften der Verwitterung zu riesigen Kugeln modelliert

Die meisten Reisenden, die nicht von Haus aus mit der Wüste vertraut sind, haben in den kontinentalen Weiten der Sahara nicht nur das Empfinden, sich durch einen unendlichen Raum zu bewegen, sondern auch durch eine zeitlose Dimension. Die Landschaften scheinen seit dem Anbeginn der Welt zu existieren. Beobachter, die nur wenige Tage oder Wochen bleiben, erleben keine Veränderungen. Sie sehen höchstens deren Spuren – in der Hitze zerborstene Steine, deren Trümmer sich zu ihrer ursprünglichen Form zusammenfügen lassen, oder am Fuße eines Zeugenberges einen großen Felsblock, der offensichtlich aus einer entsprechend geformten Stelle in der Felswand herausgebrochen ist.

Die Rekonstruktion nicht selbst erlebter Vorgänge mit Hilfe persönlicher Erfahrungswerte läßt sich jedoch nur auf Ereignisse der jüngsten Vergangenheit anwenden. Daß die goldgelben Dünen aus einem fernen, düster gefärbten Gebirgszug hervorgegangen sind, läßt sich mit dieser Methode allein schon nicht mehr nachvollziehen oder gar beweisen. Noch schwieriger ist es, die Herkunft unzähliger Muschelgehäuse und Fischskelette zu erklären, die man vielerorts in den meeresfernen Gesteinswüsten findet.

Erst wer immer wiederkommt, um sich Monate und Jahre aufzuhalten, hat die Chance, Zeuge von Veränderungen in dieser Landschaft zu werden. Zwei- bis dreimal in seinem Leben geschieht es vielleicht, direkt vor seinen Augen, daß ein Stein durch Hitze und Innendruck zerbirst oder daß ein Felsbrocken von der Höhe eines Zeugenberges auf die Schutthalde an seinem Fuße herabstürzt. Aber erst mit Hilfe der Naturwissenschaft wird es möglich, aus der Vielfalt von Eindrücken, Erscheinungen und sichtbaren Vorgängen die Vergangenheit der Wüste zu rekonstruieren. So kann man zum Beispiel durch Methoden, mit deren Hilfe man das Alter von Gesteinen ermittelt, erkennen, daß die Klima- und Witterungsbedingungen, die das heutige Landschaftsbild der Sahara prägen, abgesehen von relativ kurzen Unterbrechungen schon seit vielen Millionen Jahren vorherrschen. Die Sahara ist als Wüste also sehr alt. Aber man kann nicht sagen, daß sie immer bestanden hat. Ein großer Teil der Gesteinstrümmerwüste, heute ausgedehnte Hochplateaus im Inneren des Kontinents, besteht zum Beispiel aus Sedimenten des sogenannten Kreidemeeres. Es bedeckte in der Kreidezeit vor 70 Millionen Jahren weite Gebiete Nordafrikas. Große Teile der steinernen Oberfläche der Sahara sind Meeresablagerungen der verschiedensten Perioden der Erdgeschichte.

Der Unterbau der Sahara besteht aus Graniten, also Urgesteinen, die schon vor etwa einer Milliarde Jahren durch Faltung der Erdkruste und magmatische Vorgänge zu einer riesigen, weitgehend starren Platte zusammengebacken wurden. Bewegungskräfte, die ihren Ursprung im glutflüssigen Innern unserer Erde haben, zerbrachen die kontinentale Großplatte. Ein Mosaik von Einzelplatten entstand. Während einige dabei emporgehoben wurden, sanken andere Teile so tief ab, daß sie Becken bildeten, die viele Millionen Jahre lang von Meeren überflutet wurden.

Es gibt Gebiete in der Sahara, über die sich im Verlauf der Erdgeschichte bis zu achtmal ein Meer erstreckte. Sand, Schlamm und Schuttmassen, durch Wind und Flüsse von dem damaligen Festland ins Meer transportiert, lagerten sich zusammen mit den Skeletten, Schalen und Panzern von Meereslebewesen auf dem Grunde der flachen Meere ab.

Oft bedeckte das Meer 50 bis 60 Millionen Jahre lang jene Becken. Auf ihrem

Grund verdichteten sich die Sedimente zu mehrere hundert Meter mächtigen Schichten festen Gesteins. Dieselben Kräfte, die wiederholt große Teile Nordafrikas hatten absinken lassen, hoben sie eines Tages auch wieder empor. Die Meere wichen zurück. Ihre Sedimente wurden nun von Ablagerungen des Festlandes überdeckt, dann folgten in einer nächsten Epoche wieder Meeressedimente – und so ging es schichtweise weiter wie bei einem Sandwich, 600 Millionen Jahre lang. Die Sedimentationsbecken vertieften sich durch das Gewicht der in ihnen

Versteinerte Orthoceren, fernste Vorfahren der heutigen Tintenfische, sind in Felsplatten der Sahara ebenso eingeschlossen wie die Spuren unbekannter Lebewesen im ehemals schlammigen Grund eines vorzeitlichen Meeres

eingelagerten steinernen Fracht immer mehr und sanken damit schüsselförmig immer weiter in das zähflüssige Magma des Erdinneren ein. An einigen Stellen ist jener Sandwich der Erdgeschichte bis zu 6000 Meter dick. Beim wiederholten Absinken und Aufsteigen zerbrachen diese Gesteinsschichten zu riesigen Einzelblökken, die sich oft gegeneinander verkippten und verschoben. Heute überragen diese Sedimentblöcke als inselartige Hochplateaus und Gebirgszüge die weiten Ebenen der Sahara.

Unter dem rauhen Regime der Wüste kommt es zu gigantischen Umlagerungen. Die Sedimentgesteine werden in umgekehrter Richtung, wie sie sich abgelagert hatten, abgetragen, also von oben nach unten. Das Endprodukt der Zerstörung – Sand und Staub – wird vom Wind abtransportiert. In Gestalt hoher Sanddünenmeere lagert es sich meist in den Zentren der Sedimentationsbecken mit einem Durchmesser von mehreren hundert Kilometern als jüngste Füllung ab. Ein anderer Teil versinkt außerhalb Nordafrikas im Atlantik.

Diese Abtragung und Umlagerung führt dazu, daß immer tiefere und somit ältere Schichten der Erdkruste aufgedeckt werden. Man kann sie mit einem erdgeschichtlichen Tagebuch vergleichen, dessen steinerne Seiten vom Wüstenwind umgeblättert werden, von hinten nach vorn. „Eintragungen" und „Illustrationen", Gesteinsbeschaffenheit und eingelagerte Fossilien, stellen für den, der sie zu lesen versteht, eine fast unerschöpfliche Informationsquelle dar. Es läßt sich nicht nur erkennen, ob sich die Gesteine in einem Meer oder unter festländischen Bedingungen abgelagert haben, sondern auch, welches Klima dabei herrschte.

In den Gesteinsschichten begraben liegen die Überreste von Landschaften längst vergangener Erdepochen. Wie

Jede dieser
durch Verwitterung
und Abtragung
freigelegten gewalti-
gen Stufen eines
Gebirges im Iran re-
präsentiert viele
Millionen Jahre Erd-
geschichte im
Wechsel zwischen
Land, Meer, Wüste
und Vegetation

menschliche Gebeine, die der Wüstenwind aus alten Gräbern am Rande einer Oase freilegt, zerfallen, so verwittern auch die alten Landschaften und die versteinerten Reste ihrer pflanzlichen und tierischen Bewohner in erdgeschichtlich kurzer Zeit zu Staub und Sand. Dieses „kurze" Auftauchen alter Landschaften aus dem Dunkel der Urzeit macht es möglich, etwas über die Vergangenheit der Wüsten und darüber hinaus über die Entwicklungsgeschichte unseres Planeten aussagen zu können.

In einem Dünengebiet der südlichen Sahara nahe der Oase Agades in Niger ragen bizarr die versteinerten Skelette einer ganzen Saurierherde aus dem Sand hervor. Es scheint, als seien die Riesenreptilien in einen Sandsturm geraten und verdurstet und als hätten Wanderdünen dann die toten Körper zugedeckt, später wieder freigegeben. In Wirklichkeit liegt ihr Grab in Ablagerungen tropischer Sümpfe und Flüsse von vor 120 Millionen Jahren. Vergleichbar den heutigen Flußpferden, lebten viele Saurier überwiegend in Gewässern. Die großen Arten konnten nur in einem tropisch feuchten Klima existieren, das ihnen mit einer reichen Vegetation genügend Futter bot. In Gesteinsschichten der gleichen Zeit lassen sich an anderen Plätzen versteinerte Baumstämme finden − Reste tropischer Urwälder, die einst große Teile der Kontinente viele Millionen Jahre bedeckten.

Einmal folgte ich der Spur eines Sauriers. Die Fußabdrücke des Tieres hatten sich vor mehr als hundert Millionen Jahren tief in das schlammige Ufer eines vorzeitlichen Flusses eingeprägt. Deutlich ließ sich noch erkennen, wie der Schlamm unter dem gewaltigen Gewicht des Tieres an den Rändern emporgequollen war. An der runden Form der Trittsiegel von mehr als einem Meter Durchmesser konnte ich erkennen, daß sie von einem Brachio-

oder Brontosaurier stammten. Mit bis zu 80 Tonnen Gewicht (ein Elefant wiegt etwa fünf Tonnen) waren diese auf vier säulenartigen Beinen dahinstampfenden, pflanzenfressenden Saurier die größten Landtiere, die es je gab.

Die Spur des Giganten wurde gekreuzt von einer völlig anders geformten. Sie stammte von einem kleineren, auf zwei Beinen aufrecht laufenden, wahrscheinlich fleischfressenden Saurier. Das Tier mußte es eilig gehabt haben − vielleicht verfolgte es eine Beute −, denn die Klauen seiner drei nach vorn gerichteten Zehen hatten Schlamm aus der Spur nach hinten ausgeworfen.

Ich sah mir die Spuren genauer an, denn ich hoffte, durch sie etwas über das Wetter und das Klima zu erfahren, das damals herrschte. Die Saurier mußten durch einen kurzen Regenschauer gelaufen sein, denn die Oberfläche des steingewordenen Schlammes war übersät von kleinen Hohlformen, die ein kraterrandähnlich aufgeworfener Wulst umgab. Es waren die Einschläge schwerer Regentropfen. Ein anderes Detail des versteinerten Schlammes fesselte mich jedoch weit mehr. Die Saurierspuren sowie das gesamte freigelegte Ufer des früheren Flusses waren kreuz und quer von einem dichten Netz tiefer, klaffender Trockenrisse durchzogen. Die Risse selbst waren mit Geröll und Sand aufgefüllt worden. Im Laufe der Zeit hatte sich dieses Verwitterungsmaterial mit dem versteinernden Schlamm verbunden. Reste davon fanden sich auch noch in den Hohlformen der Saurierspuren. Daß die Spuren, die Einschlagkrater der Regentropfen und die Trockenrisse erhalten bleiben konnten, hatte vorausgesetzt, daß der ausgetrocknete schlammige Flußlauf anschließend nicht sofort wieder mit Wasser aufgefüllt wurde. Zweifellos hatte das Ufer lange trocken gelegen, denn nur so konnten die tiefen Risse im austrocknenden Schlamm entstanden sein. Daß die Spuren und Trockenrisse erhalten blieben, zeigte mir, daß das tropisch feuchte Klima damals bereits von ausgeprägten Trockenzeiten unterbrochen wurde, die vielleicht schon den Übergang zu einem Wüstenklima anzeigten. Infolge der Trockenheit verdorrte die Vegetation am Rande des langsam versiegenden Flusses und der nackte Boden war der Abtragung schutzlos ausgesetzt. Wie heute noch bei Niederschlägen in der Wüste, so spülten auch damals große Mengen Sand und Gesteinsschutt in den ausgetrockneten Flußlauf. Schneller, als der Schlamm wieder aufweichen konnte, wurden die Hohlformen der Spuren und Trockenrisse von Sand und Geröll aufgefüllt und zugedeckt. Im weiteren Verlauf der Erdgeschichte wurde das Flußtal von immer neuen Schutt- und Sandmassen bedeckt und begraben, die sich im Untergrund schließlich zu Gesteinsschichten verfestigten. Eines Tages begann sich dann die Ablagerung in

Abtragung umzukehren. Ich hatte Glück gehabt, als ich auf die Schicht mit den Saurierspuren stieß. In wenigen Jahren würden sie von eben den Kräften der Abtragung zerstört sein, die sie gerade erst freigelegt hatten.

In der Sahara lassen sich durch alle Epochen hindurch bis in die fernste Vergangenheit eindeutige fossile Überreste und Spuren von Wüsten nachweisen. Die markantesten Zeugnisse vorzeitlicher

Abdrücke riesiger Füße und versteinerte Skelette von Sauriern inmitten der Sahara legen Zeugnis ab von einer tropischen Klimaphase in Nordafrika vor 120 Millionen Jahren

Wüsten sind hier wieder freigelegte, mit Windkantern übersäte alte Wüstenoberflächen und Reste versteinerter Sanddünen. Sie fallen durch ihre schräg- und kreuzgeschichteten Strukturen zwischen den horizontal gelagerten anderen Gesteinsschichten auf. Schräg- und Kreuzschichtungen allein reichen indes nicht aus, um fossile Dünen einer vorzeitlichen Wüste zu identifizieren; sie können nämlich ebenso gut durch die Strömung des Wassers im sandigen Flußbett oder auf dem Meeresboden entstanden sein. Doch es gibt noch weitere Merkmale: Die Schrägen von Dünensandschichten zeigen einen anderen Winkel als die Schrägen von Sand, der durch Wasser zusammengetragen wurde. Und selbst die Sandkörner verraten, wie sie transportiert wurden. Wenn sie der Wind geschliffen hat, sind sie gleichmäßiger abgerundet als jene, die das Wasser mit sich führte.

Stämme und Borken von Bäumen, die vor vielen Millionen Jahren in der nordamerikanischen Wüste wuchsen, wurden im Laufe der Zeit durch Mineralisierung zu farbigen Halbedelsteinen verwandelt. Ihre Splitter bedecken weithin die Wüste

1200 Kilometer nördlich des Saurierfriedhofs im Niger, auf dem Tassili-Plateau, haben Geologen erst kürzlich tiefe, kilometerlange Schrammen entdeckt. Die Untersuchung ergab, daß sie von wandernden Gletschermassen vor 400 Millionen Jahren geschaffen wurden. Hier müssen die Berge also lange Zeit schnee- und eisbedeckt gewesen sein wie heute die Alpen oder der Himalaya.

Auch aus den marinen Ablagerungen läßt sich die wechselvolle Landschafts- und Klimageschichte Nordafrikas rekonstruieren. Das für mich eindrucksvollste Beispiel ihrer ozeanischen Vergangenheit liegt in der nordwestlichen Sahara. Im Süden Marokkos ragt ein ausgedehntes, atollähnliches System von Korallenriffen hoch aus der Wüste auf. Es ist fast 400 Millionen Jahre alt und stammt aus dem Erdzeitalter Devon. Damals erstreckte sich an dieser Stelle ein tropisches Meer. Myriaden kleiner Korallenpolypen, die Kalk abschieden, erbauten das Riff.

Aus der Ferne erblickt man einzelne zuckerhutförmige Felskegel, 80 Meter hoch, die sich kilometerweit aneinanderreihen. Erst aus der Nähe erkennt man, daß sie sich aus unzähligen Verästelungen und Knollen der unterschiedlichsten Korallenarten zusammensetzen. Während das Riff durch die emsige Tätigkeit der Korallenpolypen emporwuchs, sanken ringsherum Schicht für Schicht Sedimente auf den Meeresboden. Als das Riff dann langsam in seinen eigenen Schuttmassen erstickte, begruben es die Sedimente vollends. Heute − und bereits seit langem − sind die Riffkegel der Verwitterung ausgesetzt. Doch während die weicheren Sedimente zwischen ihnen bereits weitgehend abgetragen wurden, blieben die Korallenriffe ziemlich gut erhalten − von ihren tierischen Baumeistern stabil konstruiert.

Zwischen den langen Reihen der Riffkegel und einer urzeitlichen Küste, die

Im Gegensatz zum Colorado-Plateau mit seinen kreuzgeschichteten versteinerten Dünen besteht das aus dem Weltraum fotografierte Djado- und Mangueni-Plateau im nördlichen Niger vorwiegend aus Sedimenten, die eine Meeresüberflutung Nordafrikas hinterlassen hat. Nach dem Rückzug des Ozeans zernagten Flüsse einer feuchten Periode die Landschaft. Heute prägen nur noch Staub- und Sandstürme diese entlegene, leblose Gegend. Der bläuliche Streifen in der oberen Hälfte des Bildes beruht auf einer Störung während der Übertragung der Bilddaten vom Satelliten zur Erde

man nur vermuten kann, liegt eine Lagune. Auf ihrem Grund finden sich zahlreiche, nur wenige Zentimeter lange Einzelkorallen. Sie erinnern mit ihrer leicht gekrümmten Form an kleine Füllhörner. Stellenweise sind diese Einzelkorallen noch nicht herausgewittert, sondern noch eingebettet in die steingewordenen Sand- und Schlammablagerungen des Lagunengrundes. Wo dies der Fall ist, sind sie in Lebendstellung − wie der Fachmann sagt − erhalten geblieben, das heißt, sie sind alle in gleicher Weise durch die damalige Meeresströmung ausgerichtet. So können die Geologen also noch nach fast 400 Millionen Jahren die Richtung der Strömung am Grunde längst vergangener Meere bestimmen.

Doch diese Korallen halten auch für den Wüstenforscher eine faszinierende Information bereit. Die Kalkpanzer stellen eine Art Kalender dar, aus dem sich die klimatische Vergangenheit unserer Erde ablesen, aus dem sich aber auch auf ihre Zukunft schließen läßt. Untersuchungen an den heute noch in unseren Meeren lebenden Einzelkorallen ergaben, daß der Aufbau ihres Kalkgerüsts von den Jahreszeiten abhängig ist. Der Panzer der Korallen besteht aus einer Abfolge ringförmiger Wülste und Einschnürungen. Sie entsprechen den Jahresringen im Stamm eines Baumes. Aus der Anzahl der steinernen Jahresringe läßt sich das Lebensalter der Koralle feststellen. Mit der Lupe läßt sich erkennen, daß jeder Jahresring noch in Tagesringe unterteilt ist. Bei Einbruch der Dunkelheit nämlich stoppt der Korallenpolyp die Kalkproduktion und nimmt sie erst am nächsten Morgen wieder auf.

Als die Wissenschaftler die Tagesringe auszählten, war die Überraschung perfekt: Zu Lebzeiten der Einzelkorallen in der Sahara vor nahezu 400 Millionen Jahren mußte ein Jahr nicht 365, sondern

Ein Mosaik von Schlammschollen bedeckt in der amerikanischen Mojave-Wüste den Grund eines Flusses, der nur im Abstand vieler Jahre Wasser führt. Bevor der Schlamm erstarrte, hinterließen die letzten Regentropfen kleine Einschlagkrater. Solche feinen Klimazeugnisse sind selbst aus Millionen Jahre zurückliegenden Erdepochen in den Wüstengesteinen erhalten geblieben: Spuren eines Gewittergusses mit Hagelschlag in der Sahara

noch 395 Tage lang gewesen sein. Genauso viele Tagesringe enthält nämlich jeder der steinernen Jahresringe.

Der Umlauf der Erde um die Sonne ist unveränderlichen Naturgesetzen unterworfen; er kann sich also in den vergangenen 400 Millionen Jahren nicht wesentlich geändert haben. Die Dauer eines Jahres ist stets gleich geblieben. Damit nun jene 395 Tage in den Zeitraum eines Jahres hineinpaßten, mußten die Tage im Devon also entsprechend kürzer gewesen sein – genau um zwei Stunden. Das wiederum setzt voraus, daß die Erde in der Vergangenheit sich schneller gedreht haben muß als heute. Wie auch die Physiker errechneten, dreht sich die Erde seit ihrer Entstehung tatsächlich immer langsamer, weil ihre Rotation abgebremst wird. Dadurch sind die Tage im Laufe der Erdgeschichte immer ein wenig länger geworden. Dieser „Trend" wird auch in der Zukunft anhalten. Ein längerer Tag bedeutet, daß die Wüste noch mehr Wärme von der Sonne empfängt, eine zugleich längere Nacht, daß davon noch mehr in den Weltraum zurückgestrahlt wird.

Wie ein uns benachbarter kleiner Wüstenplanet die Erdumdrehung abbremst und welche klimatischen Konsequenzen sich daraus für die fernste Zukunft unserer Erde ergeben, darüber werde ich später berichten.

Hunderte andere Tier- und Pflanzenarten, die das offene Meer in der Umgebung des fossilen Korallenriffes einst bevölkerten, sind ebenfalls als Versteinerungen erhalten geblieben. Darunter finden sich besonders die im Durchmesser bis zu 50 Zentimeter großen, spiralförmigen Gehäuse der Goniatiten, aber auch die bis zu einem Meter langen geradlinigen Ortoceren – beides entfernte Vorfahren der heutigen Tintenfische. Dort, wo der ehemalige Meeresboden durch Bewegungen der Erdkruste aufgebrochen und verscho-

Ein uralter Sahara-See ist ausgetrocknet. Die Sonnenglut hat den Boden zu Schollen zersprengt. Auf dem aushärtenden Ton haben die Wellen des Sees ihr Abbild in Form von Rippeln hinterlassen. Auch sie werden verschwinden. Binnen eines Jahres wird der Wind wieder alles eingeebnet haben

ben wurde, erstrecken sich drei Meter dicke Bänke versteinerter Trilobiten. Diese krebsähnlichen Meerestiere sind so gut erhalten, daß nach 400 Millionen Jahren noch die feinsten Details ihrer hochentwickelten Facettenaugen zu erkennen sind. Selbst auf die Eigenschaften dieser Augen kann man noch Rückschlüsse ziehen. Während der Versteinerung haben sich die Linsenkörper der Facettenaugen in durchscheinende Quarzkristalle verwandelt. Paläontologen haben mit Mikrosonden durch diese versteinerten Linsen hindurchgeblickt und festgestellt, daß die Trilobiten von etwa 40 Zentimeter bis unendlich scharf sehen konnten.

Kurz bevor jene Korallenriffe entstanden, in deren Umgebung dann die Trilobiten den Boden des offenen Meeres nach Nahrung durchwühlten, hatte sich eines der bedeutsamsten Ereignisse der gesamten Erdgeschichte vollzogen. Vor etwa 440 Millionen Jahren, an der Wende des Erdzeitalters Silur zum Devon, begannen die ersten Pflanzen – einfache Algen –, die schützende Urheimat allen Lebens, die Ozeane, zu verlassen und von den Meeresküsten auf die Kontinente vorzudringen. Wahrscheinlich auf der Suche nach Nahrung, folgten den Pflanzen die Tiere. Es waren vor allen Dingen Gliedertiere, Vorfahren der heutigen Hundert- und Tausendfüßer. Viele dieser ersten Festlandspioniere waren eng mit den Trilobiten verwandt, und von ihnen hatten sie auch die bereits hochentwickelten Facettenaugen.

Eine gute Sehkraft, vor allem um Beute und Feinde zu entdecken, war eine der vielen Voraussetzungen, um den Kampf ums Überleben auf dem Festland erfolgreich zu bestehen. Die ersten Landtiere blickten in eine Umwelt, die – wie in der Genesis der Bibel beschrieben – öd und leer war. Es war eine Urwüste, die seit dem Erstarren der Kontinente vor drei-

Der harte Kern eines Korallenriffs aus dem Erdzeitalter Devon ist als Zeuge für eine tropische Meeresbedeckung in der Sahara stehengeblieben

In der Umgebung des Riffs, eingebettet in den ehemals schlammigen Grund des Meeres, liegen versteinerte Trilobiten – eine seit langem ausgestorbene Art urtümlicher Krebstiere

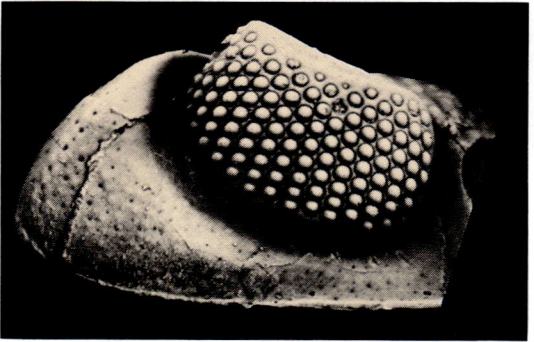

Ein Blick durch das Elektronenmikroskop zeigt, daß die Trilobiten bereits hochentwickelte Facettenaugen besaßen

einhalb Milliarden Jahren mehr als drei Milliarden Jahre über das Festland geherrscht hatte. Etwa neun Zehntel der gesamten Erdentwicklung bis heute waren also bereits verstrichen, als die Urwüste ihre Alleinherrschaft über die Kontinente aufgeben mußte.

Die urtümliche, einst sehr vitale Tiergruppe der Trilobiten ist seit langem ausgestorben. Blind und zu Stein geworden, starren ihre riesigen, mehr als 400 Millionen Jahre alten Augen heute in eine Wüstenlandschaft.

Nur knapp einen Kilometer von der fossilen Welt des Korallenriffes entfernt, aber durch eine Zeitspanne vieler Millionen Jahre voneinander getrennt, treten noch tiefere und somit ältere Sedimente zutage. Sie zeugen von einem flachen Urozean, der vor 500 Millionen Jahren in den Erdzeitaltern Silur und Ordovizium auch große Teile der heutigen Sahara bedeckte. Der Grund dieses Urozeans läßt sich mit dem Boden eines heutigen flachen, küstennahen Wattenmeeres wie etwa an der Nordsee vergleichen. Auf den zu Stein gewordenen Wattrippeln kann man feinste Details erkennen. Deutlich ist zu sehen, wie sich wurmähnliche Kreaturen auf der Suche nach Nahrung durch den Schlick gefressen haben. Wie die heutigen Wattwürmer haben sie dabei in regelmäßigen Abständen den Sand als unverdauliche Teile des Schlicks in kleinen Häufchen wieder ausgeschieden. Daneben finden sich die Kriech- und Freßspuren von Schnecken und Trilobiten. Weite Flächen des urzeitlichen Wattenmeerbodens sind völlig überdeckt mit den Stielen und Kelchen von Seelilien. Wie die Seeanemonen der Gegenwart, so waren auch sie keineswegs Pflanzen, sondern primitiv entwickelte Tiere.

Vergleicht man die Strukturen und die Tier- und Pflanzenwelt des versteinerten Watts, so ist der Schluß erlaubt, daß jenes Gebiet unter den Gezeitenströmungen eines kalten, polnahen Meeres gelegen hat. Der zu diesem Zeitpunkt noch urwüstenhafte Kontinent, gegen den es anbrandete, besaß demnach das Klima einer Eiswüste wie heute die Antarktis. In den wenigen aus dieser fernen Zeit erhalten gebliebenen steinernen Überresten des Festlands finden sich keinerlei pflanzliche oder tierische Spuren. Alles Leben war noch auf die Urozeane begrenzt. Die Vor- und Entwicklungsgeschichte der Sahara beginnt in der Urwüste, die letztlich so alt ist wie die Erde selbst.

Auch in der erdgeschichtlichen Gegenwart ist mehr als ein Drittel des Festlands von Wüsten, Wüstensteppen und Trokkensavannen bedeckt. Der erste Mensch, der seinen Fuß auf den Mond setzte, der Astronaut Neil Armstrong, übermittelte aus dem Raumschiff während des Rückflugs zur Erde einen eindrucksvollen Zustandsbericht über unseren Heimatplaneten: „Wenn man aus großer Entfernung auf den Erdplaneten schaut, dann ist die Erde ein blauer Stern, weiß umwölkt. Schaut man aber aus der Erdkreisbahn herab, dann ist eines sehr eindrucksvoll: Die blauen Meere nehmen immer noch den größten Raum ein. Aber die Landmassen sind ganz überwiegend braun, und nur wenige Gebiete sind intensiv grün. Was daran so nachdenklich stimmt, ist die Landknappheit. Es gibt nur kleine Flächen fruchtbaren Landes auf diesem großen Planeten."

Unsere Nachbarplaneten haben es noch schlechter getroffen. Ihre gesamte Oberfläche besteht aus Wüste. Die Erde ist immer noch eine blaugrüne Oase inmitten einer kosmischen Umwelt, in der die Wüste vorherrscht. Daß die Erde nicht wie ihre Nachbarn im All von vornherein für immer zur Wüste verdammt blieb, verdankt sie einer Reihe von Zufällen bei ihrer Entstehung.

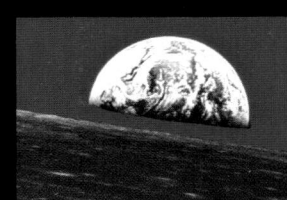# Der glückliche Zufall

Die Erde ist eine blaugrüne Oase inmitten einer
kosmischen Umwelt, in der die Wüste vorherrscht. Daß die Erde
nicht, wie ihre Nachbarn im All, von vornherein für immer zur
Wüste verdammt blieb, verdankt sie einer Reihe von
Zufällen bei ihrer Entstehung

Für Augenblicke
nur mildert die Mond-
scheibe die Glut
der Sonne. Während
der ringförmigen
Sonnenfinsternis am
13. Dezember 1955
im Grenzgebiet zwi-
schen Libyen und
dem Tschad sank die
Temperatur in der
östlichen Sahara
schlagartig um acht
Grad Celsius

So entstand
unser Sonnensystem
vor fünf Milliarden
Jahren. Um das
Zentralgestirn hatte
sich die Materie
einer Urwolke in mehrere
flache Ringe geord-
net. Aus ihnen
gingen später die
Planeten hervor

URANUS

JUPITER

NEPTUN

MERKUR
VENUS
MARS
ERDE
SATURN
PLUTO

Die Planeten sind ent-
standen. Ihre Entfernung zur
Sonne sollte ihre weitere
Entwicklung bestimmen. Nur die
Erde geriet zufällig in die schmale
Zone, in der die flüssige Existenz
des Lebensmediums Wasser
gewährleistet ist. Auf Merkur und
Venus ist es zu heiß dazu,
auf dem Mars und den anderen
äußeren Planeten zu kalt

Die Entwicklungsgeschichte unseres Heimatplaneten läßt sich in dem steinernen Tagebuch der Erdkruste bis an ihren fernsten Anfang vor fast vier Milliarden Jahren zurückverfolgen, obwohl die Eintragungen immer spärlicher werden, je weiter man zurückgeht. Die ersten Seiten indes sind ganz leer. Den Ursprung unserer Erde können wir allein aus ihrer Beschaffenheit nicht mehr verstehen. Er läßt sich nur aus der Geschichte des Sonnensystems begreifen, mit dessen Entwicklung die Entstehung unserer Erde untrennbar verbunden ist. Vor dem Hintergrund dieser kosmischen Vorgänge erklärt sich auch das Phänomen Wüste.

Eine gültige Theorie über die Entstehung unseres Sonnensystems gibt es bis heute nicht. Alle bisher entwickelten Hypothesen enthalten eine Fülle von Annahmen, die sehr schwer oder überhaupt nicht beweisbar sind. Der amerikanische Astrophysiker Gerard Peter Kuiper schrieb noch in den dreißiger Jahren: „Es ist keineswegs eine ausgemachte Sache, daß das Problem eine wissenschaftliche Lösung hat. Zum Beispiel gibt ein geschlossener Raum, in dem Luft bewegt worden ist, nach einiger Zeit keinerlei Hinweise mehr auf die Art oder den Zeitpunkt der Bewegung. Alle Erinnerung an das Ereignis ist für uns verlorengegangen."

Innerhalb der grenzenlosen Weiten des Universums geht das Ereignis der Entstehung unseres Planetensystems aber auch über gewaltige Zeiträume nicht verloren. Angenommen, fünf Milliarden Lichtjahre von uns entfernt gäbe es in einer Galaxie einen Planeten, dessen Bewohner eine hochentwickelte Zivilisation besitzen, so wären sie noch heute in der Lage, mit Teleskopen die Entstehung unseres Sonnensystems zu beobachten. Fünf Milliarden Jahre hätten die Lichtwellen, die von diesem Ereignis ausgingen und die in der Sekunde fast 300 000 Kilometer zurücklegen, benötigt, um zu den fernen Beobachtern zu gelangen. Diese durch Entfernung bedingte zeitliche „Verzögerung" nutzen unsere Astrophysiker heute in zunehmendem Maße, um die Entstehung ferner Sonnensysteme zu erforschen. Mit ihren hochentwickelten Licht- und Radioteleskopen empfangen sie sozusagen die Erinnerungen an längst vergangene Ereignisse. Bei ihren Vorstellungen sind Astronomen darum nicht mehr allein auf theoretische Überlegungen angewiesen.

Welche Theorie über die Entstehung des Planetensystems sich auch immer eines Tages als die wahrscheinlichere erweisen sollte: Es begann mit einer Selbstorganisation unbelebter Materie – ein Vorgang, dem auch die Ordnungen in der Sandwüste ihre Entstehung verdanken.

Zunächst sah es so aus, als läge der Entstehung unseres Planetensystems ein relativ einfacher physikalischer Vorgang zugrunde. Schon seit langem ist bekannt, daß alle neun Planeten die Sonne in gleicher Richtung auf Bahnen umlaufen, die alle annähernd in der gleichen Ebene liegen. Daraus zogen Wissenschaftler schon Mitte des 18. Jahrhunderts den Schluß, daß sich Sonne und Planeten gleichzeitig aus einer um einen Mittelpunkt rotierenden Urwolke gebildet hätten.

Nach diesen Vorstellungen stand am Anfang eine gewaltige kalte Urwolke, vorwiegend aus der Grundsubstanz des Universums zusammengesetzt – Wasserstoff sowie Metall- und Gesteinsstaub. Diese Urwolke zog sich durch Schwerkraft unaufhörlich auf ihren Mittelpunkt hin zusammen. Durch die Verdichtung der Materie stieg die Temperatur im Inneren auf mehrere Millionen Grad. Gleichzeitig begannen die inzwischen hellglühenden Gas- und Staubmassen immer schneller zu rotieren. Eine Ursonne war entstanden.

Schließlich wurde die Geschwindigkeit so groß, daß die Fliehkraft für eine Weile die Oberhand über die Gravitation gewann. Die Ursonne verformte sich zu einer linsenartig abgeflachten, rotierenden Scheibe. Von ihrem Rand wurden glühende Gasfetzen abgeschleudert − die Grundsubstanz der neun Planeten und ihrer Monde. Die Gasfetzen bewegten sich alle weiterhin in gleicher Richtung und auf gleicher Ebene um ihren gemeinsamen Geburtsort, die Ursonne. Nach diesem Materialverlust stabilisierte sich die Kernmasse der Gas- und Staubwolke wieder und zog sich zusammen. Dasselbe taten auch die abgeschleuderten Teile. Sie konzentrierten sich nach den Gesetzen der Gravitation auf ihren eigenen Schwerpunkt. So begannen die Urplaneten genau wie die Ursonne zu rotieren.

Diese Vorstellungen von der Entstehung unseres Planetensystems konnten sich fast zwei Jahrhunderte hindurch bis vor wenigen Jahrzehnten behaupten. So plausibel sie sich anhören − einer Überprüfung durch die Erkenntnisse der modernen Physik halten sie nicht stand. Ein gewichtiger Einwand der Physiker besteht darin, daß der Drehimpuls der Sonne zu gering ist. Mit unterschiedlicher Geschwindigkeit dreht sie sich um sich selbst − heute innerhalb von etwa 25 Tagen nur einmal. Die Ursonne müßte sich aber wesentlich schneller gedreht haben, wenn sie die Masse der Planeten abgeschleudert haben soll. Die Umdrehungsgeschwindigkeit der Sonne, gemessen am Rande ihres Äquators, müßte mindestens so groß sein wie die Bahn- oder Umlaufgeschwindigkeit der aus ihr entstandenen Planeten.

Da sich die Ursonne, nachdem sie die Planetenmasse abgeschleudert hatte, weiterhin bis zur ihrer heutigen Größe verdichtet haben muß, muß auch ihre Rotationsgeschwindigkeit noch zugenommen haben. Der Drehimpuls der heutigen Son-

ne müßte sogar noch größer sein als der aller Planeten zusammengenommen. Genau das Gegenteil ist jedoch der Fall. Obwohl mehr als 99 Prozent der Gesamtmasse des Sonnen-Planetensystems auf die Sonne entfallen, besitzt sie lediglich ein halbes Prozent seines Drehimpulses. Alles restliche entfällt auf die Planeten.

Physiker haben versucht, diesen Widerspruch aufzulösen und zu erklären. Sie entwickelten komplizierte Hypothesen, wonach die Energie und damit der Drehimpuls der Ursonne über magnetische Kraftlinien an den Außenrand der rotierenden Gaslinse abtransportiert wurde. So soll sie auf die sich ablösenden Massen der Urplaneten übergeflossen sein. Aber selbst als sich das Problem mit dem Drehimpuls auf diese Weise zu lösen schien, blieben andere Widersprüche bestehen. Sie ließen sich nicht mit der auf den ersten Blick so einleuchtenden Hypothese von der Entstehung des Planetensystems vereinbaren.

Die abgeschleuderten, viele Millionen Grad heißen Gasfetzen wären im Weltall gar nicht stabil gewesen. Sie wären gar nicht erst dazu gekommen, sich abzukühlen und zu Planeten zusammenzuziehen, sondern wären schon vorher wie Gas aus einer offenen Flasche ins Weltall verströmt. Einzig und allein jene Gasmassen, die sich im Zentrum der kosmischen Wolke zur Ursonne ballten, wären fähig gewesen, eine Schwerkraft auszubilden, die selbst bei diesen hohen Temperaturen einen Zusammenhalt ermöglicht hätte.

Für diese Überlegungen spricht ebenfalls, daß alle sogenannten inneren Planeten des Sonnensystems − also Merkur, Venus, Erde und Mars − denn auch gar nicht aus dem mit Abstand häufigsten Element der Urwolke, aus Wasserstoff, bestehen, sondern aus weit schwereren Elementen. Unsere Erde zum Beispiel setzt sich vorwiegend aus Silikaten zusammen – Verbindungen der Elemente Silizium und Sauerstoff – sowie Aluminium, Magnesium und Eisen, um einige der häufigsten zu nennen. Nur die Sonne besteht im wesentlichen aus den leichtesten Elementen, Wasserstoff und Helium. Die Planeten stellen eine konzentrierte Ansammlung der schweren Elemente dar, die nur in relativ geringen Mengen in der Urwolke enthalten waren.

Aus ihrer chemischen Zusammensetzung läßt sich darüber hinaus nachweisen, daß die Erde während ihrer Entstehung niemals wärmer als einige tausend Grad gewesen sein kann. Auch deshalb also kann unser Planet nicht aus der mehrere Millionen Grad heißen Gas- und Staubwolke der Ursonne hervorgangen sein. Die Erde ist also auf relativ kaltem Wege entstanden.

Während ihrer weiteren Bemühungen, den Ursprung der Erde zu erklären – und damit auch etwas über die Gesetzmäßigkeiten der Wüste herauszufinden – versuchten Physiker zu beweisen, daß die Sonne und die Planeten zwar gleichzeitig, aber unabhängig voneinander und aus verschiedenen Materialien entstanden sind. Diese Theorie geht davon aus, daß sich im Zentrum des rotierenden kalten Gas- und Staubnebels ein riesiger Wirbel bildete. Zugleich aber entstanden an seinem Rand zahlreiche kleinere Wirbel. Auf diese Weise kam Ordnung in die ursprünglich chaotische Wolke. Aus jenem inneren Massezentrum, das hauptsächlich aus Wasserstoff bestand, ging später die Sonne hervor. Aus den kleineren Massezentren, die anders beschaffen waren, entwickelten sich die Planeten. Während im zentralen Wirbel Gas- und Staubmassen derart konzentriert waren, daß sie sich durch Kontraktionen auf Abermillionen Grad erhitzten, verdichteten sich die kleinen Wirbel wegen ihrer geringen Masse auf relativ kalte Weise.

Kaum schienen die Astrophysiker mit dieser Erklärung auf einem richtigeren Wege angelangt, tauchte ein neues Hindernis auf. Jüngste Berechnungen mit Computern ergaben nämlich: Wenn die Masse aller Planeten, Meteoriten und Kometen unseres Sonnensystems auf sein Gesamtvolumen verteilt wird, wie es einst bei ihrer Entstehung der Fall gewesen sein sollte, dann ist die gesamte Materie so stark verdünnt, daß sich daraus niemals von sich aus durch Schwerkraft Planeten zusammenziehen konnten. Ganz abgesehen davon, hielt auch die Theorie von der Ausbildung kleiner Wirbel am Rand der Urwolke insgesamt einer physikalischen Überprüfung nicht stand.

Damit die natürliche thermische Abstoßung der Moleküle in Kontraktion übergeht, muß überhaupt erst einmal eine gewisse kritische Grenze von Materialansammlung überschritten werden. Erst wenn sich durch etwas anderes als durch Schwerkraft Körper ungefähr so groß wie der irdische Mond zusammengezogen haben, gewinnt die planetenbildende Kontraktion der Materie die Oberhand.

Wie aber sollten derart große planetarische Kristallisationskerne von sich aus entstehen? Die Lösung, die Wissenschaftler wie Hannes Alfven und Gustaf Arrhenius schließlich für den Vorgang fanden, der sich immerhin vor fünf Milliarden Jahren vollzogen hat, gehört zu den größten Geistesleistungen unserer Zeit.

Ihre überaus komplizierten physikalischen und mathematischen Überlegungen sollen hier nur stark vereinfacht und so verkürzt wiedergegeben werden, wie es zum Verständnis der Entstehung und Entwicklung unseres Heimatplaneten und seiner Wüsten nötig ist. Wir verdanken es dem Mathematiker und Schriftsteller Bruno Stanek, daß ihre Arbeiten aus der Fachsprache in eine allgemeinverständliche Form übertragen wurden. Der folgenden Schilderung des Geschehens liegt teilweise sein „Planetenlexikon" zugrunde.

Betrachten wir zunächst das weitere Schicksal der Ursonne, die sich mehr und mehr zusammenzog und schließlich die Form einer rotierenden Kugel annahm. Bedingt durch die Schwerkraft, entwickelte sich in dieser Gaskugel ein unvorstellbar hoher Druck von 200 Milliarden Atmosphären, die Temperatur stieg auf 15 Millionen Grad Celsius. Es kam zu Kernverschmelzungen. Der Wasserstoff begann atomar zu brennen. Energie wurde freigesetzt: Ein gewaltiger Fusionsreaktor, eine Sonne war entstanden. In ihr konzentrierten sich mehr als 99 Prozent der gesamten Materie der früheren Urwolke. Diese Sonne bestimmt von nun an die weitere Entwicklung der Planeten und bis in fernste Zukunft ihr Schicksal.

Durch die Entstehung der Sonne hatte sich ein starkes, ausgedehntes Magnetfeld im Weltraum aufgebaut. Der mit weniger als einem Prozent winzige Rest der Urwolke, die aus verschiedenen Elementen bestehenden Gas- und Staubteilchen wurden bei ihrem Umlauf um die Sonne im Magnetfeld ionisiert – elektrisch aufgeladen. Damit verringerte sich ihre Umlaufgeschwindigkeit. Nach den Gesetzen der Himmelsmechanik – die Anziehungskraft des Zentralgestirns und die Fliehkräfte der umlaufenden Körper halten sich stets die Waage – müßten jene Teilchen dadurch in eine sonnennähere Umlaufbahn geraten sein. Das war jedoch nicht der Fall. Alle elektrisch aufgeladenen Staub- und Gasteilchen mit einem größeren Durchmesser als ein hunderttausendstel Millimeter wurden mehr von der magnetischen Feldstärke als von der Anziehungskraft der Sonne beeinflußt. Die verminderten Fliehkräfte der Restmaterie wurden durch die tragende Kraft des Magnetfeldes kompensiert. Einige Physiker sind heute der Meinung, daß sich die

Sonne ohne Magnetfeld alle Restmaterie einverleibt hätte. In diesem Falle hätten sich niemals Planeten gebildet.

Als die feinen Gas- und Staubteilchen weiter auskondensierten und sich kleine Körner bildeten, verloren sie ihren elektrischen Ladungszustand. Dadurch fiel die tragende Kraft des solaren Magnetfeldes fort und die unzähligen einzelnen Mikrokörner der Urwolke gerieten nun auf eine sonnennähere Umlaufbahn, die ihrer verminderten Fliehkraft entsprach. Nach den Gesetzen der Himmelsmechanik müssen diese neuen Bahnen um die Sonne sehr exzentrisch und elliptisch gewesen sein. Ihr sonnenfernster Punkt lag stets dort, wo die Restmaterie auskondensiert war. Da das bei jedem der Körner an einem anderen Punkt seiner ursprünglichen Bahn stattgefunden hatte, ergaben sich unzählige exzentrische Bahnen, die sich alle miteinander kreuzten.

Diese Theorie läßt sich sehr gut überprüfen. Letzte Reste der Urwolke, feinster Meteoritenstaub und auch Kometen als größere Körper laufen heute noch größtenteils auf stark exzentrischen Bahnen um die Sonne.

Das Chaos hatte sich in den Überbleibseln der Urwolke durch die beschriebenen Vorgänge zwar eher noch vergrößert. Dennoch war in ihrem Zustand schon der Beginn einer neuen Ordnung angelegt. Sie sollte schließlich zur Entstehung der Erde und der anderen Planeten führen.

Der weitere Verlauf der kosmischen Ereignisse läßt sich mit der Selbstorganisation der Verwitterungsendprodukte von Gesteinen in der Sandwüste vergleichen, wie ich sie beschrieben habe. Als die Reste der Urwolke im solaren Magnetfeld ionisiert wurden, führte das zunächst dazu, daß die in ihr enthaltenen Elemente nach ihrem Atomgewicht sortiert wurden. Die Urwolke spaltete sich dadurch in vier ringförmige Wolken auf, in denen jeweils die Anteile der einzelnen Elemente unterschiedlich groß waren. Der äußerste Ring der Urwolke maß etwa zwölf Milliarden Kilometer im Durchmesser − so viel wie das heutige Planetensystem.

Weil sich innerhalb der vier Ringwolken die Bahnen der unzähligen Materie-Körner vielfältig kreuzten, kam es natürlich ständig zu Kollisionen. Über einen Zeitraum von vielleicht einhundert Millionen Jahren führten diese Kollisionsreibungen dazu, daß sich die Bahnen der Körner immer mehr anglichen. Immer mehr Körner mußten ihren individuellen Umlauf um die Sonne aufgeben und wurden in die neue Ordnung einer gemeinsamen Bahn eingebunden. Die einzelnen Ringwolken zogen sich immer mehr zusammen und spalteten sich abermals auf. Gleichzeitig ballten sich immer größere Brocken zusammen, indem die Körner aufeinanderprallten und sich miteinander vereinigten. Mit der Zeit wuchsen Anzahl und Größe dieser Brocken ständig.

Eines Tages müssen sich dann durch diese Selbstorganisation in den einzelnen Ringen Brocken mit einem Durchmesser von mehr als tausend Kilometer gebildet haben. Erst bei dieser Größe wurde nun die sogenannte kritische Grenze überschritten, jenseits derer sich eine für die Planetenbildung ausreichende Schwerkraft bildet. In den einzelnen Ringen kam es zu unterschiedlichen Zeitpunkten zu einem sogenannten Schwerkraftkollaps, einem Zusammensturz der angesammelten Materie. Dieser Kollaps vollzog sich in kosmischen Zeitspannen. Zuerst langsam, dann immer schneller sammelten die jeweils gewaltigsten Brocken durch ihre Anziehung die gesamte Urmaterie ihres Ringes ein. Auf diese Weise entstanden die Planeten.

Aus der innersten Ringwolke, in der sich vorwiegend schwere Elemente zusammengefunden hatten, gingen Merkur, Ve-

Einen wichtigen Baustein für die neue Hypothese von der Entstehung unseres Planetensystems lieferten die Aufnahmen der Voyager-Sonde im November 1980. Saturn ist noch heute von differenzierten Ringwolken und zahlreichen Monden umgeben. Viele Wissenschaftler sehen darin ein eigenständiges Planetensystem

nus und die Erde hervor. In der nächst-äußeren, ähnlich beschaffenen Ringwolke entstanden der Mond und der Mars. Da sich diese Ringwolke mit der innersten leicht überlappte, entstand der Mond auf einer Bahn, welche die der Erde kreuzte. So konnte der Mond, der zunächst als unabhängiger Planet entstanden war, später von der größeren Erde eingefangen und in eine Umlaufbahn gezwungen werden.

Aus der dritten Ringwolke, in der sich der größte Rest der früheren Urwolke konzentriert hatte und die überwiegend aus den leichtesten Elementen bestand, entsprangen die riesigen Gasplaneten Jupiter, Saturn, Uranus und Neptun. Zumindest Jupiter und Saturn besitzen keine feste Oberfläche. Wie das Zentralgestirn Sonne bestehen alle vier fast ausschließlich aus dem leicht flüchtigen Wasserstoff und aus Helium. Die Gasmassen sind in ihnen jedoch so stark konzentriert, daß sie eine ausreichende Schwerkraft entwickelt haben, um sich zusammenzuhalten.

In der äußersten Ringwolke schließlich, die sich wieder aus schweren Elementen zusammensetzte, entstand der ferne Pluto und wohl auch Triton, heute ein Mond des Planeten Neptun. Triton ist wahrscheinlich auf ähnliche Weise zu seinem großen Nachbarplaneten übergewechselt wie der Wüstenplanet Mond zur Erde.

Es gibt im Sonnensystem heute noch einen Rest der großen Ringwolken. Es ist der Planetoidenring, der zwischen den sogenannten inneren Planeten — Merkur, Venus, Erde, Mars — und den äußeren Planeten liegt. In ihm kreisen die Bestandteile der Urmaterie um die Sonne, von kleinen Körnern mit weniger als einem Millimeter bis zu Brocken mit einem Durchmesser von 800 Kilometern. Das reicht jedoch nicht aus, um einen Schwerkraftkollaps herbeizuführen, der einen zusätzlichen Planeten bilden könnte.

Zum erstenmal sind auf diesem Foto aus dem bemannten Raumschiff Apollo 14 auf dem Flug zum Mond die größte heiße Wüste der Erde und die größte kalte Wüste zusammen zu sehen: die Sahara und Arabien sowie die Antarktis. Die regenbringenden Wolkenmassen gruppieren sich in drei Gürteln. Zwei von ihnen — der eine an dem Äquator, der andere in der südlichen Hemisphäre — sind an ihren Wirbeln deutlich zu erkennen

Daß die neue Theorie von der Entstehung unseres Planetensystems höchstwahrscheinlich richtig ist, läßt sich unter anderem am Zustand der Gasplaneten überprüfen. Drei von ihnen – Jupiter, Saturn und Uranus – sind noch heute von gewaltigen Ringwolken aus Restmaterie umgeben. Außerdem besitzt jeder von ihnen zahlreiche, zum Teil selbsterzeugte – und nicht etwa später eingefangene – Monde. Von Jupiters 16 Trabanten sind zwei sogar größer als der Planet Merkur. Und einer der Monde von Saturn, Titan, erreicht mit einem Durchmesser von 5 800 Kilometern fast die Größe des Wüstenplaneten Mars.

Alle diese Ringe und die selbsterzeugten Monde umkreisen die Planeten in der Ebene ihres Äquators und nicht in der Ebene ihrer Sonnenumlaufbahn – wie es nach allen früheren Hypothesen von der Entstehung hätte sein müssen. Besonders ausgeprägt ist dies beim Uranus mit seiner stark geneigten Rotationsachse (siehe Grafik Seite 106).

Beim Jupiter ist bereits nachgewiesen, daß er das starke Magnetfeld hat, welches für die Entstehung der Ringwolken und der zahlreichen Trabanten erforderlich ist. Für die anderen Gasplaneten wird angenommen, daß ein solches Magnetfeld zumindest während ihrer Entstehungszeit vorhanden war.

Mit ihren Ringwolken und ihren größtenteils selbst erzeugten, teilweise planetengroßen Monden ähneln drei der Gasplaneten daher in der Entstehung begriffenen, kleinen Planetensystemen innerhalb eines großen Planetensystems.

Trotz seiner großen Menge reicht der in den Gasplaneten konzentrierte Wasserstoff jedoch bei weitem nicht aus, um durch seine eigene Schwerkraft im Inneren seiner Zusammenballung Kernverschmelzungen einzuleiten. Der größte der Planeten, Jupiter, verfügt nur über ein

Der Mond – einst als selbständiger Planet entstanden und dann von der Erde eingefangen – konnte wegen seiner geringen Schwerkraft weder Wasser noch eine Atmosphäre entstehen lassen. So war er von Anfang an dazu bestimmt, eine Wüste zu bleiben

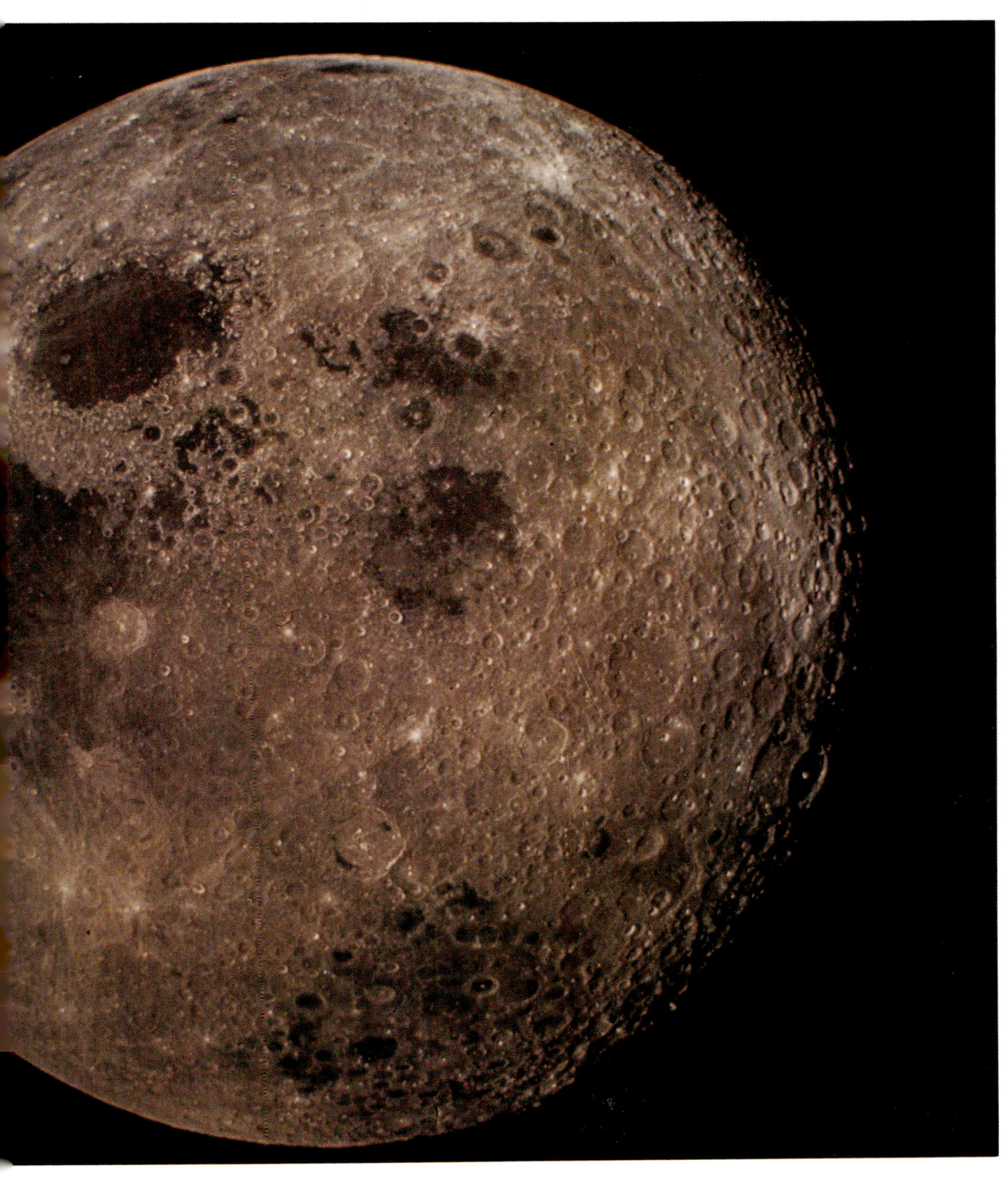

Siebzigstel der Masse, die nötig wäre, um eine Sonne zu bilden.

Wie hat sich unser Heimatplanet nun weiterentwickelt? Wie sind Wüsten, wie ist Leben entstanden? Solange der Kristallisationskern der Erde relativ klein und somit die Anziehungskraft gering war, landeten größere Brocken aus dem Weltall noch weich auf der Ur-Erde. Bis dahin hatte sich die Erde auf kaltem Wege entwickelt. Als aber ihre Masse wuchs und ihr Körper einen Durchmesser von etwa tausend Kilometern erreichte, kam es zu einem Schwerkraftkollaps. Dabei wurde die Bewegungsenergie der auf den Erdkern einstürzenden Brocken zu Wärme umgewandelt. Die Erdmasse schmolz.

Der größte Teil der Brocken, die auf die Ur-Erde einstürzten, bestand aus Silikaten und einem Eisen-Nickel-Gemisch. Außerdem waren in ihnen kleine Mengen zum Teil radioaktiver Elemente wie Uran, Thorium und Kalium enthalten. Radioaktive Elemente haben die Eigenschaft, innerhalb bestimmter Zeit zu anderen, nicht mehr radioaktiven Elementen zu zerfallen. Dabei geben sie Wärme ab. Außer den langlebigen radioaktiven Elementen, die nur in Jahrmilliarden zerfallen und deshalb auch noch in der erdgeschichtlichen Gegenwart wirksam sind, enthielten die Brocken aber auch kurzlebige, die schon am Beginn der Erdentwicklung zerfielen, zum Beispiel zu Blei. Energie wurde dabei freigesetzt. Zusammen mit der

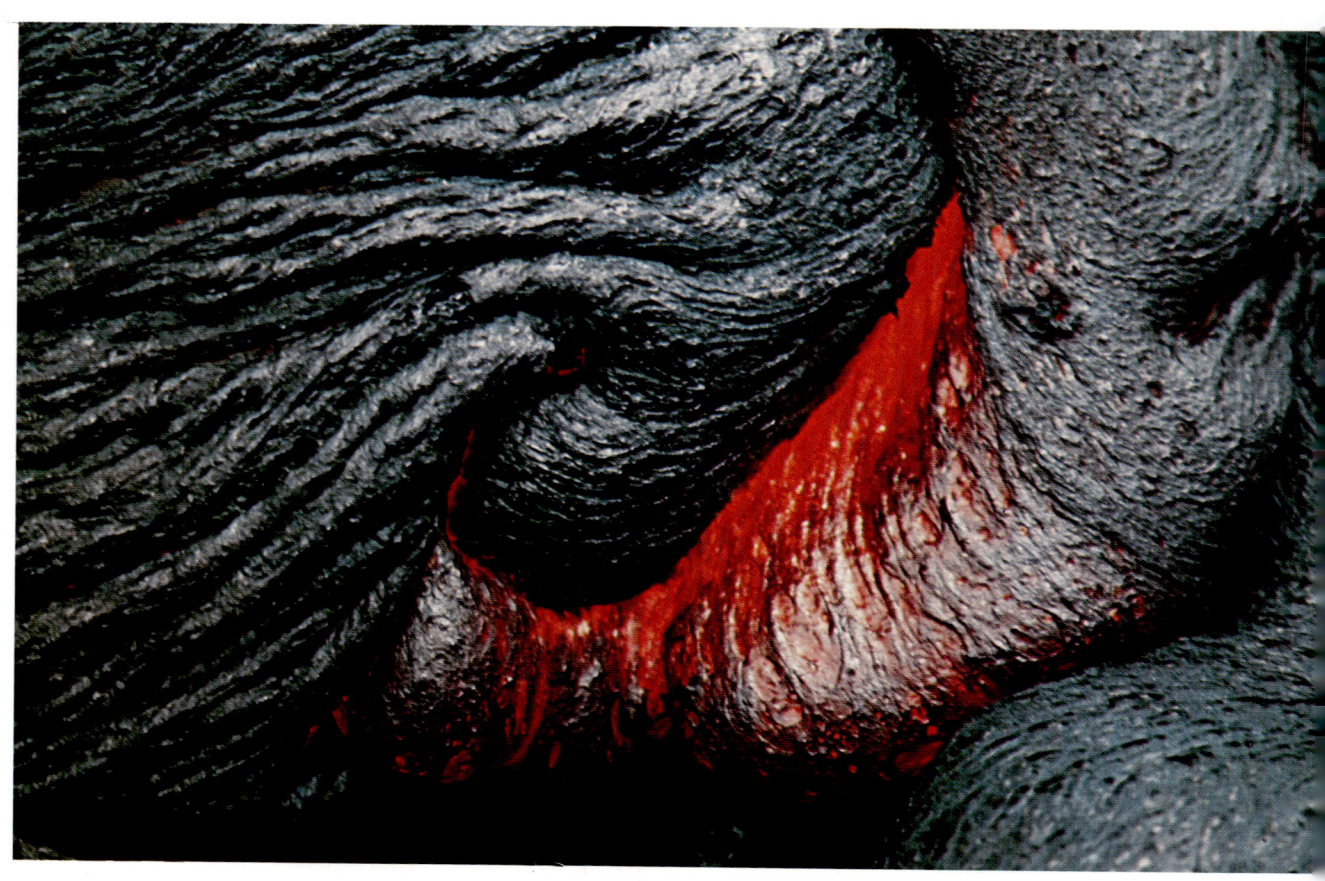

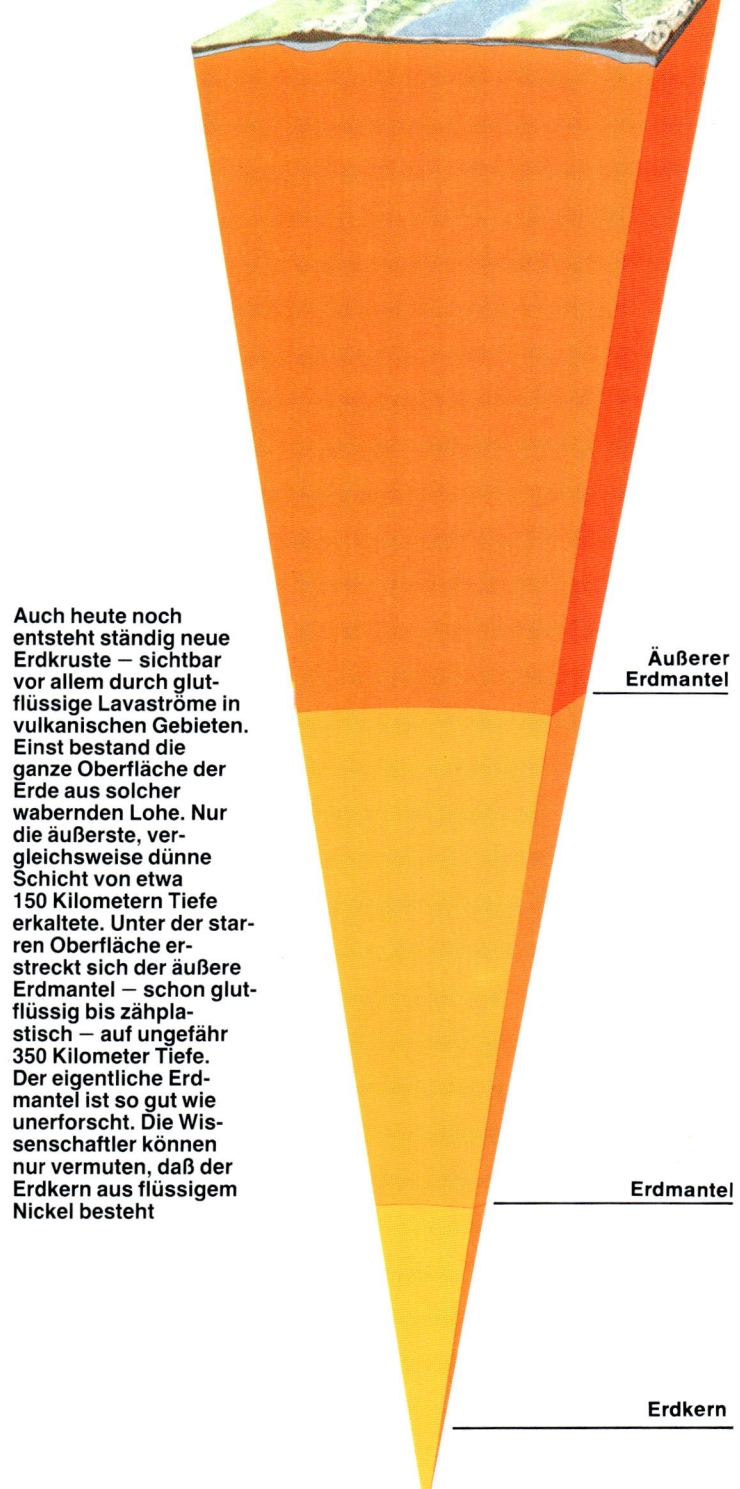

Auch heute noch entsteht ständig neue Erdkruste − sichtbar vor allem durch glutflüssige Lavaströme in vulkanischen Gebieten. Einst bestand die ganze Oberfläche der Erde aus solcher wabernden Lohe. Nur die äußerste, vergleichsweise dünne Schicht von etwa 150 Kilometern Tiefe erkaltete. Unter der starren Oberfläche erstreckt sich der äußere Erdmantel − schon glutflüssig bis zähplastisch − auf ungefähr 350 Kilometer Tiefe. Der eigentliche Erdmantel ist so gut wie unerforscht. Die Wissenschaftler können nur vermuten, daß der Erdkern aus flüssigem Nickel besteht

Äußerer Erdmantel

Erdmantel

Erdkern

Energie der Schwerkraftzusammenziehung und der Wärme, die noch aus dem Weltraum einstürzende Brocken erzeugten, führte dies dazu, daß der Erdkörper weiterhin im Zustand einer zähflüssigen Masse blieb. Damit sortierten sich nun auch innerhalb der entstehenden Erdkugel die Elemente nach ihrem Gewicht. Eisen und Nickel sanken wegen ihres hohen spezifischen Gewichtes zum Mittelpunkt der Kugel ab, während die leichteren, gesteinsbildenden Silikate zur Oberfläche aufschwammen. Aus ihnen entstanden später die Kontinente − und damit auch das Material der Wüste.

Der endgültige Zusammenbau unserer Erde muß Millionen Jahre lang ein infernalisches Geschehen gewesen sein. Ohne Unterlaß stürzten aus dem Weltall große und kleine Brocken hernieder, klatschten in die zähflüssige Oberfläche unserer Ur-Erde, die in dumpfem Rot glühte. Die Gesteins- und Metallschmelze spritzte hoch auf nach allen Seiten. Die größten Brocken mit einem Durchmesser von vielen Kilometern warfen sicherlich mehrere hundert Meter hohe glutflüssige Wellen auf, die um die ganze Erdkugel liefen. Dort, wo sie mit gegenläufigen Wellen zusammenprallten, schwappte die Materie wahrscheinlich mehr als tausend Meter empor. Wie Schlackenansammlungen in einer Eisenschmelze, so schwammen auf dem kochenden Gesteins- und Metallozean erstarrte Schollen aus leichten gesteinsbildenden Silikaten. Wie Glas wurden diese ersten Fragmente der Urkontinente immer wieder durch auftreffende Meteore zersprengt.

Neueste Altersbestimmungen an Gesteinen haben ergeben, daß die Erdkugel, auch nachdem ihr Zusammenbau weitgehend abgeschlossen war, noch eine Milliarde Jahre lang aufgeschmolzen blieb.

Erst vor etwa dreieinhalb Milliarden Jahren war der Erdkörper so weit abgekühlt, daß die Silikatschollen sich zu einer zusammenhängenden Kruste verfestigen konnten. Mehr als 99 Prozent der gesamten Erdmasse blieb jedoch bis zum heutigen Tag weitgehend geschmolzen. Die Gesteinshaut, die uns vom heißen, zähplastischen Inneren unseres Planeten trennt, ist maximal 65 Kilometer dick. Das ist, verglichen mit der Erdmasse, noch wesentlich dünner als die Haut eines Pfirsichs im Verhältnis zu seinem Fruchtfleisch.

Auch vor drei Milliarden Jahren muß unsere Erde noch von großen Brocken aus dem Weltraum getroffen worden sein, die gewaltige Krater in die bereits erstarrte Kruste schlugen. Das Bombardement von Meteoriten nahm jedoch ständig ab und reichte nicht mehr aus, um die Erdoberfläche aufzuschmelzen. Wie jeder am nächtlichen Himmel beobachten kann, sammelt die Erde bis heute die letzten Reste jener Ringwolke ein, aus der sie einst entstand – Kleinmeteoriten, die als Sternschnuppen aufleuchten. Die Masse des Meteoritenregens beträgt jährlich immerhin noch etwa eine Million Tonnen. Gelegentlich sind auch noch größere Brocken mit einem Durchmesser von mehr als hundert Metern und einem Gewicht von mehreren Millionen Tonnen dabei. Wenn sie aufprallen, sprengen sie gewaltige Krater in die Erdkruste hinein.

Am deutlichsten sind diese Meteoritenkrater in den Wüsten zu sehen, denn hier werden sie nicht von Vegetation überdeckt. Zu den eindrucksvollsten gehören der Awelull-Krater in der Westsahara und der Diablo-Krater in der Wüste von Arizona. Dieser entstand vor etwa zweihunderttausend Jahren; er hat einen Durchmesser von anderthalb Kilometern und ist 200 Meter tief.

Weil die Erdoberfläche ständig eingeebnet wird, bleiben Meteoritenkrater nur relativ kurze Zeit erhalten. Anders ist es auf unserem nächsten Nachbarn im Weltraum, dem Mond. Da es auf ihm weder Wind noch Wetter gegeben hat, sind die Narben der Meteoriteneinschläge selbst aus ferner Zeit bis heute erhalten geblieben. Die große Zahl seiner Krater in der ursprünglichen Oberfläche beweist, daß Meteoriten während der Entstehung des Planetensystems wesentlich häufiger waren als in der Gegenwart. Daß unsere Erde nicht wie ihre Nachbarn im All, die inneren terrestrischen Planeten Merkur, Venus, Mond und wohl auch Mars, von vornherein dazu verdammt war, für immer eine leblose Wüste zu bleiben, verdankt sie einer Kette von glücklichen Zufällen bei ihrer Entstehung.

Als die Erde vor viereinhalb Milliarden Jahren durch den Schwerkraftkollaps entstand, hatte sich nicht nur genau die „richtige" Masse aus den „richtigen" Elementen zusammengefügt. Die Erde war innerhalb des Sonnensystems auch an einem Ort entstanden, an dem sie das für ihre weitere Entwicklung genau „richtige" Maß an Sonneneinstrahlung erhielt. Diese drei Faktoren schufen auf unserem Planeten die Voraussetzungen für alles Leben: Wasser und Atmosphäre.

Wasser ist das universale Lösungsmittel, in dem sich alles Leben vollzieht. Mehr als die Hälfte aller auf der Erde vorkommenden Elemente sind im Wasser zu finden. Hier entstanden die Bauteile des Lebens, hier entwickelten sich die ersten Organismen. Ohne das Wasser in den Flüssen, Seen und Ozeanen, ohne das Wasser, das in jeder lebenden Substanz enthalten ist, wäre höherentwickeltes Leben nicht denkbar. Und wäre Sauerstoff nicht in Wasser löslich, so könnten die Fische nicht atmen. Auch mit der Ernährung von Pflanzen, Menschen und Tieren wäre es schlecht bestellt: Die Wurzeln vermögen ihre Nahrung dem Boden nur in gelöster Form zu entziehen. Und die Nahrung von Mensch und Tier bedarf ebenso der Lösung, damit sie vom Blut zu den Muskeln transportiert werden kann.

Wasser in dampf- und gasförmigem Zustand ist darüber hinaus ein wichtiger Bestandteil unserer Atmosphäre. Die Temperaturen auf der Erde mußten von Anfang an so beschaffen sein, daß Wasser ständig von seinem flüssigen Zustand in einen gasförmigen überwechseln konnte – und umgekehrt. Die Sonnenstrahlen erwärmen die Oberfläche des Meeres, das Wasser verdunstet und steigt in die Atmosphäre auf, wo es schließlich abkühlt und sich als Wolken kondensiert. Ohne diese Art Treibhaus gäbe es weder Wind noch Wetter und damit auch nicht den ewigen Kreislauf, der das Wasser aus den Ozeanen herauspumpt, es in Wolkenform über das Festland treibt und dort als Regen oder Schnee auf die Erde herabfallen läßt. Ohne die ständige Bewässerung der an sich trockenen Kontinente wären Pflanzen und Tiere niemals in der Lage gewesen, ihre Urheimat, die Ozeane, zu verlassen und auf das Land vorzudringen.

Eine der wichtigsten Substanzen der Hydrosphäre und der Atmosphäre ist das Kohlendioxyd. Als biologisches Nährgas bildet es zusammen mit dem Wasser für die Pflanzen den Rohstoff der Nahrungsproduktion, die sie mit Hilfe des Sonnenlichtes betreiben und die die Grundlage fast aller tierischen und menschlichen Existenz darstellt.

Genau wie die Erdkruste, so sind auch ihr Wassermantel und das Übertuch der Atmosphäre – vergleicht man sie mit dem Körper der Erde – hauchdünn. Was versetzte die vorwiegend aus festen Mineralien und Metallen bestehende Erdkugel überhaupt in die Lage, diese dünnen, aus flüchtigen Substanzen zusammengesetzten Lebensräume aller Pflanzen, Tiere und Menschen auszubilden?

Das Lebenselexier Wasser besteht aus einer chemischen Verbindung des leichtesten Elementes Wasserstoff mit dem schweren Element Sauerstoff. Obwohl Wasserstoff auch in der ringförmigen Urwolke, aus der die Erde entstand, vorhanden gewesen war, so reichte die Schwerkraft der Erdmasse am Anfang bei weitem nicht aus, um etwa eine Hülle aus Wasserstoffgas zu bilden und festzuhalten. Die am Zusammenbau der Erde beteiligten Wasserstoffmoleküle wurden von den Sonnenstrahlen erwärmt und verflüchtigten sich größtenteils in den Weltraum. Nur bei den äußeren Planeten – Jupiter, Saturn, Uranus und Neptun – hatten sich so hohe Mengen von Wasserstoff angefunden, daß sie sich durch ihre eigene Schwerkraft zusammenhalten konnten.

Daß die Erde nach ihrem Zusammenbau trotzdem eine Hydrosphäre und eine Atmosphäre ausbilden konnte, liegt daran, daß die flüchtigen leichten Elemente die Eigenschaft besitzen, sich mit schwereren Elementen chemisch zu verbinden. Wie das Wasser, so ist auch das Nährgas Kohlendioxyd eine Verbindung eines leichten Elementes mit einem schweren, nämlich von Kohlenstoff und Sauerstoff. So konnten sich in den vorwiegend aus schweren Elementen bestehenden Gesteinen und Metallen große Mengen leichter, gasförmiger Elemente „retten". Dazu gehörten in erster Linie die lebenswichtigen Elemente Stickstoff, Kohlenstoff und Wasserstoff.

Wäre das nicht der Fall gewesen, so gäbe es auf der Erde keinen Tropfen Wasser. Man hat berechnet, daß noch heute primär in den Gesteinen der Erdkruste und des darunterliegenden Erdmantels dreimal soviel Vorrat an Wasser – und damit des Elementes Wasserstoff – enthalten ist wie in allen Ozeanen, Seen, Flüssen und in der Atmosphäre zusammengenommen. Aus diesem Reservoir schwitzte die Erde vor viereinhalb Milliarden Jahren ihre erste Atmosphäre aus.

Noch heute läßt sich beobachten, wie sich die unter der Erdkruste hohen Drücken und Temperaturen ausgesetzten geschmolzenen Gesteine Luft machen – sie drängen durch die Vulkane, die nichts anderes sind als Überdruckventile, an die Oberfläche. Aber aus den Schlünden der feuerspeienden Berge quellen nicht nur glutflüssige Gesteine. Die Qualmwolken über jedem Vulkan enthalten große Mengen Wasserdampf, Kohlendioxyd, Stickstoff und andere gasförmige Elemente.

Während der Entstehung unserer Erde müssen die vulkanischen Aktivitäten wesentlich intensiver gewesen sein als heute. Die langsam erkaltende Gesteinshaut der Erde wurde kreuz und quer von tiefen Rissen durchzogen und von Vulkanen bedeckt. Aus ihnen drängte ein großer Teil der leichten, in chemischen Verbindungen erhalten gebliebenen Elemente an die Oberfläche. Und wie heute bestanden bis zu 90 Prozent des Schweißes unserer Erde aus Wasserdampf. Den Rest bildeten Kohlendioxyd, Stickstoff und Methan (Verbindung aus Kohlenstoff und Wasserstoff) sowie Ammoniak (Verbindung aus Stickstoff und Wasserstoff).

Wir Menschen hätten in der Uratmosphäre unserer Erde nicht einen Moment lang leben können. Wir wären auf der Stelle erstickt. Freier, ungebundener Sauerstoff, der für unsere Atmung unerläßlich ist und der die tödlichen ultravioletten Strahlen aus dem Weltraum abschirmt, fehlte nämlich in den Ausgasungen, aus denen sich die Luft zusammensetzte.

Auf unserem Planeten entstand der überwiegende Teil des atmosphärischen Sauerstoffs erst verhältnismäßig spät. Noch erstaunlicher aber ist wohl, daß er zunächst ein geradezu gefährliches Stoffwechselprodukt des Lebens selbst war. Es wurde von den grünen Pflanzen freigesetzt.

Weil die Erdoberfläche nur sehr, sehr langsam erkaltete, konnte der Wasserdampf, der in große Höhen emporstieg und dort kondensierte, nicht als Regen auf die Erde zurückfallen. Sobald die Regentropfen auf die heiße Gashülle der tieferen Atmosphäre trafen, verdampften sie sofort. Da aus den Vulkanen und aus den Rissen in der Erdkruste unablässig Wasserdampf nachquoll, sammelten sich immer größere Mengen kochendheißen Wasserdampfes in der Uratmosphäre an. Bald war die gesamte Erde so dicht von Dampf umgeben, daß kein Sonnenstrahl mehr durchdrang. Während Jahrmillionen wurde das Dunkel über der Ur-Erde ausschließlich von den grellen Blitzen unaufhörlicher Gewitter zerrissen.

Eines Tages aber war dann die Erdkruste so weit abgekühlt, daß die Regentropfen ihre Oberfläche erreichen konnten. Während Jahrzehntausenden rauschten nun Sintfluten auf die noch dampfende Erdkruste. Wo sich Senken in der Erdoberfläche gebildet hatten, sammelte sich das Wasser. Die Ur-Ozeane entstanden. Die Schwerkraft der Erde war genau richtig, um die Uratmosphäre auszuschwitzen und festzuhalten, also ihre Bestandteile daran zu hindern, doch noch in den Weltraum zu entweichen. Außerdem erwies sich der Abstand zur Sonne als optimal. Wäre die Erde zufällig etwas näher an der Sonne entstanden und damit die Sonnenstrahlung nur um zehn Prozent stärker gewesen, so hätte der ausgeschwitzte Wasserdampf nicht kondensieren können. Umgekehrt hätte sich bei einer etwas größeren Sonnenferne der Wasserdampf nicht in Form von flüssigem Wasser in den Ozeanen, sondern als dicke Eisschicht auf der Erdoberfläche niedergeschlagen. Weder in dem einen noch in dem anderen Falle wäre flüssiges Wasser entstanden, das die Voraussetzung für alles Leben auf der Erde ist.

Die Urzeugung des Lebens vollzog sich in jener frühen Atmosphäre und im Urozean ebenfalls durch eine Selbstorganisation unbelebter Substanzen (wie wir sie noch heute in der Wüste beobachten können). Die dazu notwendige Energie lieferte das Sonnenlicht. Sein ultravioletter Teil zerlegte die elementaren Verbindungen, aus denen die Uratmosphäre und der Urozean bestanden, in ihre einzelnen Teile.

Die meisten freigesetzten Elemente waren bestrebt, sich schnell wieder mit anderen zu verbinden. Diese „angeborene" Eigenschaft hatte damals, als sich die Erdmasse aus der ursprünglichen Ringwolke zusammenfügte, vielen leichten Elementen gewissermaßen das Leben gerettet. So waren die Substanzen der Uratmosphäre und des Urozeans – Wasser, Methan, Ammoniak und Kohlendioxyd – ja erst

entstanden. Als die Moleküle dieser Verbindungen nun durch das ultraviolette Licht immer wieder zerlegt wurden und sich immer wieder zusammenfügten, vereinigten sich einige von ihnen nicht wieder zu den anorganischen Ausgangsmolekülen, sondern zu ganz neuen Kombinationen. So entstanden die organischen Großmoleküle der Aminosäuren. Sie sind die Grundbausteine allen Lebens.

Einige dieser Moleküle besaßen zufällig die Eigenschaft, einen Teil des Sonnenlichts zu absorbieren. Über mehrere Zwischenstufen der Entwicklung entstanden aus diesen Bauelementen vor etwa dreieinhalb Milliarden Jahren die Vorläufer der Pflanzenzellen. Mit der Energie des absorbierten Sonnenlichtes gelang es ih-

Die Druckwelle, die ein Meteorit vor sich herschob, und Sekunden später sein Einschlag ließen den Diablo-Krater in Arizona mit einer Öffnung von 1250 Metern entstehen. Wahrscheinlich waren Menschen Augenzeugen des Ereignisses, das erst 40 000 Jahre zurückliegt

nen, in ihrem Inneren eine Art chemischer Fabrik zu betreiben: Sie stellten aus einfachen, anorganischen Molekülen ihrer Umwelt komplexere organische Moleküle her, die ihnen als Nahrung dienten.

Damit die ersten Pflanzenzellen diese Nahrungsmoleküle aufbauen konnten, mußten in den anorganischen Ausgangssubstanzen die Elemente Wasserstoff, Kohlenstoff und Sauerstoff vorhanden sein. Auch heute besteht jedes von Pflanzen produzierte Nahrungsmittel – Kohlehydrat – aus einer Verbindung dieser drei Elemente. Den Wasserstoff gewannen die Pflanzenzellen aus der Substanz, in der sie schwammen – aus dem Wasser des Ozeans. Kohlenstoff und chemisch gebundenen Sauerstoff enthielten die Moleküle des Kohlendioxyds, die ebenfalls als eines der Entgasungsprodukte der Erde sowohl in der Atmosphäre als auch gelöst im Wasser reichlich vorhanden waren.

Die ersten Pflanzenzellen, blaugrüne Algen, konnten den Rohstoff ihrer Nahrung also jederzeit aus einem praktisch unbegrenzt großen Reservoir beziehen. Auch der Energie-Lieferant, die Sonne, war ein verläßlicher Partner. Durch die Nahrungsmittelproduktion der Pflanzen – Photosynthese genannt – war zum erstenmal eine außerirdische Energiequelle nutzbar gemacht worden, um Leben weiterzuentwickeln und zu erhalten. Die Photosynthese ist die bedeutendste Erfindung der Naturgeschichte nach der Entstehung der Erde. Fast die gesamte irdische Biomasse verdankt ihr ihre Existenz.

Zugleich mit den ersten Pflanzenzellen waren im Urozean auch die ersten Vorläufer tierischer Zellen entstanden. Sie ernährten sich von den Algen.

So positiv sich die Entwicklung des Lebens an diesem Punkt bereits ausnimmt – sie hätte beinahe doch noch in einer Katastrophe geendet. Die Pflanzenzellen hatten damit begonnen, die panzerharte Bin-

dung des Wassermoleküls aufzubrechen, das aus zwei Wasserstoffatomen und einem Sauerstoffatom besteht. So gewannen sie den für ihre Nahrung unerläßlichen Wasserstoff. Dabei allerdings blieb der Sauerstoff übrig. Die Zellen schieden ihn unverwertet als Abgas aus. Ungebundener Sauerstoff aber ist chemisch äußerst aktiv. In dieser frühen Phase des Lebens auf der Erde war er somit ein überaus gefährliches Gift, das allen Organismen zum Verhängnis werden konnte. Für die pflanzlichen und tierischen Zellen bestand die Gefahr, daß sie in diesem Abfallprodukt ihres eigenen Stoffwechsels oxydierten. Das bedeutet praktisch nichts anderes als eine Selbstverbrennung.

In allerletzter Minute gab es Rettung. Durch das Wetter.

Zwischen der Erdoberfläche und der Atmosphäre hatte sich ein gewaltiger Wasserkreislauf gebildet, in dem die Sonne die Rolle einer Riesenpumpe übernommen hatte. Durch Wärme ihrer Strahlen verdunstete Wasser aus den Ozeanen in den Luftraum. Die Feuchtigkeit kühlte in der Höhe ab, es entstanden Regenwolken, die, angetrieben von Luftströmungen, die Wasserfracht von den Ozeanbekken über die Kontinente transportierten und dort entluden. Da es noch keine Vegetationsdecke gab, begannen Wind und Regen ungehindert damit, die Oberfläche der noch wüstenhaften Urkontinente zu zerstören und abzutragen. Dabei spülte das Regenwasser große Mengen der Verwitterungsprodukte als Sand und Staub in den Ozean, darunter Mineralien und Metalle, hauptsächlich Salz und Eisen. Sobald das Eisen ins Wasser gelangte und mit dem von den Algen ausgeschiedenen Sauerstoff in Berührung kam, entstand eine oxydische Verbindung. Die eisenhaltigen Sedimente im Ozean ließen sich mit einem Schwamm vergleichen, der das für die Urpflanzen gefährliche Stoffwechselprodukt Sauerstoff aufsog, neutralisierte und damit von den Organismen fernhielt. Auf diese Weise gewann das Leben sozusagen eine Frist, in der es sich auf die neue Situation einstellen konnte.

Vor ihrem selbstproduzierten Umweltgift geschützt, konnten sich die blaugrünen Algen nun vermehren. Das taten sie so ungehemmt, bis eines Tages wieder Sauerstoff in gefährlich großen Mengen freigesetzt wurde. Die Menge des in die Ozeane gelangenden Eisens reichte nicht mehr, um ihn abzufangen und zu binden. Der überschüssige Sauerstoff gaste aus dem Wasser aus und stieg in die Atmosphäre. Damit fand die Oxydation des in der Erdkruste feinverteilten Eisens jetzt bereits auf dem Festland statt. Vom Regenwasser wurde das Eisenoxyd zu Eisenhydroxyd verwandelt: Es verrostete. Die Oberfläche der unbelebten Urkontinente verfärbte sich. Zum erstenmal prangte die Erde im Rotbraun der Wüste.

In dem Maße, wie sich die Oxydation des Eisens aus den Ozeanen auf das Festland verlagerte, unterblieb nach und nach auch die Zufuhr von noch oxydablem, also sauerstoffzehrendem Eisen in die Gewässer. Die Überlebenskrise der ersten Organismen spitzte sich zu. Eine Katastrophe wäre unausweichlich die Folge gewesen, hätten sie nicht die Zeit zur Entwicklung neuer Anpassungen genutzt. Nach Milliarden Jahren begannen die Organismen, das gefährliche Abfallprodukt der Photosynthese in einer Art *recycling process* besser für ihre Nahrung zu verwerten und somit für ihre Weiterentwicklung zu nutzen. Sie waren jetzt in der Lage, den Sauerstoff einzuatmen.

Bis dahin hatten die Organismen ihre Nahrung durch einen Stoffwechsel „verdaut", den die Biologen als Gärung bezeichnen. Durch die Photosynthese werden einfache, anorganische Substanzen zu komplexen Nahrungsmolekülen aufge-

baut. Diese zerlegt der Organismus bei der Gärung aufs neue, wobei die chemische Energie frei wird, die die einzelnen Bausteine im Molekül zusammenbindet. Und eben diese freigesetzte Energie wird nun als Lebensenergie genutzt.

Der Gärungsstoffwechsel kann jedoch das Nahrungsmolekül nicht wieder bis in seine Ausgangssubstanzen zerlegen. Der Vorgang kommt mittendrin zum Erliegen; die noch reichlich vorhandene Bindungsenergie des Moleküls wird nicht voll ausgenutzt.

Nach Milliarden Jahren dieser völlig unwirtschaftlichen Nahrungsverwertung wurden die Organismen durch den Sauerstoff in ihrer Umwelt geradezu gezwungen, die „Verdauung" weiterzuführen. Das Eisen schützte sie nun nicht mehr vor dem aggressiven Sauerstoff. Wollten sie vermeiden, daß sie und ihre Nahrung oxydierten, also verbrannten, so mußten sie nun selbst die starke chemische Aktivität des Sauerstoffs abfangen und kanalisieren. Sie schafften es mit Hilfe der sogenannten Atmungskette, die eine gedrosselte, kontrollierte Oxydation in nutzbare Energie umsetzt. Mit Hilfe des eingeatmeten Sauerstoffes leisteten die Organismen gründliche Arbeit. Sie zerlegten die Nahrungsmoleküle wieder zu Kohlendioxyd und Wasser, zu jenen nicht immer verwertbaren Ausgangssubstanzen also, aus denen die Moleküle ursprünglich durch die Photosynthese aufgebaut worden waren. Nahrungsaufbau und Nahrungsabbau stellen also einen Kreislauf dar, bei dem auch der zunächst abgefallene Sauerstoff letzten Endes wieder seine Freiheit verliert. Atmung bedeutete die genaue Umkehrung der Photosynthese. Allein durch diesen Vorgang konnte eine sauerstoffreiche Atmosphäre also auch nicht entstehen. Sie war jedoch die Voraussetzung für eine Eroberung des wüstenhaften Festlandes durch Pflanzen und Tiere, weil sie die tödlichen ultravioletten Strahlen aus dem Weltraum abschirmt.

Daß trotzdem eine solche Atmosphäre entstand, liegt daran, daß nur ein kleiner Teil der durch pflanzliche Photosynthese produzierten Nahrung durch Oxydation mit Sauerstoff wieder in Lebensenergie umgewandelt wurde. Einen großen Teil der Nahrungsmoleküle benutzten die Pflanzen dazu, ihre Körpersubstanz, Zellwände und später auch Blätter, Äste und Stämme, aufzubauen.

Wenn die grünen Algen abstarben, sanken sie auf den Grund des Urozeans. Dort wurden sie in den sich ständig ablagernden Sedimenten begraben und damit dem Sauerstoff entzogen. Er konnte sich nicht mit der toten Pflanzensubstanz verbinden und blieb frei. Nur durch die Einlagerung pflanzlicher Substanz in die Sedimente des Meeresbodens gab es für die Atmosphäre langfristig eine effektive Sauerstoffzufuhr.

Gleichzeitig wurden die Rohstoffe der pflanzlichen Photosynthese, das Wasser und das Kohlendioxyd, abgebaut. Während das Wasser in so gewaltigen Mengen vorhanden war, daß es praktisch nicht verbraucht werden konnte, nahm das Kohlendioxyd im Wasser und in der Atmosphäre beträchtlich ab.

Zu diesem Zeitpunkt der Entwicklung hatte sich abermals die optimale Masse unserer Erde „bezahlt" gemacht. Hätte sich bei ihrer Entstehung zufällig ein wenig mehr Materie zusammengefügt, so wäre die Schwerkraft so groß geworden, daß während der Aufschmelzung der Erdmasse wahrscheinlich nicht genügend Eisen in der Kruste zurückgeblieben wäre. Das Eisen wäre in Richtung Erdmittelpunkt abgesunken. Nichts hätte den Sauerstoff in den Ozeanen aufgezehrt und die ersten Organismen hätten die von ihnen selbst verursachte Umweltkrise wahrscheinlich nicht überlebt.

Eine kleinere Erdmasse dagegen hätte weniger Schwerkraft entwickelt, und es wären größere Mengen Eisen in der Erdkruste zurückgeblieben. Abgesehen davon, ob in diesem Fall unser Planet überhaupt in der Lage gewesen wäre, genügend Uratmosphäre auszuschwitzen, um eine Urzeugung zu ermöglichen, hätte die Eisenmenge ausgereicht, um für alle Zeiten allen durch Lebensaktivitäten freigesetzten Sauerstoff aufzuzehren. Pflanzen und Tiere hätten niemals den Schutz der Ozeane verlassen können, und die Kontinente wären wahrscheinlich für immer eine Wüste geblieben.

Selbst die Urwüste auf den Kontinenten trug dazu bei, daß sich das Leben zu höheren Formen entfalten konnte. Von ihrer ungeschützten Oberfläche wurden so gewaltige Staub- und Sandmassen in den Ozean transportiert, daß damit die Sedimentation abgestorbener Pflanzensubstanz gefördert wurde. Das wirkte sich entsprechend günstig auf den Sauerstoffüberschuß aus.

Während der Sauerstoffgehalt der Atmosphäre ständig anstieg, kam es im Ozean nach der „Erfindung" des Atmungsstoffwechsels vor etwa 600 bis 700 Millionen Jahren zu einem Boom in der Entwicklung des Lebens. Im Vergleich zu den Zellen, die Gärung betrieben, stand den atmenden Zellen die vierzehnfache Energie für ihre Lebensfunktionen zur Verfügung, weil sie sich die gesamte innere Bindungsenergie der Nahrungsmoleküle nutzbar machen konnten. Mit Hilfe der Atmung wurde zum erstenmal die Energieversorgung größerer Zellverbände möglich.

An Gesteinen aus dieser Periode, die durch das Sandstrahlgebläse des Wüstenwindes freigelegt wurden, läßt sich ablesen, wie erfolgreich sich die „Erfindung" der Atmung auf die Weiterentwicklung und die Differenzierung des Lebens auswirkte. Fast unvermittelt tritt zum erstenmal während der Erdgeschichte eine große Zahl bereits weit entwickelter Pflanzen und Tiere in Erscheinung.

Als der Sauerstoffgehalt der Atmosphäre eines Tages zehn Prozent des heutigen Wertes erreicht hatte, genügte das bereits, um einen großen Teil der gefährlichen ultravioletten Strahlen von der Erdoberfläche fernzuhalten. Unter dem Schutz dieses Filters begannen vor etwa 400 Millionen Jahren die ersten Pflanzen damit, den Ozean zu verlassen und auf das feste Land vorzudringen. Das war das Ende der Urwüste. Den Pflanzen folgten die ersten tierischen Pioniere. Wie bereits beschrieben, waren es vor allem Gliedertiere – Skorpione, Spinnen, Milben und Tausendfüßer. Weitere 50 Millionen Jahre vergingen aber noch, bis auch unsere fernsten Vorfahren aus dem Stamm der ersten Wirbeltiere so weit entwickelt waren, daß sie am Ende des Erdzeitalters Devon vor 350 Millionen Jahren den Schutz des Ozeans verlassen konnten, um an Land zu leben. Es waren Fische, die ihre Flossen zu Beinen und ihre Schwimmblasen zu Lungen umgewandelt hatten, die den ersten Schritt auf das feste Land taten. Spuren erster Landwirbeltiere, amphibisch lebender Lurche, die am Ufer schlammiger Meeresküsten und Lagunen nach Nahrung suchten, sind als versteinerte Abdrücke in der nordamerikanischen Wüste erhalten geblieben.

Vergleichbar Raumfahrern, die einen lebensfeindlichen Planeten zu besiedeln versuchten, und die darauf angewiesen wären, ständig über einen Vorrat an irdischer Atmosphäre und Wasser zu verfügen, so blieben auch die Pflanzen und Tiere, die als Kolonisten auf das trockene Land vordrangen, für alle Zeiten von ihrer flüssigen Urheimat, dem Ozean, abhängig. Bis auf den heutigen Tag können sich die Eier von Amphibien – Fröschen und Lurchen – nur im Wasser entwickeln. Und ihre Jungen müssen zunächst ein Kaulquappenstadium durchlaufen, bevor sich Lungen und Beine bilden, die für ein Leben an Land unerläßlich sind. Jedes Individuum muß also im Zeitraffertempo den langen Entwicklungsprozeß durchmachen, der in vielen Millionen Jahren aus Lebewesen des Meeres solche des Landes entstehen ließ.

Daran änderte sich auch nichts, als sich aus den ersten amphibisch lebenden Lurchen Reptilien und schließlich Vögel entwickelten. Sie bewahrten die Feuchtigkeit ihrer Urheimat auf den Kontinenten, indem sie kleine Aquarien für die Entwicklung ihrer Jungen herstellten: Eier. Und auch die erste Umwelt eines sich entwickelnden Säugetieres, einschließlich des Menschen, ist immer noch Wasser, eingeschlossen in der Fruchtblase.

Wenn wir die Entstehung und die Entwicklung des Lebens auf der Erde als Bewertungsmaßstab verwenden, dann ist unser belebter Planet ein Beweis dafür, daß er nicht nur eine optimale Größe, sondern auch einen optimalen Sonnenabstand besitzt. Seine Schwerkraft ist genau richtig bemessen, um eine lebensfreundliche Hydrosphäre und Atmosphäre festzuhalten.

Mit 150 Millionen Kilometern Entfernung zum Zentralgestirn hält sich die Erde in einer äußerst schmalen Zone auf, die von den Wissenschaftlern inzwischen als kosmische Ökosphäre bezeichnet wird – der Bereich des Lebens. Nur in ihm sind die Temperaturen so beschaffen, daß das Lebenselixier Wasser als Eis, als Flüssigkeit und als Dampf vorkommen kann. Die optimale Stellung der Erde im Sonnensystem hat bereits der Philosoph Johann Gottfried Herder im Jahre 1784 erkannt, als er schrieb: „Nur eine kleine andere Richtung der Erde zur Sonne und alles auf ihr wäre anders."

Stiefkinder der Sonne

Die Erforschung der Planeten dient dem Verständnis der
irdischen Wüsten. Das Bild, das die Astronomen heute von unseren
Nachbarn zeichnen, wirkt wie aus einer apokalyptischen Vision entsprungen.
Als die ersten Raumsonden den Mars erreichen, ist der
Rote Planet in einen globalen Staubsturm gehüllt

Auf den Nachbarn der Erde, den anderen inneren terrestrischen Planeten, ist alles anders. Anhand ihrer Entwicklungsgeschichte läßt sich belegen, daß die Wüste der wahrscheinlichere von allen möglichen Zuständen ist. Die Kenntnis davon erlaubt Schlüsse auf die vergangene und künftige Entwicklung auch der irdischen Wüsten. Planetenforschung ist deshalb Wüstenforschung.

Der sonnennächste Planet, Merkur, ging zusammen mit der Venus und der Erde aus dem innersten, vorwiegend aus schweren Elementen bestehenden Ring der Urwolke hervor. Er war, wie die Erde, zu Beginn wahrscheinlich völlig aufgeschmolzen. Vorausgesetzt, die Masse des kleinen Planeten war überhaupt groß genug, um eine Uratmosphäre auszuschwitzen, so wäre sie nicht lange erhalten geblieben. Obwohl die Schwerkraft des Merkur gerade noch ausreichte, um zumindest eine dünne Atmosphäre festzuhalten, ist es auf ihm viel zu heiß. Dieser Planet steht der Sonne so nah, daß er extrem erwärmt wird; die sogenannte thermische Geschwindigkeit der ausgegasten Moleküle wäre dadurch so groß geworden, daß sie das Schwerefeld des Planeten verlassen und sich in den Weltraum verflüchtigt hätten.

Der Planet Merkur war also von Anfang an dazu verdammt, für immer eine Wüste zu bleiben, ohne Ozeane und ohne Atmosphäre. Da es auf seiner mehr als 400 Grad Celsius heißen Oberfläche nie so etwas wie Wind und Wetter gegeben hat, sind auf ihm, genau wie auf unserem Mond, vor allem aus seiner Entstehungszeit zahlreiche Meteoritenkrater als Narben erhalten geblieben.

Am ehesten ließe sich noch die Venus mit der Erde vergleichen. Sie könnte in gewisser Hinsicht eine Zwillingsschwester der Erde sein. Ihr Äquatordurchmesser ist nur 652 Kilometer kleiner als der der Erde – und ihre Masse beträgt 81,5 Prozent der irdischen. Aber schon hier endet die Ähnlichkeit. Das Bild, das die Astronomen heute von diesem Nachbarn zeichnen, wirkt wie aus einer apokalyptischen Vision entsprungen.

Die Venus liegt unter einer dichten gelblichen Wolkendecke, die den ganzen Planeten umhüllt, in einem ewigen Dämmerlicht. Bei einem Druck bis zu 100 Atmosphären beträgt die Bodentemperatur ungefähr 500 Grad Celsius. Die Venus rotiert außergewöhnlich langsam. Ein Tag-Nacht-Zyklus entspricht fast 117 Erdentagen. Die langen Tage der Venus reichen aus, um die Hitze von der Tagseite gleichmäßig um den ganzen Planeten zu verteilen. Auf der Nachtseite glühen die Felsen in einem dumpfen Rot. Einige Wissenschaftler sind der Meinung, daß es in der Atmosphäre der Venus zu Regenfällen kommt. Dieser Regen bestünde allerdings nicht aus Wasser, sondern aus Schwefelsäure.

Ursache für dieses kaum vorstellbare Inferno ist die sehr dichte Atmosphäre der Venus, die noch dazu zu mehr als 95 Prozent aus Kohlendioxyd besteht. Der durch die dichte Wolkendecke noch eindringende Teil des Sonnenlichtes wird bis zur Oberfläche millionenfach gebrochen und zu Wärme umgewandelt. Da nun die Wolken für die Rückstrahlung der Wärme relativ undurchlässig sind, staut sie sich unter ihnen. Eine wolkenreiche Atmosphäre, besonders wenn sie einen hohen Anteil von Kohlendioxyd aufweist, ist also von einseitiger Durchlässigkeit. Dieses Phänomen wird von den Meteorologen als Treibhauseffekt bezeichnet. Etwas vergleichbares geschieht, wenn Sonnenstrahlen durch Glasscheiben dringen. Die Strahlen verwandeln sich zu Wärme, die das Glas in umgekehrter Richtung nur schwer passieren kann.

Durch größere Sonnennähe und damit höhere Temperaturen konnte der von der Venus bei ihrer Entstehung reichlich ausgegaste Wasserdampf nicht kondensieren. Und so konnte sich niemals flüssiges Wasser sammeln oder gar ein Ozean bilden. Die Entwicklung von Leben, wie wir es von der Erde kennen, war dadurch unmöglich geworden.

Ein Teil des Wasserdampfes verband sich in der Atmosphäre mit Schwefelsäure, die ebenfalls von der Venus ausgedünstet wurde und die wahrscheinlich auch die gelbe Färbung ihrer Wolkenhülle verursacht. Der größte Teil jedoch wurde nach und nach durch die energiereiche ultraviolette Strahlung in seine elementaren Bausteine zerlegt. Ein durch Lebewesen gebildeter starker Sauerstoffilter, der dies – wie auf der Erde – hätte verhindern können, war ja auf der Venus nie entstanden. Der freigesetzte Wasserstoff und – aufgrund der hohen Temperaturen – wahrscheinlich auch ein großer Teil des ebenfalls aus den zerlegten Wassermolekülen stammenden Sauerstoffes entflohen in den Weltraum. Zugleich nahmen die Anteile des vielleicht noch heute ständig aus Vulkanen nachströmenden Kohlendioxyds und der Schwefelsäure in der Venusatmosphäre ständig zu. Auf der Erde wurde die Schwefelsäure neutralisiert und der Kohlendioxydgehalt in der Atmosphäre durch die Nahrungsproduktion der Pflanzen heruntergewirtschaftet. Bei der Venus lagen die Dinge anders. In ihrer Atmosphäre sammelten sich diese Substanzen immer mehr an, bis die Treibhauswirkung den Planeten thermisch überrollte. Er erstickte in seinen eigenen Ausdünstungen und seine Oberfläche konnte sich über das Stadium einer Urwüste nie hinausentwickeln.

Ein vergleichbares Schicksal könnte auch heute noch der Erde widerfahren, wenn der Kohlendioxydgehalt der Atmosphäre durch Verbrennen von Öl und Kohle so erhöht werden würde, daß das biologische Recycling vorwiegend durch die tropischen Regenwälder, die immer mehr zerstört werden, nicht mehr funktionieren würde.

Unser äußerer Nachbarplanet Mars erregte die Phantasie und das Interesse der Menschen seit jeher am stärksten. Das lag sicherlich zunächst an seiner auffallend roten Färbung, die den Menschen des Altertums Furcht und Schrecken einflößte. Die verschiedenen Kulturen gaben diesem Planeten den Namen ihres Kriegsgottes. Ares hieß er bei den Griechen, Mars bei den Römern. Seit der Erfindung des Fernrohres am Anfang des siebzehnten Jahrhunderts wurde der Mars neben unserem Mond dann zum bevorzugten Studienobjekt der Astronomen. Weil er keine Wolkendecke hat und eine rote Färbung aufweist, wurde der Mars recht bald als Wüstenplanet eingeordnet. Doch die Beobachtung dieses Nachbarn war dann doch schwierig. Ausgerechnet wenn der Mars der Erde am nächsten kommt, umhüllt er sich mit einem rötlichen Schlei-

Ein schwerer Wirbelsturm aus Staub und Trockeneis zieht über die marsische Wüste. Bestätigt wird die alte Ansicht, daß der Mars ein Wüstenplanet sei, durch Aufnahmen der Viking-Sonden aus nächster Nähe. In der nördlichen Hemisphäre erhebt sich einer der hohen Vulkane mit einem Wolkenband aus Wassereis in Lee. Die Meteorkrater sind von Nebel, Wolken und frostigem Niederschlag umgeben

er. Die Astronomen vermuteten schon zu Beginn unseres Jahrhunderts, daß es sich dabei um gewaltige Staubstürme handelt.

Dieses für die Beobachtung unglückliche Zusammentreffen von Umständen hat eine einfache Erklärung: Der minimale Abstand der Erde zum Mars fällt stets mit dem Zeitpunkt zusammen, an dem der Mars auch der Sonne am nächsten kommt. Dadurch erhält er zeitweilig fast 50 Prozent mehr Sonnenenergie als an seinem sonnenfernsten Punkt. Die Oberfläche des Planeten erwärmt sich stärker, die Zirkulation und Turbulenzen in seiner Atmosphäre nehmen zu. Als Folge davon entstehen zunächst lokale Staubstürme. Nach kurzer Zeit haben die Winde mit Geschwindigkeiten bis zu 500 Stundenkilometern so viel Staub aufgewirbelt, daß er als rotgelber Mantel den ganzen Planeten einhüllt.

Mit dem seltenen Glück klarer Sichtverhältnisse und vor allen Dingen mit Ausdauer gelang es den Beobachtern jedoch im Laufe der Zeit, immer mehr faszinierende Details der Marsoberfläche zu entdecken, die den Planeten zunächst immer erdähnlicher erscheinen ließen.

Die Staubstürme waren ein Beweis dafür, daß die Atmosphäre des Mars immerhin substanzreich genug ist, um auf ihm ähnlich wie auf der Erde so etwas wie Klima und Wetter entstehen zu lassen. Da die Rotationsachse des „Roten Planeten" mit 25 Grad fast genau wie die Erdachse geneigt ist, sind auch seine Pole während des Umlaufs um das Zentralgestirn abwechselnd der Sonne zu- oder abgewendet. Dementsprechend ist auf der südlichen und nördlichen Halbkugel des Mars, ebenso wie bei uns, abwechselnd Sommer und Winter. Darüber hinaus besitzt er ebenfalls weiße Polkappen, die schon bald als Vereisungen erkannt wurden.

Mit 24 Stunden und 37 Minuten entspricht ein Marstag fast genau der Dauer eines irdischen Tages. Das Marsjahr ist jedoch fast doppelt so lang wie das irdische, da der Mars auf seiner ferneren Bahn 687 Tage für einen Sonnenumlauf benötigt. Daraus ergibt sich auch eine doppelte Länge der Jahreszeiten. Was Masse und Größe betrifft, so hat die Venus, der innere Nachbar der Erde, allerdings mehr Ähnlichkeit mit unserem Planeten, als das beim Mars der Fall ist. Sein Durchmesser ist mit 6786 Kilometern nur etwas größer als der Radius der Erde, und seine Masse beträgt nur ein Zehntel.

Als die Technik der Himmelsbeobachtung immer mehr verfeinert wurde, entdeckten die Astronomen schließlich, daß sich die Färbung der Marsoberfläche vielerorts mit den Jahreszeiten verändert. Jeweils bei Frühjahrsbeginn schrumpft auf dem Mars eine der beiden Polkappen. Gleichzeitig bewegt sich von dort aus eine dunkle Färbung wie eine Welle auf den Äquator zu. Diese Verdunklung der Marswüste erstreckt sich jeweils weit südlich oder nördlich der maximalen Eisgrenze der Polkappen. Deshalb vermuteten einige Astronomen, daß die farblichen Veränderungen durch eine Frühjahrsvegetation hervorgerufen werden. Etwas Ähnliches läßt sich ja auch ausgeprägt auf der Nordhalbkugel der Erde beobachten, allerdings in umgekehrter Richtung – wenn mit dem Beginn des Frühlings die Vegetation auf den Kontinenten von Süden nach Norden fortschreitet und neue Blätter treibt. Ein außerirdischer Beobachter würde dieses Wiederergrünen der Landschaft als eine von Süden nach Norden verlaufende Welle der Verdunkelung beschreiben, da Blätter sehr viel Licht absorbieren. Für die „falsche" Richtung, in der sich die hypothetische Marsvegetation entwickelt, glaubten die Wissenschaftler eine plausible Erklärung zu haben: Auf einem wolkenlosen Wüstenplaneten, so argumentierten sie, könnte das für das Pflanzenwachstum notwendige Wasser nur von den abschmelzenden Polkappen geliefert werden.

Inzwischen weiß man, daß die Verdunkelungswellen auf dem Mars ebenfalls von Staubstürmen hervorgerufen werden. Wenn sich im Frühjahr die atmosphärische Zirkulation verändert und starke Polwinde vorherrschen, dann weht der Wind hellen, rötlichgelben Staub von den unter der Staubschicht schwarz gefärbten Hochländern hinunter in tiefer gelegene, mit Staub gefüllte Beckenlandschaften. Ähnliches läßt sich in der Sahara beobachten, wenn Tiefdrucksysteme Sand und Staub von den Hochplateaus herunter in die großen, mit Sanddünen aufgefüllten Niederungen transportieren. Leergefegt von Staub und Sand, wirken die Plateaus noch düsterer, als sie normalerweise schon sind. Auf dem Mars wehen dann sommerliche, polwärts gerichtete Winde den feinen Staub in umgekehrter Richtung aus den Beckenlandschaften auf die Hochländer hinauf. Sie zeigen wieder jene helle Färbung, die für den Winter typisch ist.

Die zahlreichen, zum Teil widersprüchlichen Hypothesen und Spekulationen über die erdähnliche Natur unseres Nachbarn erreichten ihren Höhepunkt am Beginn dieses Jahrhunderts mit der sogenannten Kanalkontroverse. Bereits im Jahre 1877 glaubte der italienische Astronom Giovanni Schiaparelli, auf dem Mars ein Netz schwarzer Linien entdeckt zu haben. Er nannte sie *canali*, das heißt soviel wie Gräben, und er nahm an, daß es sich dabei um grabenartige Bruchzonen und Verwerfungen in der Marskruste handelte. Der amerikanische Astronom Percival Lowell, der in der klaren Luft Arizonas eine mit den besten Instrumenten seiner Zeit ausgerüstete eigene Sternwarte erbaut hatte, war von der Beobachtung seines italienischen Kollegen begeistert. Lowell war ein hervorragender Astronom. Unter anderem hatte er durch theoretische Überlegungen und durch beobachtete Bahnstörungen der Planeten Neptun und Uranus bereits um die Jahrhundertwende die Existenz des äußersten Planeten Pluto genau vorausgesagt, der erst 1930 entdeckt wurde. Lowell nun war davon überzeugt, daß es sich bei den *canali* um ein weitverzweigtes Netz von Bewässerungskanälen handele, die von Marswesen angelegt worden waren, um Schmelzwasser aus den Eiskappen der Polregionen in die Wüsten ihres Planeten zu leiten. Je länger Lowell nun selbst den Mars beobachtete, umso mehr dieser Bewässerungskanäle meinte er zu entdecken. Weil derartige Kanäle, selbst wenn sie mehrere Kilometer breit sind, von der Erde nicht auszumachen wären, kam er auf die Idee, daß sich zu beiden Seiten der Kanäle weite bewässerte Landschaften erstrecken müßten.

Lowell gewann in kurzer Zeit zahlreiche Anhänger, die seine belebte Marswelt in ihrer Phantasie weiterentwickelten. Sie statteten den Nachbarplaneten mit allem aus, was eine von der Wüste bedrängte Superzivilisation hervorgebracht haben könnte: Durch gigantische Glaskuppeln vor Sandstürmen und Sauerstoffmangel geschützte Siedlungen; an den Kreuzungen der Kanäle gewaltige Pumpen, die das Wasser auf die Felder förderten – und auf den Wasserläufen eine ganze Marsflottille, die zwischen den Städten verkehrte. Man überlegte, wie man mit dieser außerirdischen Zivilisation am besten in Kontakt treten könne. Vor dem Zeitalter der elektronischen Nachrichtenübermittlung, der Raumfahrt und der Energiekrise wurde damals neben der Übermittlung von Lichtzeichen durch gewaltige Spiegel ernsthaft erwogen, die Sahara als gigantische Schrifttafel zu benutzen – sozusagen als Kommunikation von Wüste zu Wüste. Dazu sollten in der Sahara hundert Kilometer lange Gräben in Form mathematischer Symbole ausgehoben werden. Dann wollte man sie mit Oel füllen und nachts in Brand setzen. – Daraus ist nie etwas geworden.

Inzwischen wissen wir: Schiaparelli und Lowell erlagen wegen der schwierigen Beobachtungsmöglichkeiten einer optischen Täuschung: Eine Reihe eng nebeneinanderstehender Punkte erscheint dem menschlichen Auge aus großer Entfernung als zusammenhängende Linie.

Als im Jahr 1965 die Raumsonde Mariner 4 in knapp zehntausend Kilometer Entfernung am Mars vorbeiflog, begann ein neues Kapitel in der Erforschung des Roten Planeten. Die ersten Funkbilder, die von der Sonde übermittelt wurden, zeigten einen anscheinend toten Planeten, dessen Oberfläche wie der Mond der Erde von Meteoritenkratern übersät ist. Und die Raumsonde meldete, daß die Atmosphäre des Mars noch dünner und lebensfeindlicher ist, als man bisher von der Erde aus hatte ermitteln können. Die Atmosphäre unseres Nachbarn ist am Boden so dünn wie die der Erde in 30 Kilometern Höhe, und sie besteht fast ausschließlich aus Kohlendioxyd. Nur äußerst geringe Mengen Sauerstoff konnten nachgewiesen werden. Die für irdisches Leben tödlichen ultravioletten Strahlen der Sonne können darum ungehindert die Marsoberfläche erreichen.

Vereinzelte dünne Wolken verraten zwar, daß die Marsatmosphäre Wasserdampf enthält. Aber an keiner Stelle entspricht er nur annähernd den Werten, die über den trockensten Wüsten der Erde gemessen werden. Die dünne Marsatmosphäre kann deshalb nicht, wie das „Treibhaus" der wolkenreichen Erde, Sonnenwärme speichern. Noch viel stärker als in den irdischen Wüsten, kann auf dem Mars die Wärme, die ihn auf seiner ferneren Bahn noch von der Sonne erreicht, nachts

wieder in den Weltraum entweichen. Daraus ergibt sich, daß die Oberfläche des Mars eine kalte Wüste ist. Die Tagestemperaturen am Äquator liegen höchstens bei plus 30 Grad Celsius. Die Nächte sind bitterkalt, denn wegen der ungehinderten Wärmeabstrahlung fällt das Thermometer auf minus 85 Grad. Im Winter herrschen an den Polen sogar bis zu minus 130 Grad Celsius. Diese Regionen wirken also wie Kältefallen, und sie ziehen den ohnehin schon spärlichen Wasserdampf aus der Atmosphäre. Die Temperaturen sind tief genug, um auch das in der dünnen Atmosphäre dominierende gasförmige Kohlendioxyd zu Trockeneis gefrieren zu lassen. Von Trockeneis durchsetzte Gletscher – für irdische Verhältnisse unvorstellbar.

Sobald im Frühjahr die Temperaturen steigen, verdampft das Trockeneis wieder. Zurück bleibt ein polarer Kern aus Wassereis. Er wird durchzogen von canyonartigen, mit rotem Staub und mit Sanddünen angefüllten Trockentälern. Sie erstrecken sich wie ein spiralförmiges Labyrinth vom Rande der Eiskappe bis zu ihrem polaren Mittelpunkt. Dieses Phänomen ist noch nicht geklärt. Einige Wissenschaftler sind der Meinung, daß radial vom Pol wegblasende Staubstürme die bis zu 500 Meter tiefen Täler in das Eis hineingefräst haben. An den Flanken des polaren Gletschereises ist anhand von Färbungen und terrassenförmigen Abstufungen deutlich zu erkennen, daß es sich aus Schichten unterschiedlicher Materialien zusammensetzt. Die Polkappen scheinen aus einer wechselnden Abfolge von Wassereis, Vulkanasche, Trockeneis und Wüstenstaub zu bestehen. Diese Ablagerungen sind weiterer Beweis für ein dynamisches Geschehen auf dem Mars. In der dünnen Atmosphäre müssen starke Winde vorhanden sein, die Wasserdampf, Asche und Wüstenstaub in die Polarregionen tragen.

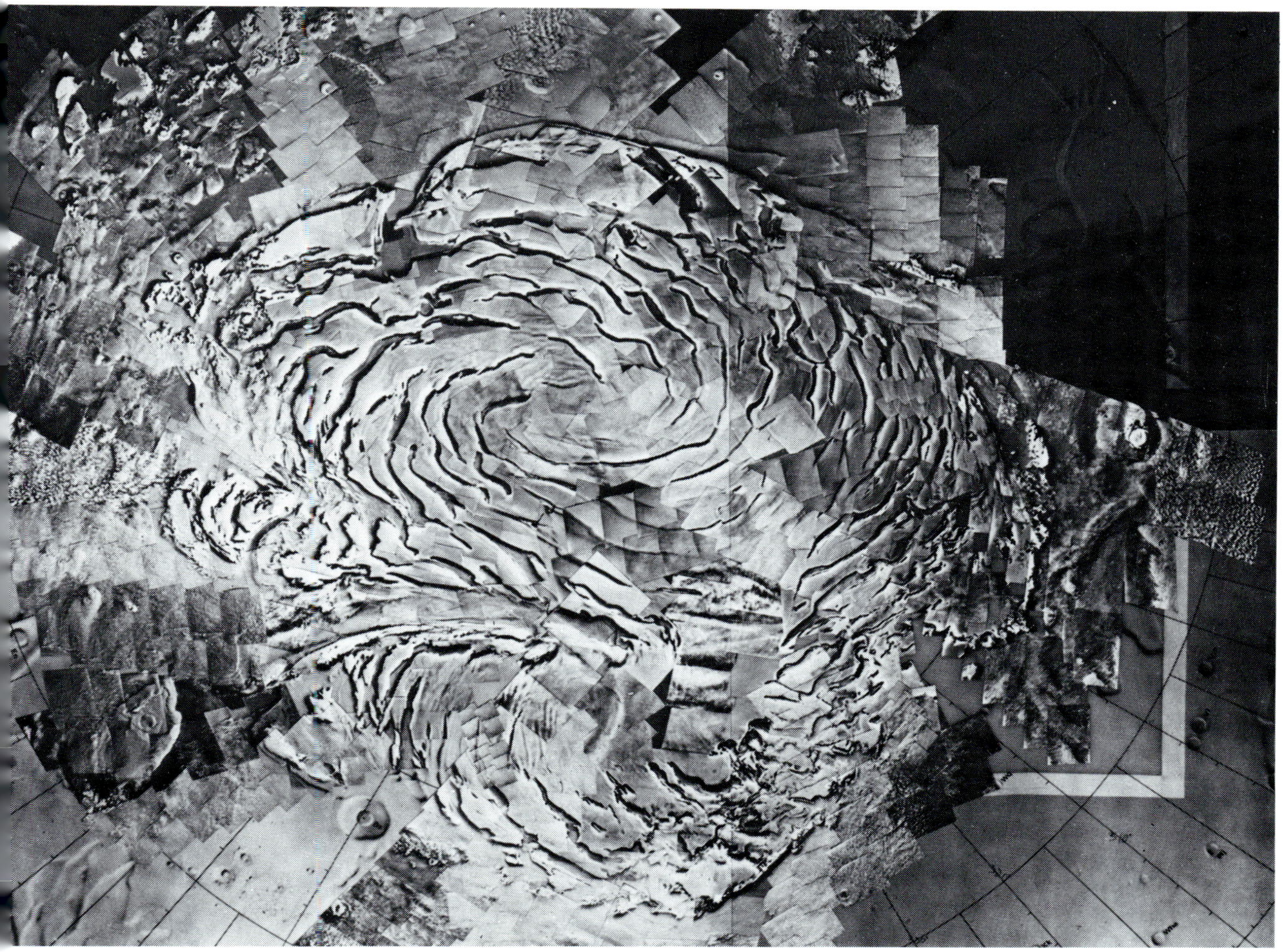

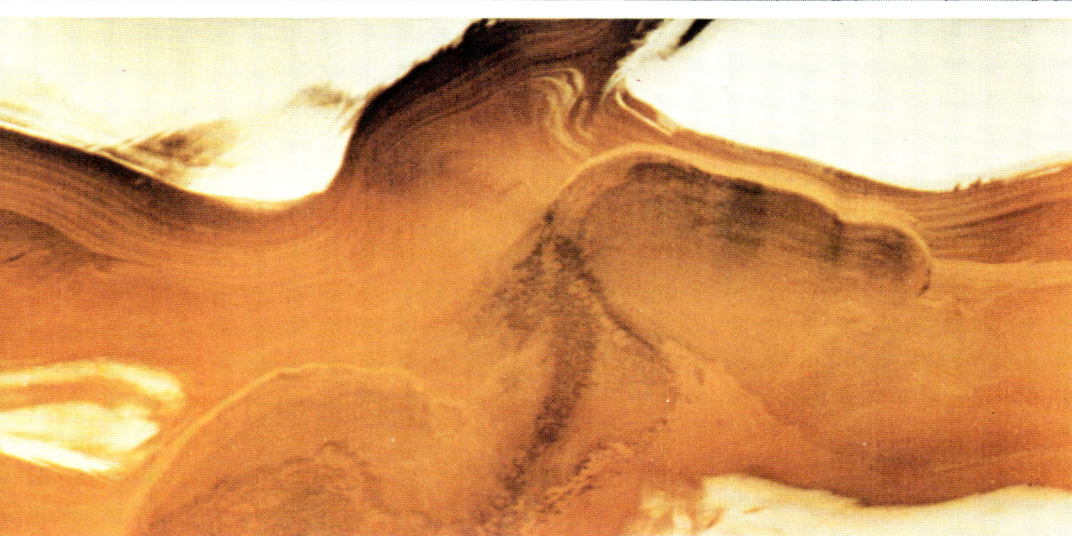

Erst das Puzzle von vielen Einzelaufnahmen ergab ein Gesamtbild von der Nordpolarkappe des Mars. Die Detailaufnahme — eines der wenigen Farbbilder vom Mars — gibt Einblick in eines der staub- und sanddüengefüllten, 500 Meter tiefen Täler, von denen die Eiskappe durchzogen ist

Viele Wissenschaftler, die auf einen üppig lebensfreundlichen Planeten gehofft hatten, waren nach diesen ersten Ergebnissen aus nächster Nähe enttäuscht.

Am 30. Mai 1971 startet die amerikanische Weltraumbehörde NASA dann die Raumsonde Mariner 9. Nach 167 Tagen und 400 Millionen Kilometern erreicht die Sonde unseren Nachbarn. Sie ist die erste, die an einem Planeten nicht vorbeifliegt, sondern in eine bleibende Umlaufbahn gelenkt wird. Als sie im November − nach irdischem Kalender − ankommt, ist der Mars wieder einmal in einen globalen Staubmantel gehüllt. Auf den ersten Funkbildern erkennen die Wissenschaftler nur die weiße Südpolarkappe und − zu ihrem großen Erstaunen − die Spitzen von vier riesigen Vulkanen, die aus den Staubnebeln wie Inseln herausragen. Als sich der Sturm Anfang 1972 endlich legt, erblicken die Männer von der NASA über den Satelliten auf dem Planeten eine Oberfläche, die so reich an Details und Landschaften, ist, daß die anfangs gedämpften Erwartungen bei weitem übertroffen werden.

Bis Ende März wird mit Hilfe der Kameras von Mariner 9 die gesamte erhellte Oberfläche des Mars ein erstes Mal kartografiert. Die Wissenschaftler im Kontrollzentrum werden Augenzeugen, wie die vereiste Nordpolarregion langsam aus dem Dunkel der Winternacht auftaucht, während die Südpolarregion immer mehr unter Eis und Wolken verschwindet.

Die vielfältige Topografie des Mars läßt sich mit der irdischer Wüsten vergleichen. Beckenlandschaften, von Meteoritenkratern übersät, mit rotem Staub und Sanddünenfeldern angefüllt, die an ausgetrocknete Ozeane erinnern, dominieren hier. In den Becken liegen dunkelfarbene Hochländer wie Kontinente, die sich bis zu 8000 Meter über Grund erheben. Sie werden vielerorts von Labyrinthen tiefer Canyons durchzogen. Die gewaltigste dieser Schluchten, das Valles Marineris, ist bis zu vier Kilometer tief und insgesamt viertausend Kilometer lang. Wie eine klaffende Wunde umspannt dieser Super-Canyon ein Sechstel des Planeten. Sein Ursprung und seine Ausmaße lassen sich auf der Erde allenfalls mit dem Einbrechen und dem Auseinanderreißen der Erdkruste im Graben des Roten Meeres vergleichen. Mit irdischen Verhältnissen nicht vergleichbar ist indes die Höhe der Vulkane auf dem Mars. Der größte und zugleich jüngste unter ihnen, der Olympus Mons, ist 27000 Meter hoch bei einem Basisdurchmesser von nahezu 600 Kilometern. Der Krater auf seiner Spitze ist 80 Kilometer weit.

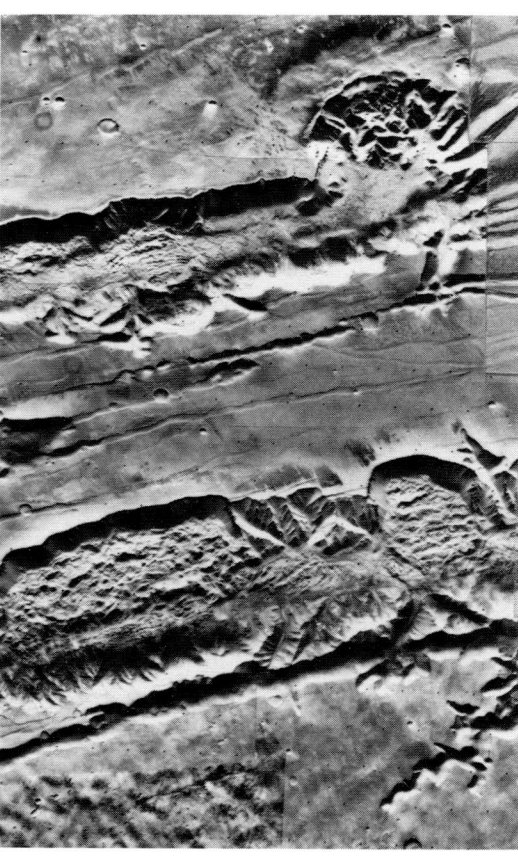

Tiefe Schluchten und riesige Vulkane prägen die Oberfläch des Mars. Der bis zu 4000 Meter tiefe Canyon Valles Marineris hat sich durch Einstürze seiner Rände bis zu 60 Kilometer verbreitert. Das nac wissenschaftlichen Daten kolorierte Fot zeigt den 80 Kilometer weiten Krater de 27 Kilometer hohen Vulkans Olympus Mons, von Wolken umgeben

Was die Wissenschaftler auf den insgesamt 7329 von Mariner 9 zur Erde übermittelten Bildern vom Mars jedoch vergeblich suchten, waren wassergefüllte Ozeane, Seen, Urwälder und ausgedehnte Wolkenfelder. Um so mehr überraschte sie ein Detail, das auf einigen Aufnahmen zu erkennen war: Flußläufe.

Vorläufiger Höhepunkt der Erforschung der Marswüste war der Flug der zwei unbemannten Viking-Raumfahrzeuge im Jahre 1975 zum Roten Planeten. Beide Sonden bestanden aus einem sogenannten Orbiter, der den Mars umkreisen und aus einer Landefähre, die auf dem Planeten niedergehen sollte.

Als die zwei Raumfahrzeuge 1976 den Mars erreichen und in eine Umlaufbahn einschwenken, beginnen die Wissenschaftler im Kontrollzentrum erst einmal damit, über die verbesserten Kameras genaue Bilder abzurufen und die ursprünglich von Mariner 9 ausgekundschafteten Landeplätze auf ihre Eignung zu überprüfen. Sie erweisen sich beide als zu uneben. Das für den Landeteil von Viking 1 vorgesehene Gebiet zeigt ein Gewirr ausgetrockneter, tiefer Flußläufe, scharfkantiger Senken und Abstürze, so daß eine Landung an diesem Ort als zu riskant erscheint. Die für den 4. Juli, dem 200. Unabhängigkeitstag der USA, geplante Landung von Viking 1 muß daher verschoben werden.

Schließlich sind geeignete Landeplätze ausfindig gemacht. Mit einem Funksignal

wird der Landeteil vom Orbiter getrennt. Die Bremsraketen zünden, und die Landefähre von Viking 1 setzt am 20. Juli weich in der Marswüste auf. Nur 25 Sekunden nach der Landung beginnt der Roboter, die ersten Bilder zur Erde zu übermitteln. Sie sind gestochen scharf. Die Wissenschaftler im Kontrollzentrum haben das Gefühl, selbst in einer Sand- und Steinwüste zu stehen. Ihre Begeisterung findet Ausdruck in dem Satz eines von ihnen: „Da könnte jederzeit eine Kamelkarawane am Horizont auftauchen."

Am 3. September folgt der Lander von Viking 2.

Die in den Umlaufbahnen zurückgebliebenen Orbiter fotografieren und kartografieren die Marsoberfläche mit einer bisher unerreichten Qualität. Orbiter 1 übernimmt zusätzlich die Übermittlung für die von den beiden Landern aufgenommenen Fotos und Meßwerte zur Erde.

Was bereits auf einigen Aufnahmen der Mariner-9-Sonde zu erkennen war, wird nun auf großartigste Weise bestätigt. Weite Gebiete sind von Flußsystemen durchzogen. Tausende werden entdeckt. Wasser ist in ihnen jedoch nicht auszumachen. Die trockenen Flußbetten sind wenige Kilometer bis mehr als tausend Kilometer lang. Sie beginnen oft auf höhergelegenen Arealen und münden in die tiefliegenden, mit rotem Staub und Sand gefüllten Bekkenlandschaften. Diese Flüsse werden von den Wissenschaftlern eindeutig als von Wasser und nicht etwa von dünnflüssiger Lava geschaffen erkannt, da sie oft bis in kleinste Details mit ausgetrockneten irdischen Flußläufen übereinstimmen. Wie Wasserläufe auf der Erde, so zeigen auch die Marsflüsse oft ein gewundenes, sich verzweigendes Bett mit teilweise unterspülten Ufern, und in einem Fall haben die Kameras der Orbiter sogar die Spur eines gigantischen Wasserfalles entdeckt.

Eine Einzelheit war speziell für Wüstenforscher aufschlußreich. Es stellte sich nämlich heraus, daß der Grund einer ganzen Reihe von Flußläufen, die bis zu einhundertfünfzig Kilometer breit sind, von schmaleren Windungen durchfurcht ist, gerade so, als wären in unterschiedlichen Perioden mehrere verschieden breite

Morgens um 7.30 Uhr Marszeit am 3. August 1976 machte der Landeteil von Viking 1 dieses Panorama-Foto. Der dicke Felsbrocken ist etwa drei Meter hoch. In den gefrorenen, vom Wind angeschliffenen Sanddünen sind deutlich Schichtungsstrukturen zu erkennen

Ströme im selben Bett geflossen. Dasselbe Phänomen tritt auch in den irdischen Wüsten auf, deren Flußläufe nur unregelmäßig und dazu meist in langen Zeitabständen sehr unterschiedliche Wassermengen führen.

Wo die Marsflüsse münden, lassen sich nur schwer Uferlinien ausmachen. Auch dies entspricht den irdischen Wüsten, vor allem der Sahara, wo das Wasser der Flüsse meist schon verdunstet, bevor es sich in einem See sammeln oder gar das ferne Meer erreichen kann. Und wie bei Bildern aus der Sahara drängen sich dem Betrachter der Marsfotos die Fragen auf: Wie kann es sein, daß ausgerechnet die Oberfläche eines Wüstenplaneten so stark durch fließendes Wasser geprägt wurde? Wann haben diese Flüsse Wasser geführt? Woher ist es gekommen? Und wo ist es geblieben?

Die heutige Atmosphäre des Mars enthält so wenig Wasserdampf, daß er als Regen nur einen Niederschlag von 0,002 bis 0,1 Millimeter ergeben würde. Außerdem ist der Druck der dünnen Marsatmosphäre so gering, daß sich flüssiges Wasser auf der Marsoberfläche gar nicht bilden könnte. Die Flußsysteme könnten darum in der Gegenwart auch nicht allein aus schmelzendem Wassereis der Polkappen gespeist werden. Denn es würde wegen des niedrigen atmosphärischen Druckes unmittelbar verdampfen, ohne eine Flüssigkeit zu bilden. Das ist ähnlich wie beim Trockeneis auf der Erde, das trotz des vergleichsweise hohen irdischen Drucks sofort in einen gasförmigen Zustand übergeht.

Wie in der Sahara, so müssen auch die Flußläufe auf dem Mars sehr alt sein. Sie müssen aus einer Zeit stammen, in der es auf dem Planeten wärmer war als heute und seine Atmosphäre darüber hinaus mit größerer Dichte einen höheren Druck ausübte, damit Wasser als Flüssigkeit entstehen und sich erhalten konnte. Der hohe Anteil von Kohlendioxyd an der heutigen dünnen Marsatmosphäre läßt weiter darauf schließen, daß der Mars einst große Mengen Wasser besaß. Keiner der inneren Planeten unseres Sonnensystems kann nämlich viel Kohlendioxyd ausgasen, ohne zugleich eine noch größere Menge

Wasser aus der Tiefe auszuschwitzen. Auch die Ventile dafür sind ja auf dem Mars als gewaltige Vulkane vorhanden.

Zunächst ist die Annahme verlockend, der Mars könne bei seiner Entstehung wie die Erde eine Uratmosphäre ausgeschwitzt haben, deren Anteil an Wasserdampf abkühlte, kondensierte, niederregnete und sich in einem Ozean sammelte. Nichts spricht nach unseren heutigen Erkenntnissen dagegen, daß dann auch in der Uratmosphäre und dem Wasser des Mars eine Urzeugung stattfand und Leben entstand. Aber selbst wenn dieses Leben während seiner weiteren Entwicklung ebenfalls die Photosynthese der grünen Pflanzen entwickelt hätte, die Sauerstoff freisetzen, so würde an diesem Punkt die Parallele mit der Erde beendet gewesen

sein. Ob mit oder ohne solche Lebensvorgänge − der Ozean des Mars hätte nicht lange Bestand gehabt. Das lag an Eigenschaften, die der Planet mit seiner Geburt erworben hatte.

Während Merkur, Venus und Erde aus der sonnennächsten Ringwolke entstanden, muß der Mars zusammen mit dem erst später von unserer Erde eingefangenen Mond aus der nächstäußeren Ringwolke hervorgegangen sein. Diese Wolke war beträchtlich dünner als die innere. Das beweist die unterschiedliche Dichte der terrestrischen Planeten. Merkur, Venus und Erde haben Dichten von 5,23 bis 5,52 Gramm pro Kubikzentimeter. Dagegen beträgt die Dichte von Mond und Mars nur 3,34 beziehungsweise 3,92 Gramm pro Kubikzentimeter.

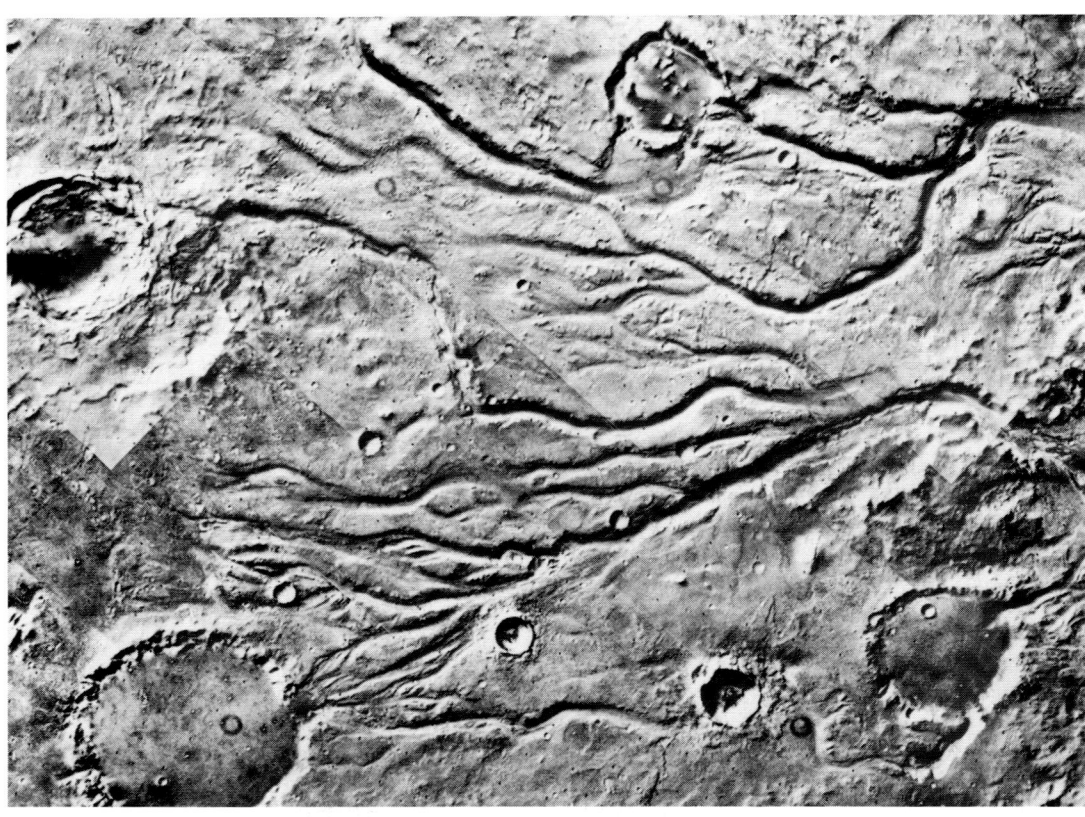

Die heute trocken liegenden Flüsse au dem Mars hatten ein weitverzweigtes Quellgebiet. Die Strö me ergossen sich einst in ausgedehnt Beckenlandschafter Als ein Meteorit einen 18 Kilometer weiten Krater in die Oberfläche des Wüstenplaneten schlug, schwappte e Gemisch von Eis, Schlamm und Geste nach allen Seiten

Die Menge und die Dichte der Materie, die sich während des Gravitationskollapses zum Mars zusammenfügte, reichten nicht aus, um wie bei der Erde die planetarische Masse über eine längere Zeit völlig aufzuschmelzen. Damit konnte es auch nicht zu einer wirkungsvollen Sortierung der Elemente nach ihrem Gewicht kommen, die auf unserer Erde zur Differenzierung in einen Eisenkern und eine leichte gesteinsbildende Silikathülle geführt hatte. Deshalb sank auf dem Mars der größte Teil des Eisens wahrscheinlich nicht zu seinem Mittelpunkt ab, sondern blieb nahe der Oberfläche liegen. Dadurch war es von vornherein ausgeschlossen, daß sich eine sauerstoffreiche Atmosphäre wie auf der Erde bildete, die das ultraviolette Licht abschirmte und damit dauerhaft ver-

hinderte, daß die Wassermoleküle in ihre elementaren Bausteine zerlegt wurden. Die eisenhaltige Marskruste ist mit einem Schwamm vergleichbar, der von Anfang an allen etwa freigesetzten Sauerstoff auf der Stelle aufsog. Er verlor durch Oxydation seine Freiheit. Ungehindert konnten die ultravioletten Sonnenstrahlen bis auf die Marsoberfläche gelangen und nach und nach den gesamten Wasservorrat der Atmosphäre und möglicherweise vorhanden gewesener Ozeane zersetzen.

Die zerlegten Wassermoleküle gaben den Wasserstoff frei, der in den Weltraum entströmte. Der zurückbleibende Sauerstoff dagegen oxydierte die gesamte eisenhaltige Marskruste. Indem das Eisenoxyd verrostete − es nahm Wasser auf und verwandelte sich in Eisenhydroxyd − wurde es nun selbst zum Wasserverbraucher. Der Mars färbte sich tiefrot.

Aus Meßdaten der Raumsonden weiß man, daß es auf dem Mars noch heute Reste von Wasserdampf gibt, die allerdings ständig durch das ultraviolette Licht zersetzt werden. Der Wasserstoff, der aus der Marsatmosphäre in den Weltraum entweicht, entspricht einer Wassermenge von täglich einer halben Million Liter − nicht mehr als der Inhalt eines kleineren städtischen Hallenbades.

Diese Zersetzung der Hydrosphäre führte dazu, daß die Fähigkeit des Planeten, von der Sonne eingestrahlte Wärme zu stauen, unaufhörlich abnahm. Die Entwicklung zu einem eisigen Wüstenplaneten war programmiert. Die Temperaturen sanken schließlich so weit, daß der noch immer aus dem Innern des Mars empordringende Wasserdampf schon zu Eis gefror, bevor er die Oberfläche erreichte. Zurück blieben die ausgetrockneten Flußläufe und die Meeresbecken, die einst durch den Urregen gefüllt wurden.

Es ist unwahrscheinlich, daß diese Flußbetten aus der Frühzeit des Planeten stam-

men und über drei bis vier Milliarden Jahre erhalten blieben. Dazu sehen sie zu frisch aus; viele Details, von fließendem Wasser geschaffen, sind zu erkennen. Wenn auch die Verwitterung wegen der dünnen Atmosphäre und wegen der fehlenden Feuchtigkeit viel schwächer ist als auf der Erde, so müßten die Flußläufe doch inzwischen längst von Wüstenstaub aufgefüllt und eingeebnet sein.

So ist der Schluß erlaubt, daß die Flußbetten auf dem Mars noch in jüngerer Vergangenheit mit reißenden Wassermassen gefüllt waren. Die neuesten Erkenntnisse scheinen dies zu bestätigen. Viele Wissenschaftler sind darüber hinaus der Meinung, daß der Mars mit seiner zu geringen Masse kurz nach seiner Entstehung gar nicht in der Lage war, einen Urozean auszuschwitzen wie die Erde. Wegen der niedrigen Entstehungstemperaturen und eines größeren Abstandes zur Sonne gefror der Wasserdampf auf dem Mars zu Eis, bevor er die Oberfläche erreichte. So bildeten sich nach und nach gewaltige Eislager in der Kruste des Planeten. Während die zu sonnennahe Venus in ihrer eigenen Uratmosphäre erstickte, erfror der zu sonnenferne Mars.

Es gibt zahlreiche Hinweise auf diese Eislager. Wenn ein Meteorit einschlägt, verwandelt sich die Energie seiner Bewegung in Wärme und eine enorme Druckwelle entsteht. Auf anderen Planeten wie Merkur oder auch auf der Erde und dem Mond wird dabei der Auswurf hoch hinausgeschleudert. Auf dem Mars dagegen scheint dieses Material eher plastisch auseinanderzufließen. Die Umgebung der Krater sieht hier aus, als wären schwere Brocken in einen zähflüssigen Brei geplatscht. Die Kräfte des Einschlags schmelzen das untermarsische Eis offenbar, und es schwappt zusammen mit Gestein, Sand und Staub als träge Schlammflut nach allen Seiten in die Wüste.

Die vielleicht faszinierendste Aufnahme vom Mars zeigt dichte Nebelschwaden, die kurz nach Sonnenaufgang durch die Täler und Schluchten eines Archipels von Inselbergen in der Wüste ziehen. Man kann annehmen, daß die Sonnenstrahlen aus oberflächennahen Eisablagerungen Feuchtigkeit verdunsten lassen, die über dem erwärmten Boden in der eiskalten Atmosphäre sofort zu Eiswolken gefriert.

Während der Entwicklung des Mars ist es zu einer sekundären Aufschmelzung von Teilen seiner Masse gekommen. Die dazu nötige Wärme entstand durch den Zerfall radioaktiver Elemente, die am Aufbau des Planeten beteiligt waren. Vulkane als gewaltige Überdruckventile zeugen davon. Obwohl bisher keine Aktivitäten entdeckt worden sind, sprechen viele Details der „frisch" aussehenden Vulkane dafür, daß sie noch bis in die jüngste Zeit hinein tätig gewesen sein müssen.

Es ist wahrscheinlich, daß in Zeiten vulkanischer Aktivitäten die Eislager in der Marskruste stellenweise schmelzen und verdampfen. In diesem Falle würde Wasserdampf schneller entstehen, als ihn das ultraviolette Licht zersetzen könnte. Der atmosphärische Druck würde zunehmen, der Dampf in der kalten Atmosphäre sehr schnell abkühlen und als Regen niederfallen. Er würde sehr schnell tiefe Flußbetten in die von keiner Vegetationsdecke geschützte Oberfläche der Wüste hineingraben. Einige Wissenschaftler meinen, Spuren derartiger Regenfälle auf Aufnahmen der Viking-Orbiter zu erkennen. Manche Marsflüsse scheinen in ihrem hochgelegenen Einzugsgebiet, wie irdische Flüsse, von verästelten Bächen mit Regenwasser versorgt worden zu sein.

Viele der Flüsse auf dem Mars besitzen jedoch Quellgebiete, die auf der Erde nicht ihresgleichen haben. Sie entspringen dort, wo die Marskruste auf zehntausenden von Quadratkilometern eingestürzt

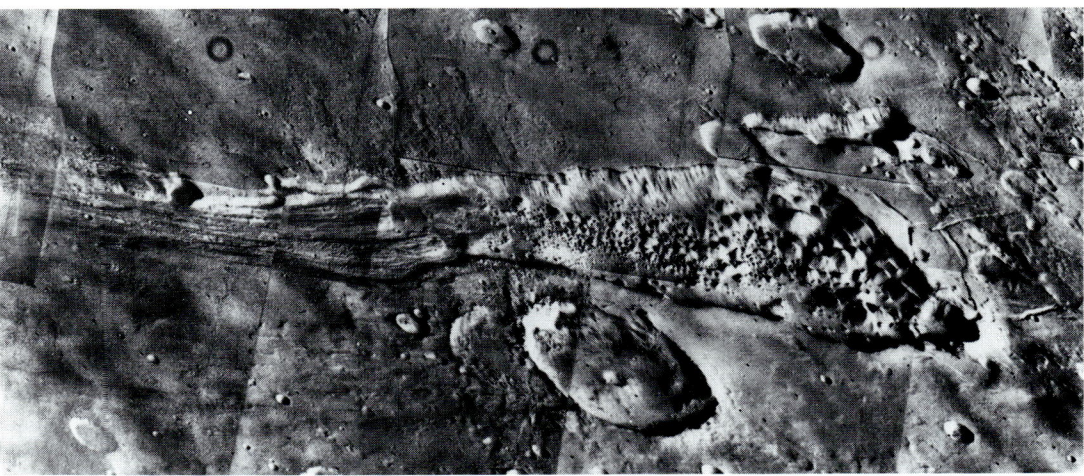

Morgennebel zieht durch einen Archipel von Inselbergen — eines der wenigen Farbfotos vom Mars. Es umfaßt eine Fläche von etwa 80 mal 100 Kilometern. Der Einbruch in der Marskruste entstand wahrscheinlich dadurch, daß ein Eislager unter der Oberfläche schmolz. Der Schlamm speiste danach einen Fluß.

ist. Gewaltige Becken sind dadurch entstanden. Nach Ansicht der Wissenschaftler sind diese Einbrüche der Marsoberfläche durch das Schmelzen der Eislager im Untergrund entstanden. Als es aus seiner Lagerstätte in tiefergelegene Beckenlandschaften abfloß, fräste das Eis-Wasser-Schlammgemisch dann die gewaltigen Flüsse in die Wüste hinein. Daß die Eislager schmelzen, kann auch dadurch verursacht werden, daß sich die Umlaufbahn des Planeten periodisch wiederkehrend ändert. In Abständen von zwei Mil-

lionen Jahren rückt der Mars zeitweise näher an die Sonne heran. Regelmäßig verändert sich auch die Stellung der Rotationsachse des Planeten. Wenn beide Ereignisse zusammenfallen, kann zusätzlich auch der Eispanzer einer der beiden Polkappen schmelzen. Unter diesen Umständen wäre es denkbar, daß sich durch den aufsteigenden Wasserdampf der atmosphärische Druck erheblich erhöht − und zwar so weit, daß das Wasser in flüssigem Zustand stabil bleibt. Für eine Weile würden dann gewaltige Wassermas-

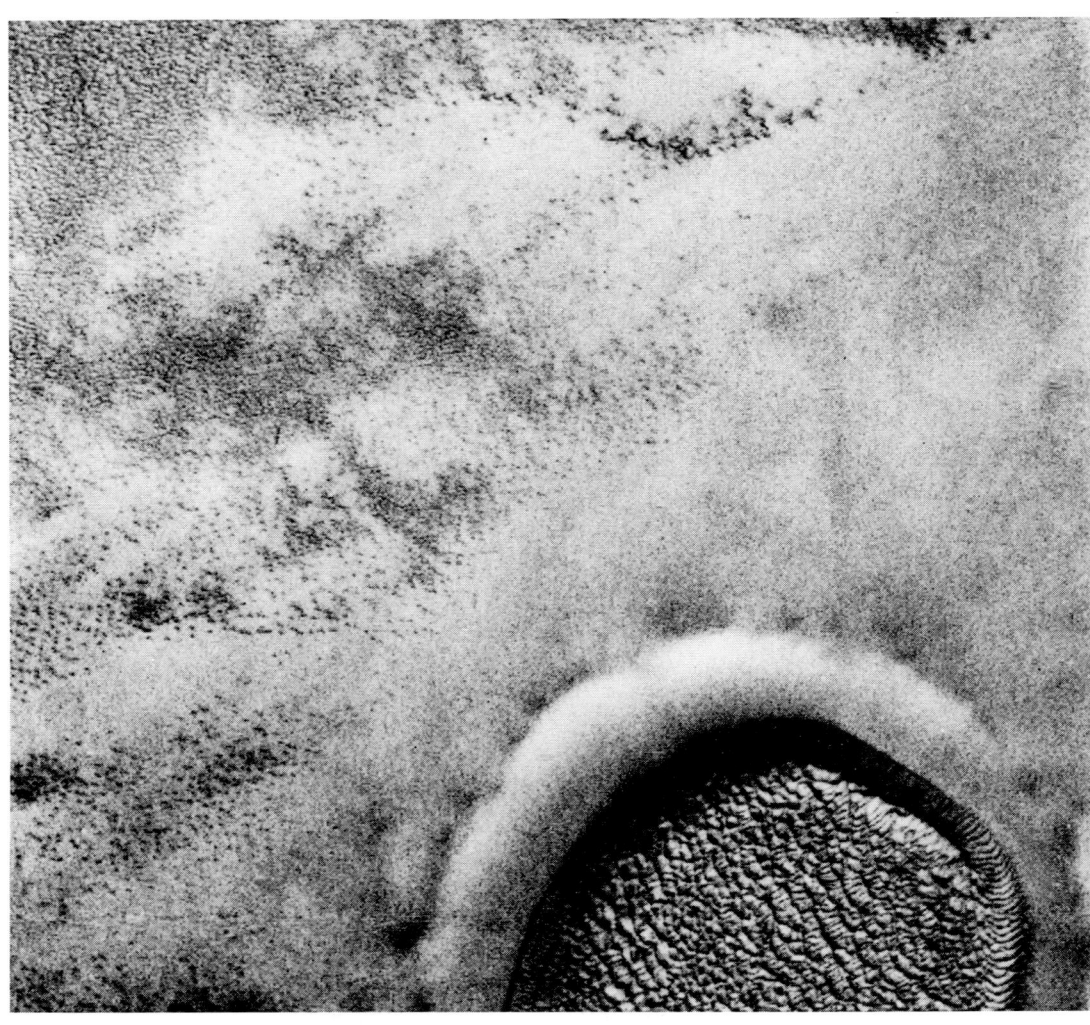

Diese Hohlform eines Kraters auf dem Mars mißt 15 Kilometer im Durchmesser. Sie ist angefüllt mit den Rippeln riesiger Dünen. Außerhalb des Kraters sind ausgedehnte Felder wandernder Halbmonddünen, sogenannte Barchane, zu erkennen

sen die Marswüste überfluten und in den Becken könnten Seen entstehen.

Daß sich in einem Urozean oder gar in diesen temporären Gewässern auf dem Mars jemals Leben entwickelt haben kann, ist eine Spekulation. Sie gibt, wie die Kontroverse um die Marskanäle, den Wissenschaftlern Anreiz genug, nach Zeugnissen dieses Lebens zu suchen. Bisher ist die Suche ergebnislos verlaufen. Die Labore der zwei Viking-Lander konnten keinen sicheren Anhalt für gegenwärtiges oder vergangenes Leben auf dem Mars liefern. Doch das beweist noch nichts. Vielleicht sind die automatisch arbeitenden irdischen Labore „blind" für marsisches Leben, oder sie sind am „falschen" Ort gelandet.

Einfache Lebensformen, deren Stoffwechsel von der Sauerstoffatmung unabhängig blieb, könnten auf dem Mars die langen Trockenperioden zwischen den seltenen Feuchtzeiten mit einem dem Winterschlaf ähnlichen Trockenschlaf überbrücken. Daß so etwas möglich ist und wenigstens in irdischen Wüsten vorkommt, werde ich noch berichten.

Scheintot am Grunde der temporären Gewässer unter einer dicken Schicht von Roststaub begraben, wären die hypothetischen Marslebewesen auch vor den tödlichen ultravioletten Strahlen geschützt. Das Eisenhydroxyd, also der Rost, absorbiert nämlich auch das blaue und ultraviolette Licht der Sonne. Vielleicht ist das Leben auf dem Mars — vorausgesetzt, es wäre überhaupt jemals entstanden — aber auch seit langem ausgestorben. Dann müßten künftig zum Mars entsandte Missionen nach Fossilien suchen.

An vielen Dingen und Umständen, vor allem den Spuren fließenden Wassers, kann man erkennen, daß dieser Planet kein völlig toter Himmelskörper ist wie der Merkur oder der Mond. Der Mars ist der Erde am ähnlichsten. Wie in unserer Antarktis — schließlich ja auch eine Wüste — herrscht auf seiner gesamten Oberfläche gegenwärtig eine Eiszeit.

Für Wüstenforscher besonders interessant ist, daß auf dem Mars auch ausgedehnte Sandwüsten entdeckt wurden, deren Formenvielfalt auffallend mit der in irdischen Sandwüsten übereinstimmt. Neben den Riesenrippeln hoher Dünen wurden sogar lange Ketten wandernder Barchane entdeckt. Es ist darum nicht verwunderlich, daß auch die von dem Viking-1-Lander aus nächster Nähe fotografierten, in der Kühle des Morgens noch gefrorenen und vom Wind angeschliffenen Dünen deutlich Schrägschichten aufweisen. Zumindest die Ordnung und die Selbstorganisation unbelebter Materie geschieht also auf unserem Nachbarn in der gleichen Weise wie auf der Erde. Was spräche dagegen, daß diese Selbstorganisation bis zur Entstehung von Leben auf dem Mars weitergeführt hat?

Der englische Saharakenner Peel schloß 1966 einen Vortrag über Wüstenforschung mit dem Hinweis, daß wirkliche Wüsten erst nach der näheren Erkundung des Mondes beschrieben werden könnten. Inzwischen ist der Mond näher erkundet worden. Menschen haben ihn betreten.

Der Mond mit seiner geringen Masse und deshalb ungenügenden Schwerkraft konnte selbst eine dünne ausgeschwitzte Atmosphäre nicht festhalten. Sie hat sich gleich nach seiner Entstehung in den Weltraum verflüchtigt. Der Kleinplanet war deshalb von vornherein dazu verdammt, für immer eine Wüste zu bleiben. Auf ihm fehlen die ordnenden Kräfte von Wind und Wetter. Von keinerlei Atmosphäre geschützt, ist der Mond seit Jahrmilliarden dem Bombardement von Meteoriten und zerstörerischen Sonnenstrahlen ausgesetzt. Seine Oberfläche ist eine tote, chaotische Staub- und Gesteinswüste ohne geordnete Strukturen.

Spuren des Wandels

Alle Dinge und Vorgänge auf unserer Erde stehen in einer
unauflöslichen Wechselbeziehung zueinander. Die Natur kann man
nur verstehen, wenn man sie als Einheit begreift. Der Wasserkreislauf der Atmosphäre gehört genauso dazu wie die
permanente Wanderung der Kontinente

Ein amerika-
nischer Forschungs-
hubschrauber über-
fliegt einen der wenigen
eisfreien Küstenstrei-
fen in der Antarktis. Im
jahreszeitlichen Wech-
sel von Frost und
Sonneneinstrahlung ist
der Boden in ein Mosaik
von Schollen zer-
sprungen. Die Wärme
der dunklen Steinwüste
läßt einen schmalen
Streifen offenen Was-
sers zwischen dem
unbedeckten Land
und dem vereisten
Meer entstehen

Ein Schneesturm
hat die eisverkrustete
Oberfläche einer
Sandwüste auf dem
Colorado-Plateau an-
geschliffen. Viele
der hochgelegenen
Wüsten im Inneren
Amerikas erhalten ihre
geringen Nieder-
schläge nur im Win-
ter — als Schnee

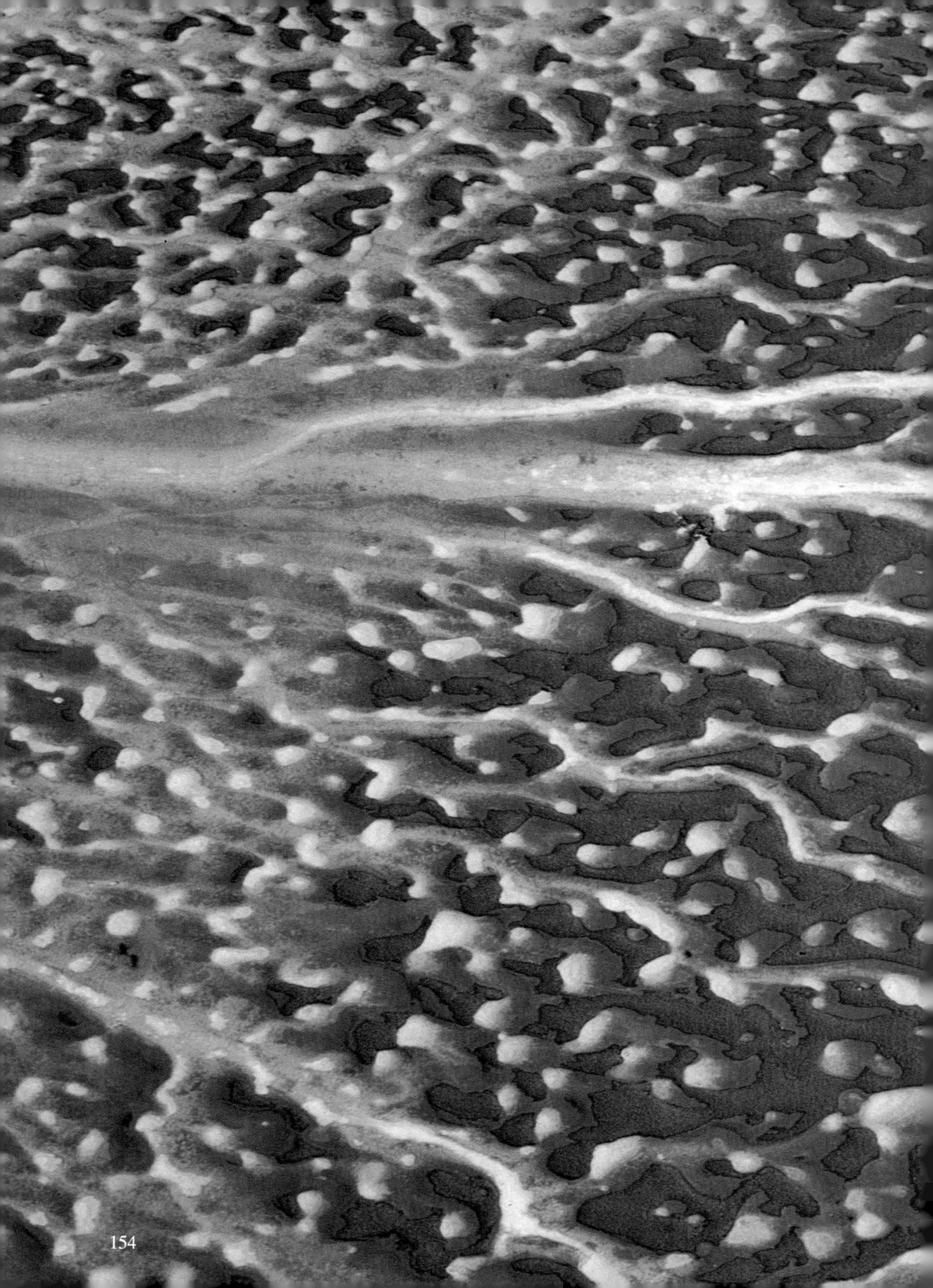

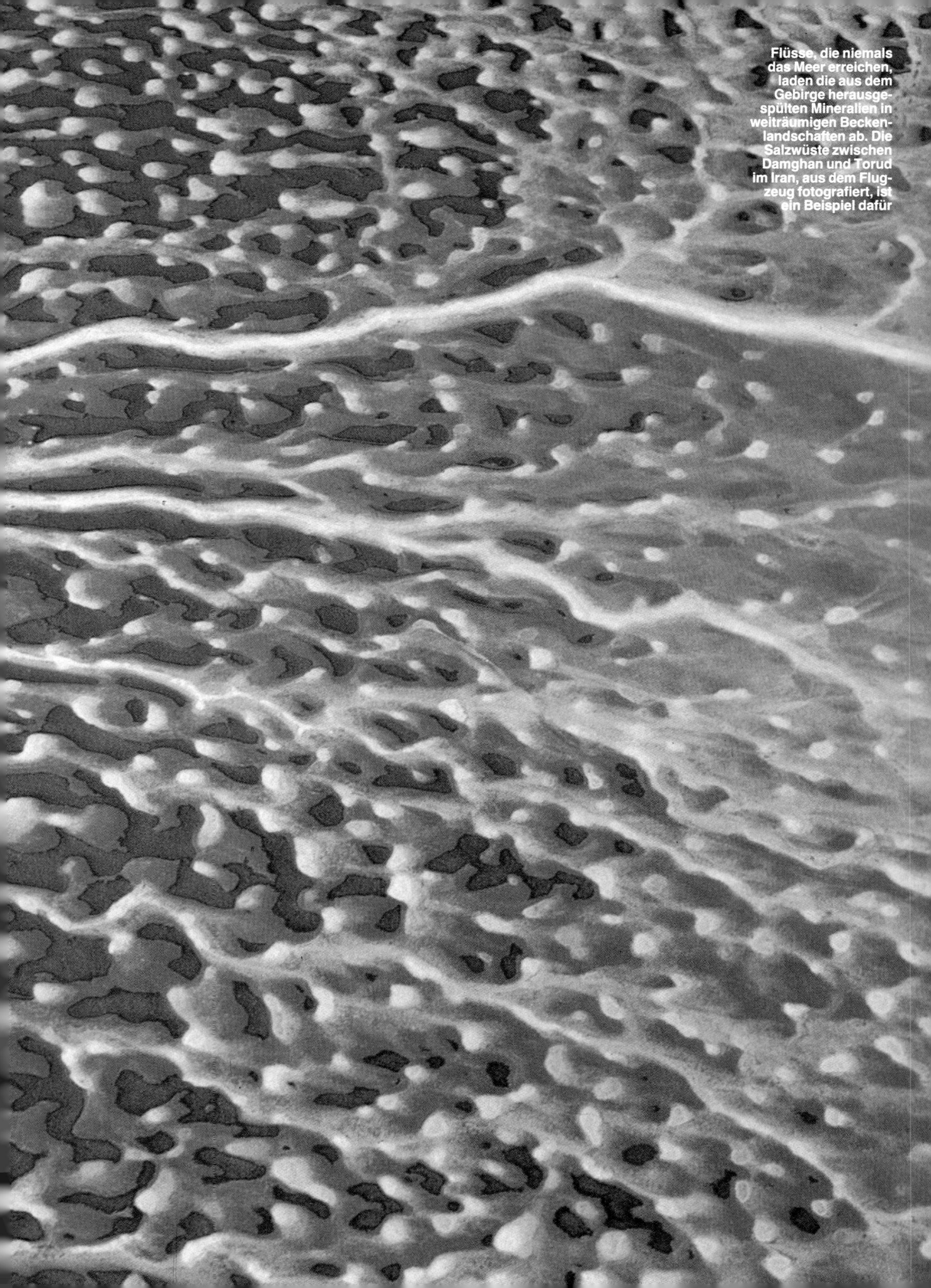

Flüsse, die niemals das Meer erreichen, laden die aus dem Gebirge herausgespülten Mineralien in weiträumigen Beckenlandschaften ab. Die Salzwüste zwischen Damghan und Torud im Iran, aus dem Flugzeug fotografiert, ist ein Beispiel dafür

Als endloses Asphaltband zieht sich die Straße von Urumchi nach Turfan im Grenzbereich der beiden großen inner-asiatischen Wüsten Gobi und Takla-Makan-Wüste. Eiserne Füße verhindern, daß die Telegrafenmasten in kurzer Zeit von dem über den Boden treibenden Sand ab-gesägt werden

Der See im Krater eines Vulkans in der Antarktis ist zu Eis erstarrt. Der Gletscher im Kraterinnern ist abgeschmolzen. Die Reste hat der Wind zu scharfgratigen Zinnen geschliffen

Den Boden des
Atlantischen Ozeans
durchzieht in ganzer
Länge eine tiefe Spalte.
In ihr quillt ständig
glutflüssiges Magma
aus dem Inneren
der Erde empor und
preßt die Kontinente
auseinander. Auf
der Vulkaninsel Island
tritt dieses Spalten-
system zutage

Starke Winde
haben den Sand in der
Küstenwüste Perus
zu 150 Meter hohen
Pyramiden zusammen-
geschoben. Dieser
Untergrund, ständig in
Bewegung und Jahr-
zehnte ohne Nieder-
schlag, läßt nicht
zu, daß Pflanzen hier
Wurzeln schlagen

Die tiefstehende
Sonne des südpolaren
Sommers wirft lange
Schatten über das ant-
arktische Inlandeis.
Nur noch die höchsten
Grate und Gipfel
der Gebirge ragen aus
dem mehrere
tausend Meter dicken
Eispanzer hervor

Beaufortsee

Baffin-
b...

Point Barrow

Kap
Deshnew

Nördlicher Polarkreis

Bering-
meer

Alaska
6193 ▲ Mt. McKinley

Yukon

Mackenzie

Hudson-
bai

Labrador

60°

Aleuten

Vancouver

Winnipeg

Montreal

Neufu

Missouri

Chicago

New York

Golfstrom

1

San Francisco

Mississippi

Sargasso-
see

ATLA

2

30°

3

New Orleans

Golf
von
Mexiko

Floridastrom

Antillenstrom

Nördlicher Wendekreis

Kalifornienstrom

Hawaii-
inseln

Mexiko

Kuba

Nord-Ä

PAZIFISCHER

Karibische Strömung

Nord-Äquatorialstrom

Karibisches
Meer

Äquatorial-Gegenstrom

Panamá

Caracas

Orinoco

Äquator

Galápagosinseln

Quito

0°

Süd-Äquatorialstrom

Punta Pariñas

Amazonas

OZEAN

Samoa-
inseln

Polynesien

Tuamotu-
Archipel

Lima

4

Gesellschafts-
inseln

Südlicher Wendekreis

Humboldt- (Peru-)strom

Osterinsel

Paraná

30°

Santiago

Aconcagua
6959 ▲

Buenos

Falklandstrom

Strom

Punta Arenas

Kap Hoorn

Kap Hoorn

Drakestraße

60°

Westwindtrift

Südlicher Polarkreis

0   1000   2000   3000 km

180°   150°   120°   90°

60°   180°   150°   120°   90°

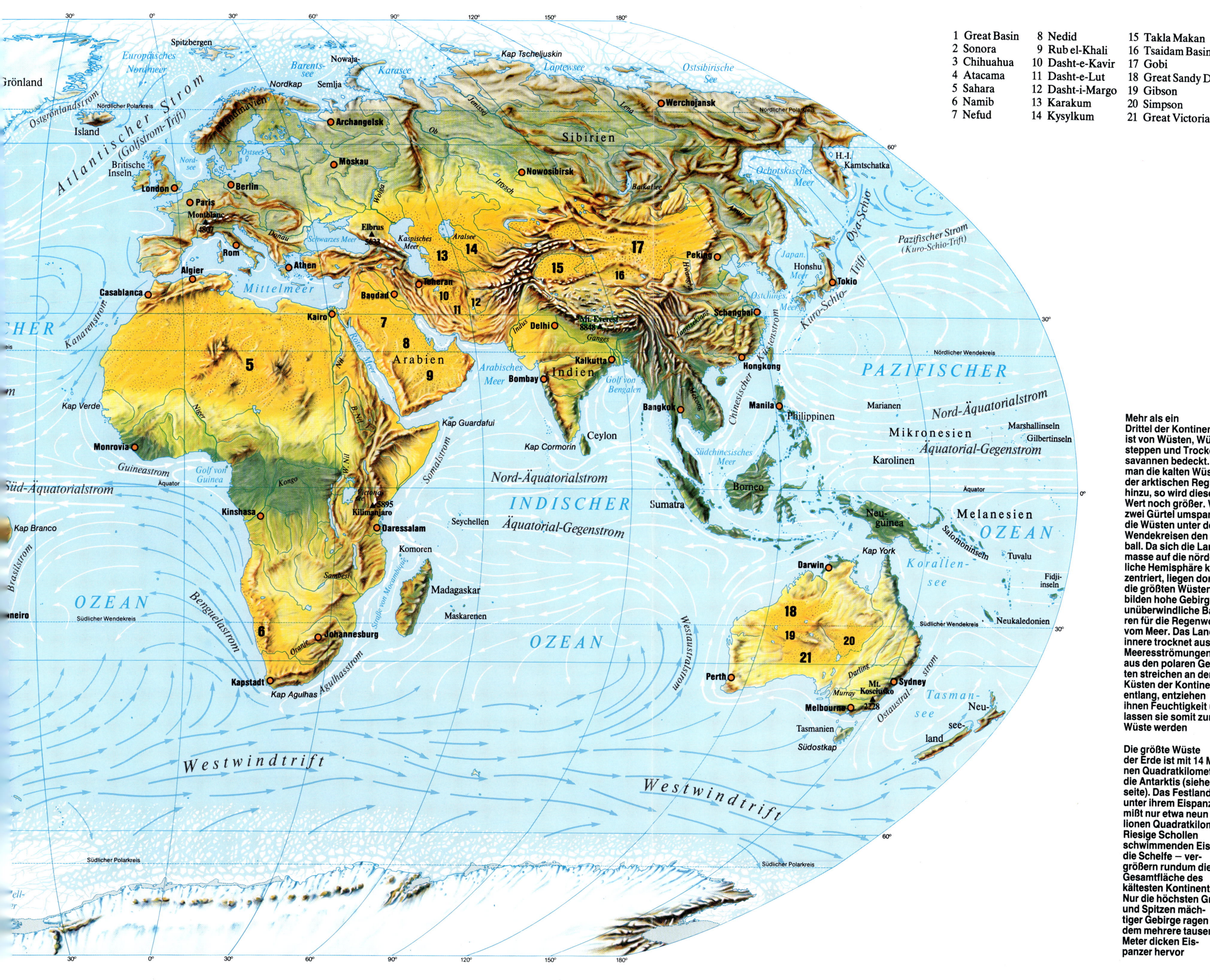

1 Great Basin	8 Nedid	15 Takla Makan
2 Sonora	9 Rub el-Khali	16 Tsaidam Basin
3 Chihuahua	10 Dasht-e-Kavir	17 Gobi
4 Atacama	11 Dasht-e-Lut	18 Great Sandy Desert
5 Sahara	12 Dasht-i-Margo	19 Gibson
6 Namib	13 Karakum	20 Simpson
7 Nefud	14 Kysylkum	21 Great Victoria Desert

Mehr als ein Drittel der Kontinente ist von Wüsten, Wüstensteppen und Trockensavannen bedeckt. Zählt man die kalten Wüsten der arktischen Regionen hinzu, so wird dieser Wert noch größer. Wie zwei Gürtel umspannen die Wüsten unter den Wendekreisen den Erdball. Da sich die Landmasse auf die nördliche Hemisphäre konzentriert, liegen dort auch die größten Wüsten. Oft bilden hohe Gebirge unüberwindliche Barrieren für die Regenwolken vom Meer. Das Landesinnere trocknet aus. Kalte Meeresströmungen aus den polaren Gebieten streichen an den Küsten der Kontinente entlang, entziehen ihnen Feuchtigkeit und lassen sie somit zur Wüste werden.

Die größte Wüste der Erde ist mit 14 Millionen Quadratkilometern die Antarktis (siehe Rückseite). Das Festland unter ihrem Eispanzer mißt nur etwa neun Millionen Quadratkilometer. Riesige Schollen schwimmenden Eises — die Schelfe — vergrößern rundum die Gesamtfläche des kältesten Kontinents. Nur die höchsten Grate und Spitzen mächtiger Gebirge ragen aus dem mehrere tausend Meter dicken Eispanzer hervor.

Das innerhalb der Rocky Mountains liegende Alamosa-Becken in Colorado gehört zu den kältesten Wüsten der Erde. Die bis zu 250 Meter hohen Sanddünen werden im Winter von Schnee bedeckt

Vielfalt der Farben — Vielfalt der Wüste: Schwarze Manganoxyde überziehen die Ruinen eines zerfallenen Hochplateaus in der Sahara. Algen und Bakterien färben den Salzsee auf einem Hochplateau der chilenischen Anden tiefrot. Kakteen auf den wüstenhaften Galapagos-Inseln bilden grüne Oasen. Die Gletscher des Eiriks Jökull überragen als Eiswüsten-Insel die arktische Tundra Islands

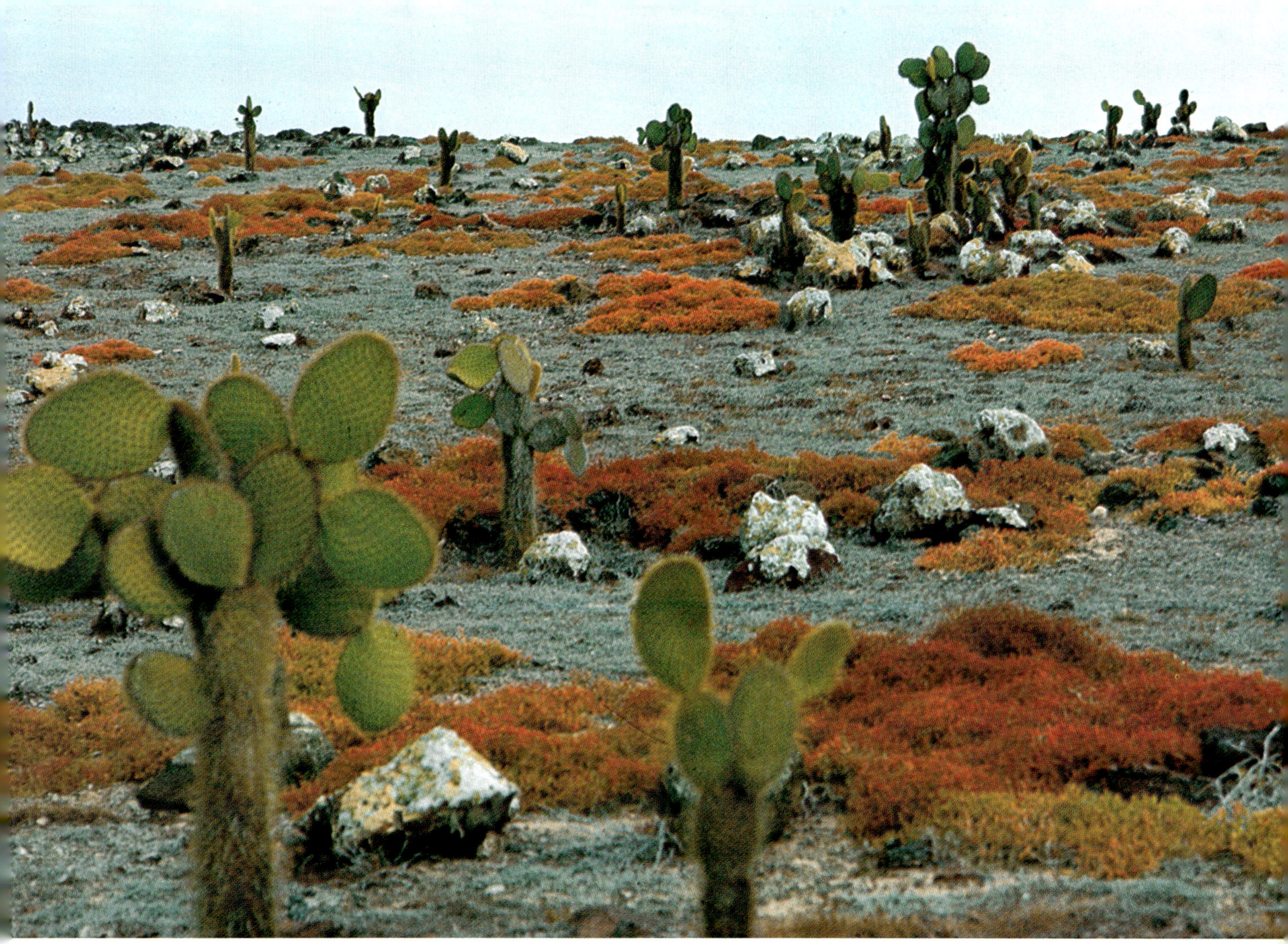

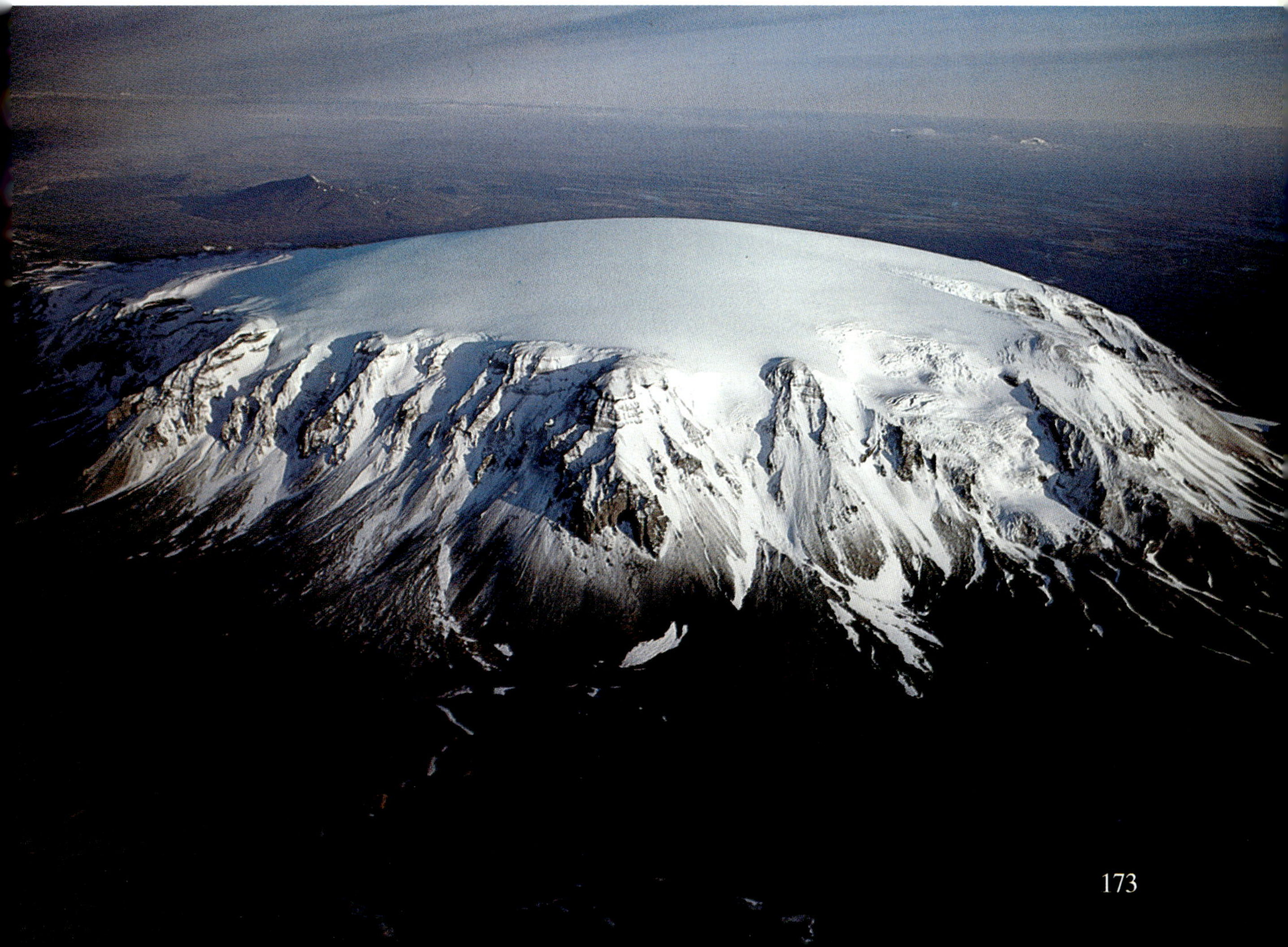

Gletscher-
zungen ziehen sich
aus einem Tal in
der Antarktis zurück.
Sie hinterlassen inmitten
des Eiskontinents
ausgedehnte Staub-
und Steinwüsten ohne
jedes Leben

Das Leben
erobert eine Aschen-
wüste am Fuß
eines Vulkans auf
Island. Nach den ersten
Pionieren der Vege-
tation – unsichtbare
Bakterien, Algen
und Flechten – haben
sich Gräser und Blu-
men auf der wind-
bewegten Oberfläche
angesiedelt

Eine besondere
Form der Wüste ist der
Grand Canyon des
Colorado-Flusses in
Arizona. Während des
Sommers heizt sich die
Luft in dem kilometer-
tiefen Abgrund so stark
auf, daß kein Nieder-
schlag die terrassenför-
migen Plateaus tief im
Inneren des Canyons
erreicht. Im Winter
tragen Stürme ihre
Schneefracht in die
große Schlucht

Während die Oberflächen der anderen inneren Planeten des Sonnensystems total aus Wüste bestehen, ist die Erde ein Planet mit Wasser. Rund zwei Drittel seiner Oberfläche sind von Meeren bedeckt. Doch legt man die gesamte Erdgeschichte bis heute zugrunde, so ist die Wüste auch auf den Kontinenten unseres Heimatplaneten stets die vorherrschende Landschaft gewesen. Mehr als vier Milliarden Jahre mußten vergehen, bis die Pflanzen und Tiere vor 400 Millionen Jahren die Urheimat allen Lebens, die Ozeane, verlassen konnten, um das urwüstenhafte Land zu besiedeln.

Die Kontinente, Inseln in ozeanischer Umwelt, sind aber für alle Zeiten nur vorübergehend besiedelt – eine Kolonie des Lebens. Um Leben überhaupt erst möglich zu machen, müssen sie ständig mit dem Lebenselixier Wasser aus den Ozeanen versorgt werden. Voraussetzung dafür ist der optimale Abstand der Erde zur Sonne. Nur in der schmalen Zone dieser kosmischen Ökosphäre gibt es Temperaturen, die das Medium des Lebens, das Wasser, ständig von seinem flüssigen in einen gasförmigen Zustand überwechseln lassen und umgekehrt. Nur so ist es möglich, daß Wasser aus den Ozeanen verdampft, in die Atmosphäre aufsteigt, abkühlt, kondensiert und als regenspendende Wolken auf die trockenen Kontinente transportiert wird. Es liegt in der Natur des Wassers, daß dieser Kreislauf, als dessen Pumpe die Sonne wirkt, sehr störanfällig ist. Eine gleichmäßige Bewässerung der Kontinente war aus vielerlei Gründen von vornherein ausgeschlossen.

Wenn man auf den Globus schaut, fällt einem auf, daß die meisten Wüsten in den Subtropen liegen, im Bereich der Wendekreise. Zwei Gürtel dieser sogenannten Wendekreiswüsten umspannen die Erd-

kugel, einer auf der nördlichen und einer auf der südlichen Hälfte. Der größte Teil der Kontinentalmasse konzentriert sich auf der nördlichen Halbkugel. In der Region des nördlichen Wendekreises liegt die mit neun Millionen Quadratkilometern größte Wüste der Erde, die Sahara. Im Osten schließen sich an: fast die gesamte Arabische Halbinsel, ein Teil Vorder- und Mittelasiens von Syrien über den Irak, den Iran und die nordindische Thar-Region – bis hinüber zum südlichen Teil Nordamerikas. Unter dem südlichen Wendekreis liegen die wüstenhafte Kalahari sowie ein großer Teil des australischen Kontinents und das Trockengebiet Patagonien am Südzipfel Amerikas.

Warum die Wüsten ausgerechnet unter den Wendekreisen liegen, erklärt sich zunächst einmal aus der fast kugelförmigen Gestalt der Erde und ihrer um 23,5 Grad geneigten Rotationsachse. Beides zusammen bewirkt, daß die Sonnenstrahlen unter verschiedenen Winkeln auftreffen. Während die Erde binnen eines Jahres einmal die Sonne umläuft, bleibt die Neigung ihrer Rotationsachse unverändert. Deshalb ist mal die nördliche und mal die südliche Erdhälfte der Sonne zu- oder abgeneigt. Abwechselnd herrschen also in den beiden Hemisphären Sommer und Winter. Entscheidend dafür, daß die Temperaturen jahreszeitlich schwanken, ist der Winkel, in dem die Sonnenstrahlen auf die Erde treffen. In den polaren Regionen, die von den Sonnenstrahlen stets nur in einem flachen Winkel erreicht werden, ist es deshalb wesentlich kälter als im Bereich des Äquators, wo die Sonne senkrecht am Himmel steht.

Wenn die nördliche Erdhälfte der Sonne zugeneigt ist, steht die Sonne genau über dem nördlichen Wendekreis im Zenit, also senkrecht. In diesen Breiten wird die Erdoberfläche dann am stärksten erwärmt. Sechs Monate später trifft dasselbe für den südlichen Wendekreis zu. Im Laufe eines Jahres wandert demnach der Punkt, an dem die Sonnenstrahlen senkrecht auftreffen, vom nördlichen zum südlichen Wendekreis und anschließend wieder zurück. Die Region dazwischen wird am stärksten aufgeheizt. Das allein ist allerdings noch keine Erklärung dafür, daß hier die meisten Wüsten liegen. Denn zwischen den Wendekreisen gibt es auch das genaue Gegenstück der Wüsten: üppige tropische Regenwälder. Außerdem ist das erste Kennzeichen von Wüsten keinesfalls große Hitze, sondern große Trockenheit.

Die unregelmäßige Bewässerung unter den Wendekreisen hängt mit den Luftdruckverhältnissen auf der Erde zusammen. Die irdische Lufthülle wird unterschiedlich erwärmt. So kommt es in der Atmosphäre zu heftigen Luftbewegungen – vertikalen und horizontalen Verwirbelungen. Über dem Äquator steigen die erwärmten, mit verdampftem Wasser gesättigten Luftmassen im allgemeinen auf. Auf diese Weise bildet sich ein Gürtel atmosphärischen Tiefdrucks. Beim Aufsteigen kühlen die Luftmassen ab, der Wasserdampf in ihnen kondensiert und fällt als Regen herab. Das ist die Ursache für die starken Niederschläge, denen die tropischen Regenwälder ihre Existenz verdanken. Nachdem die Luft alle Feuchtigkeit verloren hat, entstehen beidseitig des Äquators über den Wendekreisen zwei Gürtel mit hohem Druck. Die ausgetrockneten Luftmassen sinken herab, erwärmen sich und saugen alle Feuchtigkeit auf. Die Folge davon ist extreme Trockenheit in den Regionen der Wendekreise.

Wie stabil diese Hochdruckzonen sein können, wissen wir aus den Wetterberichten, wenn wir darauf hoffen, daß sich das beständige Azorenhoch bis in mitteleuropäische Breiten ausdehnen möge. Was in unserer vorwiegend feuchten Klimazone vorübergehend „schönes Wetter" bringt, bedeutet für die Bewohner Nordafrikas ständig lebensbedrohende Trockenheit. Selbst wenn es einem tropischen Tiefdrucksystem gelegentlich gelingt, mit seinen Regenwolken von Süden in die Hochdruckzone des nördlichen Wendekreises einzudringen, bedeutet dies noch lange nicht, daß der Regen den ausgedörrten Wüstenboden auch wirklich erreicht. Die fallenden Tropfen verdampfen vorher auf der heißen Luftschicht, die hier meistens über der Erde liegt. Dieses für alle Wüsten typische Phänomen wird treffend als Geisterregen bezeichnet. Ich habe es auf meinen Expeditionen häufig beobachtet.

Einmal geschah es im Januar in der zentralen Sahara in Südostalgerien. Es

Während die Erde binnen Jahresfrist um die Sonne läuft, bleibt die Stellung ihrer Achse unverändert. Dadurch treffen die Sonnenstrahlen abwechselnd im Bereich zwischen dem nördlichen und dem südlichen Wendekreis senkrecht auf die Erdoberfläche und heizen diese Regionen am stärksten auf

wurde Abend und winterlich kühl. Ich rastete am Fuße eines Zeugenberges. Er gab mir Schutz vor dem beißenden Wind. Dieser Berg hatte in seinem schwarzroten Gestein tagsüber eine Menge Sonnenwärme gespeichert. Nun, in der Abendkühle, strahlte er sie wieder ab wie ein Steinofen.

Ich saß in dieser Warmluftblase und blickte in eine endlos erscheinende, mit gelbem Sand und Staub bedeckte Ebene. Von Süden zog eine dunkle Wolkenwand rasch herauf. In der Ferne begann es zu regnen. Der Schauer kam näher. Ich sah es an den kleinen Staubfahnen, die die schweren Tropfen auf dem knochentrokkenen Wüstenboden aufwirbelten. Bald stand die Wolke über mir. Ich blickte hoch und sah den Regen in dünnen Schleiern herabfallen. Aber ich wurde nicht naß. Die Regenstreifen lösten sich an einer unsichtbaren Grenze auf. In der Warmluftblase der Berginsel fühlte ich mich geschützt wie unter einer Glaskuppel.

Wie hier, so sind auch andere Stein- und Felsgebiete in den Wüsten größtenteils durch Krusten von Metalloxyd dunkel gefärbt. Sie werden deshalb von der Sonne stärker aufgeheizt. So kommt es, daß sie einen noch geringeren Anteil der ohnehin schon spärlichen Niederschläge erhalten als beispielsweise die hellgefärbten Sanddünengebiete. Auch aus diesem Grunde sind sie besonders lebensfeindlich.

Nördlich und südlich der Wendekreiswüsten schließen sich dann wieder regenreiche Zonen mit niedrigem Druck an. Da die Sonnenstrahlen hier niemals senkrecht auf die Erde treffen, herrscht ein gemäßigtes, lebensfreundliches Klima.

Über den Polargebieten sinken die Luftmassen abermals ab. Deshalb herrschen auch dort meist hoher Luftdruck und Trockenheit. Durch ihre tiefen Temperaturen während der Wintermonate wirken diese Regionen jedoch als Falle für Feuchtigkeit. Sie schlägt sich als Schnee

Ein Geisterregen geht über der Sahara nieder. Doch das Wasser, das aus verirrten Wolken in langen Schleiern herabfällt, erreicht nicht den Boden. Die Tropfen verdampfen in der heißen Luftschicht, die über der Wüste lagert

nieder und wird als Eis gespeichert. In gefrorenem Zustand ist das Lebensmedium Wasser jedoch für Pflanzen nicht nutzbar. Erst wenn während der kurzen Sommer die Polkappe so weit der Sonne zugeneigt ist, daß sie 24 Stunden flach am fast wolkenlosen Himmel der polaren Wüste steht, wenn Schnee und Eis schmelzen, erhalten die Pflanzen das lebensnotwendige Wasser.

Abgesehen von den Temperaturen, haben heiße und kalte − subtropische und polare − Wüsten also eines gemeinsam: Pflanzen, erste Glieder jeder Nahrungskette, verfügen über Wasser in flüssiger Form nur selten und dann lediglich für kurze Zeit. Aber im Gegensatz zu den heißen Wüsten gibt es in den polaren Wüsten flüssiges Wasser regelmäßig mit den Jahreszeiten und oft im Überfluß. Mit der Schneeschmelze im Frühjahr verwandelt sich die arktische Tundra in ein Mosaik von Hunderttausenden kleiner Tümpel und Seen. Süßwasser bedeckt oft den größten Teil des Landes. Sieht man die Tundra während des Sommers aus dem Flugzeug, dann entsteht der Eindruck eines ausgedehnten, flachen Binnenmeeres, das von einem Netz schmaler Streifen festen Landes durchzogen ist. Nach wenigen Monaten erstarrt die Landschaft dann wieder zur Eiswüste.

Über die Erscheinungsformen des Lebens in der so unterschiedlichen Natur der heißen und der polaren Wüsten berichte ich im nächsten Kapitel.

Obwohl die Sonne für einige Wochen Tag und Nacht scheint, reicht die kurze, aber kühle Sommerperiode in den polaren Wüsten vielerorts nicht aus, um die im Winter als Schnee und Eis angesammelte Feuchtigkeit zu schmelzen und dorthin zurückfließen zu lassen, woher sie gekommen ist − aus den Ozeanen. So haben sich in den Polargebieten gewaltige Eismassen angesammelt. Das beste Beispiel dafür

Die wenigen Niederschläge der arktischen Regionen kristallisieren in vielfältigen Formen zu Eis. Erst nach der sommerlichen Schmelze steht das Wasser der Vegetation für eine kurze Zeit zur Verfügung

Frost gestaltet
die Oberfläche der
arktischen Tundra.
Im Winter
schrumpfen die
Böden und reißen
auseinander.
Im Sommer dehnen
sich die Boden-
platten wieder aus.
Dadurch werden
die Füllungen der
Spalten als Wälle
emporgedrückt

auf der nördlichen Halbkugel ist Grönland, von einem dreitausend Meter dicken Eispanzer überzogen.

Die größten Eismassen bedecken jedoch den Kontinent um den Südpol. Der antarktische Eispanzer ist durchschnittlich zweitausend Meter dick, und er mißt etwa 14 Millionen Quadratkilometer. Das entspricht der gesamten Fläche Europas einschließlich des westlichen Rußlands. Das eigentliche Festland darunter ist dagegen kleiner und besteht aus mehreren Teilen. Das Eis hat sie zusammengefroren und ist wie eine zähflüssige Masse nach allen Seiten über den Rand hinaus in die Ozeane vorgedrungen. Stellenweise begraben 4000 Meter dicke Eisschichten mehr als 3000 Meter hohe Gebirgsketten,

die mit 1300 Kilometern Länge wesentlich ausgedehnter sind als die europäischen Alpen. Dieser antarktische Eispanzer ist auf etwa 27 Millionen Milliarden Tonnen geschätzt worden – ein Gewicht, welches das darunterliegende Festland über tausend Meter tief in den zähflüssigen Erdmantel unter der erkalteten Erdkruste hineinpreßt.

Obwohl im Eis der Antarktis rund zwei Drittel des gesamten Süßwasservorrats der Erde gespeichert sind, ist sie die größte Wüste der Erde – und auch die lebensfeindlichste. Auf der Eisdecke können sich keinerlei Böden bilden, und die Temperaturen sind während des ganzen Jahres so tief, daß Wasser in flüssiger Form sehr selten vorkommt. Deshalb sind die größ-

Die Aufnahme ines Vermessungs-satelliten zeigt deutlich Trocken-täler inmitten des vom Eis bedeckten transantarktischen Gebirges nahe der US-Forschungs-station am packeis-deckten McMurdo-Sund. Die einzel-nen, mit Schutt und Staub gefüllten Wüstentäler sind mehr als hundert Kilometer lang

ten Teile des antarktischen Inlandeises ohne jedes Leben.

Auf der sowjetischen Forschungsstation Wostok, die in 3488 Meter Höhe auf der Eiskuppel inmitten der Antarktis liegt, beträgt die mittlere Temperatur im Winter minus 68,4 Grad Celsius. Dort wurde auch die größte Kälte gemessen, die auf der Erde jemals registriert wurde: minus 88,3 Grad Celsius. Im Hochsommer steigt die mittlere Temperatur bis minus 32,7 Grad Celsius an. Das höchste, was jemals in Wostok gemessen wurde, war nur minus 21,0 Grad Celsius.

An dem Punkt, um den sich die Erde dreht, am tiefergelegenen Südpol, ist es etwas wärmer. Hier beträgt die mittlere Temperatur im Winter minus 59,2 Grad

Celsius, im Sommer minus 28,1 Grad Celsius. Bei der amerikanischen Südpolstation, 2800 Meter hoch auf dem Inlandeis gelegen, ist die Luft so dünn, daß ihr Druck einer Höhe von fast 4000 Metern entspricht. Die Fliehkräfte der Erdrotation saugen die Luft aus den Polarregionen in Richtung auf den Äquator ab.

So erstaunlich sich das zunächst anhört − in der Antarktis gibt es auch Stein-, Fels- und sogar Sandwüsten. Es sind eisfreie Gebiete, meist Spitzen und Grate von Gebirgen, bis zu 6000 Meter hoch, die aus dem Eispanzer herausragen. An ihren steilen Flanken können sich Schnee und Eis nicht halten. Durch Frost wird das Gestein gesprengt und rutscht an den Fuß der eisumschlossenen Berginseln. Die langsam fließenden Eisströme führen den Gesteinsschutt mit sich fort. Während der größte Teil der Gletscher mit Geschwindigkeiten von mehreren Kilometern im Jahr vom Polarplateau hinab zur Küste fließt, bilden sich im Strömungsschatten der Berginseln oft gewaltige Eiswirbel. Für Millionen Jahre rotiert das Eis auf der Stelle und mit ihm der Gesteinsschutt von den Bergen. Wie Treibholz im Wasserwir-

bel reichert er sich mehr und mehr an. Die ausgedehntesten Stein- und Felswüsten liegen nahe der amerikanischen Forschungsstation am McMurdo-Sund inmitten des Transantarktischen Gebirges, das den Kontinent wie ein steinernes Rückgrat durchzieht. Es ist ein Labyrinth tiefer Täler, aus denen sich die Gletscher zurückgezogen haben, weil es hier kaum Niederschläge gibt. Regen fällt nie, und

Gletscher haben einst tiefe Täler in das transantarktische Gebirge hineingehobelt. Ihre Reste hängen als Zungen von den Flanken der Höhen herab. Die Etappen des Rückzugs eines Gletschers auf Island lassen sich an den ringförmigen Wällen besonders gut erkennen

der wenige Schnee wird von Orkanen aus dem Inneren des Kontinents mit Geschwindigkeiten bis zu 300 Stundenkilometern ins Meer geblasen.

Das eisfreie dunkle Gestein absorbiert so viel Sonnenwärme, daß die Temperaturen in diesen Steinwüstentälern während des Sommers kurzzeitig über den Gefrierpunkt klettern. Dann entspringen an den Gletscherzungen, die noch in die Täler

hineinragen, kleine Bäche, und am Grund der Täler bilden sich Schmelzwasserteiche. Doch Leben kann sich kaum entfalten. Nur wenige einzellige Mikroben und Algen wurden in den Poren des Gesteins und in dem Wasser der Seen entdeckt. Mit Bodenproben aus dieser Wüste testete die NASA die Laboratorien ihrer Viking-Raumsonden, bevor sie sie auf die Suche nach Lebensspuren zum Mars schickte.

Die winterlichen schnee- und sandbeladenen Orkane, die vom Kontinent herab durch die Trockentäler wie durch einen Windkanal rasen, haben das Gestein zu hochglanzpolierten Windkantern geschliffen. In umgekehrter Richtung vom Meer herangewehtes Salz hat die großen Granitblöcke auf den Talböden zu bizarren Skulpturen zerfressen. Stellenweise haben sich Sand und Staub zu ausgedehnten Sanddünenfeldern geordnet. Durch Schmelzwasser gefroren und vom Wind angeschliffen, haben die Dünen große Ähnlichkeit mit denen auf dem Mars, die von Viking 1 am Landeplatz fotografiert wurden.

Warum herrscht über dem antarktischen Kontinent heute eine Eiswüste? Der englische Südpolarforscher Bernhard Stonehouse hat versucht, dies aus der Kontinentaldrift zu erklären. Zunächst einmal: Es liegt nicht allein an dem flachen Winkel, in dem die Sonnenstrahlen hier auf die Erde treffen, daß die Polargebiete so niedrige, lebensfeindliche Temperaturen und eine so hohe Trockenheit aufweisen. Hat sich in diesen Breiten erst einmal Eis angesammelt, so kann es von sich aus ständig weiterwachsen. Eis beeinträchtigt die Sonneneinstrahlung und den Wärmehaushalt auf der Erde ganz empfindlich. Schnee und Eis brauchen Energie, um zu schmelzen und zu verdunsten. Solange Schnee und Eis vorhanden sind, kann die Temperatur deshalb nicht weit über den Gefrierpunkt steigen — weil die

Frost zersprengt das Gestein in den antarktischen Trockentälern. Sand- und schneebeladene Stürme schleifen die Bruchstücke zu hochglänzenden Windkantern

Sonnenenergie für den Schmelzvorgang und nicht für die Erwärmung der Umgebung gebraucht wird. Wo sich im Winter also sehr viel Schnee ansammelt, sind die Sommer kurz, denn die Luft bleibt kalt, während die Schneemassen tauen. Diese Abkühlung muß sich in den arktischen Regionen immer weiter hochgeschaukelt haben. Eines Tages hatten sich so gewaltige Eismassen angesammelt, daß die Temperaturen nur noch selten über den Gefrierpunkt stiegen. Schnee und Eis wirken wie ein Spiegel, der bis zu 95 Prozent der einfallenden Sonnenstrahlen in den Weltraum zurückwirft. Im Gegensatz dazu nehmen dunkle Felsen, Böden und das Meer 80 bis 90 Prozent der Strahlung auf.

Die Vorgänge lassen sich mit der Selbstverwüstung der Sahara durch ihr Sandstrahlgebläse vergleichen. Je mehr Gestein der sandbeladene Wind zu Sand zerschmirgelt, umso größer wird seine zerstörerische Kraft. Als die Sahara einmal eine gewisse Größe überschritten hatte, begann sie sich aus sich selbst zu erhalten. Das gleiche gilt für die ausgedehnten Eiswüsten der Antarktis und Grönlands.

Die Polargebiete sind also heute deshalb besonders kalt, weil sie mit Eis bedeckt sind. Und die Antarktis ist nicht zuletzt deshalb wesentlich kälter, trockener und lebensfeindlicher als die Arktis, weil sie sich mit ihrem größeren und höheren Eispanzer selbst kühlt.

Das war nicht immer so. Während der meisten Perioden der Erdgeschichte waren die Polargebiete frei von Dauereis; die klimatischen Unterschiede zwischen polaren, gemäßigten und äquatorialen Zonen waren viel weniger stark ausgeprägt als in der Gegenwart. In den Gesteinen der eisfreien Trockentäler und in Kohleflözen der Antarktis wurden versteinerte Reste zahlreicher tropischer Pflanzen und Tiere gefunden. Sie beweisen, daß dieser Kontinent vor 200 Millionen Jahren von dichten

Aus dem Meer in die Trockentäler gewehtes Salz hat den Granit, Basisgestein des antarktischen Kontinents, zu bizarren Skulpturen zerfressen

Wandernde Sicheldünen sind nicht nur ein Phänomen der heißen Wüsten. Es gibt sie auch in den Trockentälern der Antarktis. Durch Schmelzwasser gefroren und vom Wind angeschliffen, wird ihr geschichteter Aufbau sichtbar

Mesozoikum vor 130 Millionen Jahren bis zum Pleistozän vor 3 Millionen Jahren von etwa 20 auf fast 10 Grad Celsius gefallen ist. Die Polargebiete kühlten dabei stärker ab als die Äquatorzone. Diese Abkühlung wurde, so glauben viele Wissenschaftler, dadurch verursacht, daß die Wasser- und Festlandsmassen in den Polarregionen anders verteilt waren. Klimaforscher sind heute der Meinung, daß die Polargebiete nur dann sehr kalt und trocken werden, wenn sie von ausgedehnten, hohen gebirgigen Kontinenten – wie im Falle der Antarktis – bedeckt werden oder fast allseitig von Kontinenten umschlossen sind, wie es beim Nordpolarmeer der Fall ist. Sie bleiben dagegen wärmer und eisfrei, wenn sich die Weltmeere ungehindert bis zu den Polen erstrecken können. Liegen die Pole in einem Ozean, dann tragen Meeresströmungen die Wärme aus den Tropen bis in die Polarzonen und schmelzen das winterliche Eis, bevor es dauerhaft werden kann. Liegen die Pole dagegen, wie jetzt, auf einem Kontinent oder in einem Binnenmeer, so können die warmen Meeresströmungen nicht bis zu ihnen vordringen. Dann wird das Eis zum Dauerzustand. Falls der Kontinent hoch ist, kann das Eis sich noch besser behaupten.

Vor 150 bis 70 Millionen Jahren lagen die Pole wahrscheinlich noch in Ozeanen. Ungehindert konnten die Meeresströmungen die Wärme aus den Tropen in die Polargebiete transportieren. Dadurch kühlte sich die Tropenzone ab, während sich die Polarregionen erwärmten. Die Folge davon war ein im Vergleich zu heute viel ausgeglicheneres Weltklima ohne Vereisungen.

In den letzten zwei Jahrzehnten haben Geologen in Ablagerungsgesteinen der Antarktis zahlreiche Pflanzen und Tiere längst vergangener, wärmerer Erdzeitalter gefunden, unter ihnen auch den ver-

tropischen Urwäldern bedeckt war, in denen Verwandte der Saurier lebten. Und an den heute unter Schelfeis begrabenen Küsten wuchsen Palmen. Das gilt auch für die Festlandsgebiete rund um das Polarmeer der Arktis. Die Kohlevorkommen, die auf dem heute vereisten Spitzbergen abgebaut werden, entstanden aus üppigen, tropischen Sumpfwäldern.

Wodurch konnte sich nun das polare Festland, das lange von einem tropischen Klima beherrscht wurde, in eine Eiswüste verwandeln? Folgen wir den Gedanken des Polarforschers Stonehouse weiter.

Klimatologen haben errechnet, daß die mittlere Temperatur auf der Erde seit dem

steinerten Kieferknochen eines Lystrosaurus. Reste dieses Verwandten der Dinosaurier hatte man bisher nur in Indien und Südafrika entdeckt. Wie war dieses Landtier einst auf den antarktischen Kontinent gelangt? Man kann davon ausgehen, daß diese Tiere nicht die breiten Ozeane durchschwimmen konnten, die die Kontinente heute voneinander trennen. Also gab es nur eine Erklärung: Die Kontinente waren früher miteinander verbunden.

Der Kieferknochen des Lystrosaurus war ein zusätzlicher Beweis für die von Alfred Wegener aufgestellte Theorie der Kontinentalverschiebung. Dem deutschen Polarforscher, der 1930 auf einer Expedition in Grönland ums Leben kam, dienten unter anderem die im Meer schwimmenden Eisberge als anschauliches Beispiel für sein Denkmodell. Er ging davon aus, daß die Kontinente in dem heißen, zähplastischen Magma des Erdmantels wie Eisberge im Meer schwimmen, da sie sich aus leichterem Material aufbauen. Dabei tauchen sie 30 bis 70 Kilometer tief in den Untergrund ein. Der Vergleich wird noch treffender, wenn man erfährt, daß die schwimmenden Kontinente nicht an einen Ort der Erdkugel fixiert sind, sondern driften und dabei ständig ihre Position zueinander verändern. So ist die gegenwärtige Verteilung von Land und Meer auf dem Globus nur eine Momentaufnahme der Erdgeschichte.

Wenn wir auf eine Erdkarte schauen, so fällt auf, daß die Konturen der Kontinente oft wie Teile eines Puzzles sehr gut zusammenpassen. Besonders bei Afrika und Südamerika ist dies der Fall. Freilich — das allein könnte noch zufällig sein. Doch bei ihrem Versuch, das kontinentale Puzzle zusammenzufügen, fanden die Geologen heraus, daß die Gesteinsschichten an den Küsten sich gegenüberliegender Erdteile oft bis ins Detail miteinander übereinstimmen. Die Kontinente mußten also einst zusammengehangen haben.

Heute scheint gewiß zu sein: Einst bildeten die Kontinente noch zusammenhängende Landmassen. Forscher wie der Antarktisspezialist Stonehouse sehen die Entwicklung so: Nordamerika, Grönland und Eurasien ergaben die eine Hälfte des Riesenkontinents, genannt Laurasia. Südamerika, Afrika, Indien, die Antarktis und Australien waren die andere Hälfte, genannt Gondwanaland. Im Mesozoikum, vor 150 Millionen Jahren, wurde dieser Riesenkontinent durch Kräfte, die ihren Ursprung im glutflüssigen Inneren unserer Erde haben, zersprengt, und die einzelnen Blöcke begannen auseinanderzutreiben. Australien und die Antarktis lösten sich wahrscheinlich zuerst vom Gondwanaland. In der Lücke weitete sich der heutige Indische Ozean. Vor etwa 120 Millionen Jahren trennte sich dann Südamerika von Afrika, dazwischen entstand der Atlantik. Afrika und Indien wurden gegen Laurasia geschoben, wodurch sich der Indische Subkontinent vom Südteil des Riesenkontinents löste und dem Nordteil angegliedert wurde. Zugleich weitete sich die atlantische Spalte nach Norden aus. Zuerst bewegte sich Nordamerika von Grönland fort, dann erst trieb Grönland von Europa ab. Vor 60 Millionen Jahren trennte sich dann die Antarktis von Australien und wanderte ihrer heutigen Position entgegen.

Nicht die Pole haben sich demnach verschoben, sondern die Kontinente sind zu ihnen hingedriftet. Die große Masse der Nordkontinente umschloß so das Nordpolar-Meer und leitete damit seine permanente Vereisung ein. Der antarktische Kon-

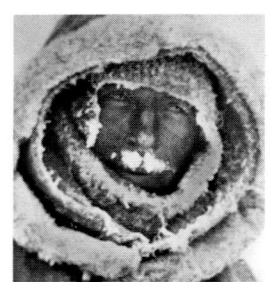

Der deutsche Geophysiker und Meteorologe Alfred Wegener (1880–1930) begründete die Theorie von der Kontinentalverschiebung

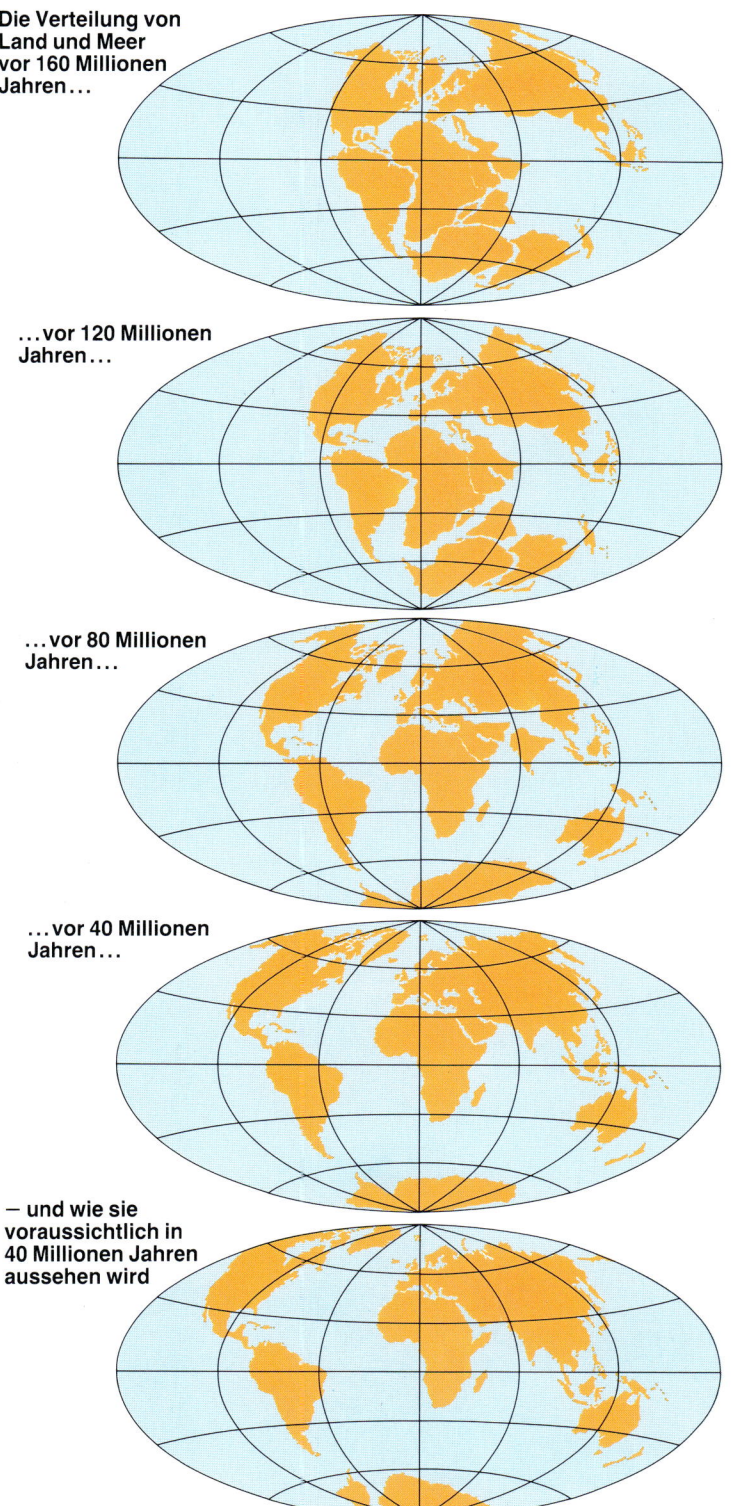

Die Verteilung von Land und Meer vor 160 Millionen Jahren...

...vor 120 Millionen Jahren...

...vor 80 Millionen Jahren...

...vor 40 Millionen Jahren...

– und wie sie voraussichtlich in 40 Millionen Jahren aussehen wird

tinent deckte sich eines Tages mit der Südpolarregion. Das Auseinanderdriften der Kontinente war von heftigen Gebirgsbildungen begleitet. So wurde auch aus dem ehemals flachen antarktischen Teil des Riesenkontinents bald ein gebirgiger hoher Erdteil. Die dünnere, kalte Luft in der Höhe förderte zusätzlich seine Vereisung. Die ersten Gletscher in Gebirgstälern und auf Hochplateaus reflektierten die flach einfallenden Sonnenstrahlen. Die eisige Selbstverwüstung begann. Die einzelnen Gletscher froren zum Inlandeis zusammen und flossen nach allen Seiten herab. Die ursprüngliche artenreiche Tier- und Pflanzenwelt wurde von den Eismassen wie mit Bulldozern von der Oberfläche des Kontinents geräumt. Die antarktische Eiszeit hatte begonnen.

Vor etwa vier Millionen Jahren muß das Inlandeis dann die Küste erreicht haben. Das weiß man von datierbaren Funden aus dem Glazialschutt, der seit dieser Zeit wie ein Teppich den Boden der südlichen Ozeane bedeckt. Denn das Eis hatte an der Küste nicht halt gemacht. Es begann sich großflächig ins Meer vorzuschieben. Da es leichter ist als Wasser, schwamm es auf, brach ab und driftete als riesige Tafeleisberge nach Norden. Diese Schollen erreichen Längen von mehr als hundert Kilometern. Eingeschlossen in ihnen ist eine steinerne Fracht – Felstrümmer, die das vorgerückte Eis von der Oberfläche des Kontinents gehobelt hat.

In der nördlichen Polarregion brach die Eiszeit ein wenig später an. Vor etwa drei Millionen Jahren überzog sich der Nordrand von Eurasien, Nordamerika und ganz Grönland mit einer Eisdecke.

Die Eiswüste der Antarktis wirkt stark auf die gesamte Erde ein. Weil der Kontinent im Mittelpunkt ozeanischer Wassermassen liegt, kann seine Kälte ungehindert mit Meeresströmungen bis in die nördliche Hemisphäre transportiert wer-

den. Und was die wenigsten vermuten:
Durch diese klimatischen Einwirkungen
entstanden im südlichen Afrika und in
Südamerika ausgedehnte Wüsten.

So erstaunlich es zunächst erscheinen
mag – auch die Rotation der Erde spielt
bei der Wüstenbildung eine wichtige Rolle. Zum einen versetzt sie die Luftmassen
der Atmosphäre in Bewegung, zum anderen ist sie für die großen kreisenden Meeresströmungen verantwortlich. Das warme Wasser, von Tiefenströmungen aus
den Tropen nach Süden transportiert,
kühlt rund um den eisigen Inselkontinent
ab und wird mit dem Süßwasser schmel-
zender Tafeleisberge vermischt. Das salz-
arme, leichtere Wasser treibt an der Oberfläche, bewegt von Winden, um den Kontinent und gelangt schließlich, angereichert mit Nahrungsstoffen, nach Norden.
Dort trifft es am Rande der Subtropen mit
wärmeren und salzigeren Wassermassen
zusammen. Wegen seiner höheren Dichte
sinkt das kalte, nährstoffreiche Wasser in
mehrere tausend Meter Tiefe ab. Wenn
die Eiswasserströmung aus der Antarktis
dabei an den Rand eines Kontinents stößt,
kommt sie wieder an die Oberfläche. Von
den Ozeanen in Richtung auf die Kontinente wehende Winde müssen diese kalten Meeresströmungen überqueren. Dabei kühlt die Luft ab und kann somit keine
Feuchtigkeit aufnehmen. Selbst wenn die
nahen Küsten in tropischen Breiten liegen, werden sie zur Wüste. So schuf der
aus der Antarktis kommende Benguela-
strom an der Küste Südwestafrikas die
Namibwüste. Und der kalte Humboldtstrom, der westlich von Südamerika bis
zum Äquator emporstreicht, verwandelte
einen mehrere tausend Kilometer langen
Küstenstreifen ebenso in eine extreme
Wüste. Obwohl sie in unmittelbarer Nachbarschaft des größten Ozeans und des
größten tropischen Regenwaldes liegen,
gehören die Atacama-Wüste Chiles und

Das antarktische Inlandeis ist an vielen Stellen weit über die Grenzen des Kontinents hinaus ins Meer vorgedrungen. Forschungsschiffe haben an der Kante des Fimbul-Eisschelfs festgemacht, um eine Crew von Wissenschaftlern abzusetzen

die Wüste Perus zu den lebensfeindlichsten Gebieten. Wie ein Todesstreifen trennen sie zwei der lebensvollsten Regionen unserer Erde. Weite Landstriche haben seit Menschengedenken keinen Tropfen Regen erhalten. Selbst Inseln unter dem Äquator wie der Galapagos-Archipel, vom Humboldtstrom umspült, sind wüstenhaft.

Küstenwüsten gibt es aber auch auf der nördlichen Halbkugel. Ein gutes Beispiel dafür ist die Niederkalifornische Halbinsel, die zu Mexiko gehört. Dort regnet es nur alle fünf, sechs Jahre, weil der kalte Kalifornienstrom aus dem Norden die Zufuhr feuchter Luft verhindert. Und der aus dem Nordostatlantik südwärts streichende Kanarenstrom trägt zur Trockenheit Nordafrikas bei.

Die verschiedenen Gegebenheiten schaffen also unter den Wendekreisen und in den Polarregionen feste Grundzonen, in denen sich Wüsten bilden können. Die Kontinente wandern auf ihrer Drift in diese Zonen hinein und aus ihnen hinaus.

Die Antarktis führt eindrucksvoll vor Augen, daß die Kontinente selbst dabei die Bewässerungsstörung noch verstärken und ihre Selbstverwüstung einleiten. Wie die Küstenwüsten in Afrika und Amerika beweisen, kann diese Selbstverwüstung weit über die Grenzen des Kontinents hinaus wirksam werden. Hier wird wieder einmal deutlich: Alle Dinge und Vorgänge auf unserer Erde stehen in einer unauflöslichen Wechselbeziehung zueinander, und die Natur kann man erst verstehen, wenn man sie als Einheit begreift.

Vor dem Hintergrund der Kontinentaldrift wird auch die lange, wechselvolle Klimageschichte der Sahara verständlich. Die Spuren der Gletscher von vor 400 Millionen Jahren in der zentralen Sahara erlauben die Schlußfolgerung, daß Nordafrika einmal dort gelegen hat, wo heute die Antarktis ist – am Südpol. Die Geologen gehen davon aus, daß die Kontinente im Laufe der Erdgeschichte mehrere Wanderzyklen durchlaufen haben. In verschiedenen Kombinationen hat sich das

In Südwest-Afrika gehen Ozean und Wüste direkt ineinander über. Eine kalte Meeresströmung aus der Antarktis ließ die Namib-Wüste entstehen. Aus dem Weltall ist zu erkennen, wie zwei Gebirge verschiedenartigen Gesteins zu Sand zerfallen, den der Wind zu hunderte Kilometer langen Zöpfen hoher Dünen ordnet. Selbst aus mehr als 900 Kilometer Höhe ist die schwere Brandung vor der Küste als schmaler weißer Streifen auszumachen

Puzzle der kontinentalen Platten dabei immer wieder zusammengefunden, um abermals auseinanderzudriften. Als der Riesenkontinent vor 150 Millionen Jahren auseinanderbrach, wurde damit der jüngste Wanderzyklus eingeleitet.

Eigentlich müßten diese Vorgänge für die Entwicklung des Lebens auf dem Land förderlich sein. Denn vorher gelangten die Regenwolken mit ihrer Wasserfracht nicht bis ins Innere des Riesenkontinents. Nun aber hatten seine Bruchstücke nur noch eine Größe, die eigentlich von der feuchtigkeitsgesättigten Luft überall bestrichen werden konnte. In vielen Gebieten trat aber eher das Gegenteil ein. Das lag daran, daß auch während des bisher letzten Wanderzyklus der Kontinente sich Gebirge auffalteten.

Hohe Gebirge und Plateaus wirken wie Barrieren. Sie hindern die Regenwolken vielerorts daran, ins Innere des Landes vorzudringen. Wenn sie aufsteigen, kühlen die Wolken ab, und der Regen schlägt sich schon an der dem Meer zugewandten Seite des Gebirges oder des Hochplateaus nieder. Das Land dahinter liegt im Regenschatten.

Gebirge können entstehen, wenn sich die kontinentalen Krustenteile zusam-

Der kalte Hum-
boldtstrom ist Ur-
sache eines mehrere
tausend Kilometer lan-
gen Wüstenstreifens
entlang der südameri-
kanischen Westküste.
Trockene Meereswinde
prägten ihre Ober-
fläche. Das Material der
ausgedehnten Felder
von Sicheldünen an der
peruanischen Küste
stammt aus Plateaus,
die der Wind zer-
fressen hat

menschieben, nachdem sie aufeinander-
gestoßen sind. Ein Beispiel findet gerade
in der erdgeschichtlichen Gegenwart statt.
Ein Bruchstück des alten Gondwanalan-
des − der Indische Subkontinent − driftet
nach Norden und prallt auf die Scholle
Asiens. Die Knautschzone dieses kontinentalen Auffahrunfalles sind die fast
9000 Meter hohen Falten des Himalaya
und übereinandergestapelte Krustenteile
− die Hochplateaus Innerasiens. Beide
Barrieren ließen die Takla-Makan-Wüste
in der chinesischen Provinz Sinkiang und
die Wüste Gobi in der Mongolei und
Nordchina entstehen.

Aber auch am Rande freischwimmen-
der Schollen faltet sich die Erdkruste auf.
Das beste Beispiel dafür ist der nord- und
südamerikanische Doppelkontinent, der
nach Westen driftet. Auf seiner gesamten
Länge von Alaska bis Feuerland schiebt er
Gebirge und Hochplateaus wie eine gewaltige Bugwelle vor sich her. In Nordamerika, wo Westwinde vorherrschen,
hindern diese Bergketten Regenwolken
vom Pazifik daran, ins Binnenland vorzudringen. Große Teile des Kontinents wurden dadurch zur Wüste.

Diese Gebirge und Hochplateaus sind
jedoch nicht − wie der Himalaya − allein

dadurch entstanden, daß die kontinentale Kruste sich zusammenschob. Da die Kontinente nicht wie Eisberge durch Winde und Meeresströmungen bewegt werden, mußten die Geologen nach einem anderen Antriebsmechanismus suchen. Sie fanden zunächst heraus, daß die dünne erkaltete Erdkruste unseren Planeten nicht so gleichmäßig umhüllt wie die Haut einen Pfirsich. Sie besteht aus einem Mosaik von Platten: etwa 70 Prozent werden von Ozeanen bedeckt. Die einzelnen Platten sind jedoch nicht in rein ozeanische oder kontinentale Teile zu trennen. So gehört zur Platte des afrikanischen Kontinents auch die ozeanische Kruste der östlichen Atlantikhälfte und die der westlichen Hälfte des Indischen Ozeans. Aber während der ozeanische Teil der Platten, der Boden der Ozeane, vorwiegend aus schwerem Basalt besteht, bauen sich die Festländer aus leichteren Gesteinen auf.

Eines Tages machten die Geologen eine bedeutende Entdeckung. Zwischen den ozeanischen Krustenteilen, oft genau auf halbem Wege von einem Kontinent zum anderen, bilden sich viele tausend Kilometer lange untermeerische Gebirgsrükken, deren Scheitel der Länge nach von tiefen Grabenbrüchen durchzogen sind. In diesen Gräben steigt unablässig glutflüssiges Magma aus dem Inneren der Erde empor. Doch wahrscheinlich werden die Platten nicht davon auseinandergepreßt, sondern von Konvektionsströmen bewegt, die aus der Erde aufsteigen. Sie entstehen durch Temperaturunterschiede im Erdinnern und infolgedessen durch Wärmeausgleich. Der Vorgang läßt sich auch in einem Glas heißen Tees beobachten, in dem die Blätter auf- und abschweben. Die Konvektionsströme verlaufen entgegengesetzt zueinander; sie reißen dabei die Erdkruste auf und bewegen die entstehenden Einzelplatten wahrscheinlich über eine Art Reibungskopplung an

ihrer Unterseite. Das muß man sich vorstellen wie die Funktion einer Autokupplung. Die Spalten zwischen den Platten werden durch aufsteigendes, glutflüssiges Magma aufgefüllt und abgedichtet. An die auseinanderdriftenden Platten backt dadurch seitlich immer neue Kruste an.

Auch gegenwärtig erleben wir, wie der alte Riesenkontinent weiter auseinanderbricht und ein neuer Ozean geboren wird – in Afrika. Entlang einer 6500 Kilometer langen Schwächezone der Erdkruste, vom Sinai bis zum Sambesi, zerbricht Afrika in mehrere Teile. Die neu entstandenen Einzelplatten, Afrika und Arabien, driften weiter auseinander, dem Öffnen eines Reißverschlusses vergleichbar. Wo dieser Verschluß schon geöffnet ist, erstreckt sich ein junger Ozean, das Rote Meer. Und wie überall, wo einst Kontinente voneinander wegdrifteten, zieht sich auch durch das Rote Meer ein tiefer Grabenbruch.

Obwohl sich stets neue Kruste bildet, vergrößert sich die Erdoberfläche nicht.

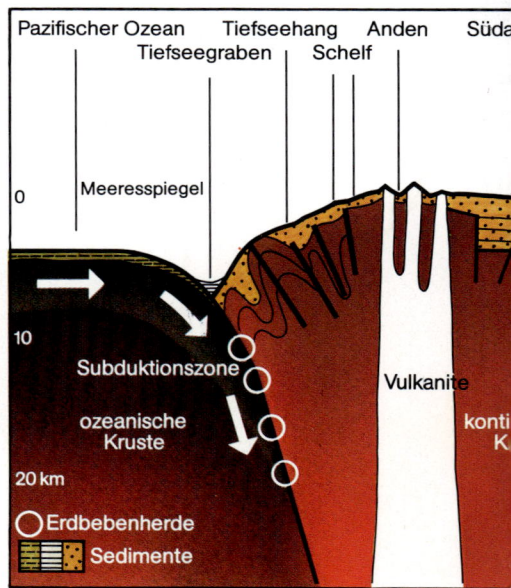

Die komplizierten Vorgänge der Kontinentaldrift und der Bildung neuer Gebirge veranschaulicht der Querschnitt durch die Erdkruste. Vergrößert (Ausschnitt) wird die Region des Zusammenstoßes zwischen dem nach Westen driftenden amerikanischen Festland und der nach Osten driftenden unterseeischen Pazifik-Platte dargestellt

Pazifischer Ozean Tiefseehang Anden Süda
Tiefseegraben Schelf

0 Meeresspiegel

10 Subduktionszone

Vulkanite

ozeanische Kruste

konti K

20 km

○ Erdbebenherde

Sedimente

Deshalb muß es andere Zonen geben, in denen Kruste abgebaut wird. Sie liegen dort, wo die Konvektionsströme abwärts gerichtet sind – in Tiefseerinnen.

Von ihren heißen Geburtsstätten, entlang der mittelozeanischen Grabenbrüche, driftet die neue Kruste seitwärts ab, wird kühler und damit schwerer, weil ihre Dichte größer wird. Schließlich versinkt sie mit den nach unten gerichteten Konvektionsströmen und schmilzt nach einer Jahrmillionen langen Wanderung. Der Kreislauf ist geschlossen.

Wie auf einem endlosen Transportband werden Platten von den Zonen des Aufbaus zu denen des Abbaus befördert. Die kontinentalen Teile der Platten werden langsam mittransportiert. Da sie aber relativ leicht sind, versinken sie nicht mit ins Innere der Erde. Sie behalten über lange Zeit ihren Platz an der Sonne – wie auf einem Gewässer treibender Schaum, der von einem Strudel nicht verschluckt wird. Die kontinentale Kruste sammelt sich daher oft dort an, wo die Konvektionsströme

abwärts gerichtet sind – am Rande von Tiefseerinnen. Besonders deutlich wird dies am gebirgigen Westrand des amerikanischen Doppelkontinents. Auch der Pazifik wird durchzogen von einem System tiefer Grabenbrüche, in denen neues Material emporquillt. Die östlichen, auf diese Weise entstandenen pazifischen Platten driften nach Osten, dem nach Westen driftenden Festland entgegen. Wo sie sich treffen, tauchen sie den an dieser Stelle abwärts gerichteten Konvektionsströmen folgend, unter die kontinentalen Decken. Damit ist unmittelbar vor der Westküste Mittel- und Südamerikas ein Senkungstrog, eine Tiefseerinne entstanden.

Allein durch diese Vorgänge ist es jedoch nicht zu erklären, daß ausgerechnet die Zone des Krustenabbaus durch Gebirge, also durch eine Zone der Krustenerhöhung, markiert ist. Eine wesentliche Rolle spielt dabei die Verwitterung. Staub, Sand und Gesteinsschutt werden durch Winde und Flüsse vom Kontinent herab in die vorgelagerte Tiefseerinne

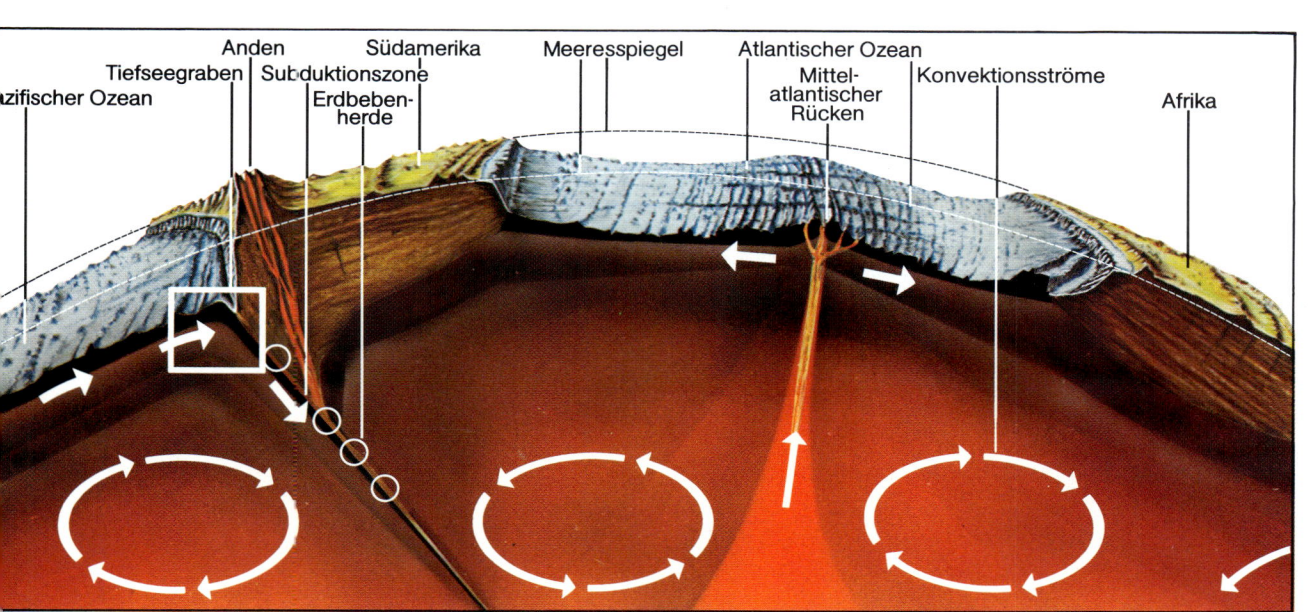

201

Steinpflanzen, Knollen von Korallen vergleichbar, und harte Gräser bilden die letzten Oasen in der Gebirgswüste der Anden in Südamerika. Den regenspendenden Wolken vom Meer gelingt es nicht, die Barriere der höchsten Gipfel über den 4000 Meter hohen Plateaus zu überwinden

transportiert. Allein der Colorado-River trägt täglich 500 000 Tonnen Verwitterungsmaterial in den Pazifik. Genauer muß es heißen: er trug. Denn heute lagert er seine Fracht am Grunde künstlicher Stauseen ab, die deshalb nur eine kurze Lebensdauer haben. Der Colorado entspringt in den schneereichen Rocky Mountains und durchzieht mit seinen zahlreichen Nebenflüssen weite Landstriche wie ein Adernsystem. Dies, zusammen mit seiner Transportkapazität, ist auch der Grund dafür, daß im Westen Amerikas nur wenig Sandwüsten entstanden sind. Die Produkte der Verwitterung gelangen nicht, wie in der Sahara, in abflußlose Binnenbecken, sondern werden in den tiefeingeschnittenen Canyons des Colorado vom Wasser bis ins Meer gespült. Am Grunde der Tiefseerinne lagern sich die Zerfallsprodukte des Landes zusammen mit den Sinkstoffen des Meeres ab. In Millionen Jahren bilden sich mehrere tausend Meter mächtige Ablagerungen. Sie werden in dem Maße immer dicker, wie die Tiefseerinne durch das in ihr eingelagerte Gewicht immer mehr einsinkt. Der Senkungstrog wird zur Keimzelle eines Gebirges.

Die leichten, inzwischen zu Gestein verfestigten Ablagerungen folgen den abwärts gerichteten Konvektionsströmen und gelangen dabei allmählich in eine Tiefe, in der dichteres, schweres Magma vorherrscht. Hier werden sie seitlich zusammengequetscht, verfaltet und teilweise aufgeschmolzen. Im Inneren der Erde, bis zu 100 Kilometer tief, entsteht so der Kern eines neuen Gebirges.

Eines Tages ist das Dichteverhältnis der verschiedenen Massen im Erdinneren so stark gestört, daß die Absenkung in Hebung umschlägt. Wie ein Stück Holz, das zuvor von einem Wasserstrudel nach unten gezogen wurde, so tauchen die kontinentalen und marinen Sedimentgesteine als weitgehend fertig verfaltetes Gebirge an die Erdoberfläche empor. Es schmilzt mit dem alten, inzwischen weitgehend abgetragenen Gebirge am Rande des Kontinents zusammen. Wie bei einem Eisberg ragt von dem jungen Faltengebirge nur die äußerste Spitze aus der Erdoberfläche empor. Sein eigentlicher Körper, bis 50 000 Meter mächtig, bleibt tief eingetaucht im Erdinneren verborgen. Wie die Kontinente wandern, so entstehen auch die Gebirge in Zyklen. Während das neue Gebirge emporsteigt und an den Rand eines Kontinents angeschweißt wird, sinkt vor ihm ein neuer Tiefseetrog ein. Er wird von Anbeginn an mit dem Schutt des jungen Gebirges versorgt. So entsteht abermals die Keimzelle eines neuen Gebirges − der Kreislauf ist geschlossen.

Der relativ leichte und daher als Ganzes nicht „verschluckbare" amerikanische Doppelkontinent wandert beständig nach Westen. Dabei verfaltet und erhöht er sich immer mehr − wie beschrieben. Was er dabei an Breite einbüßt, gewinnt er an Höhe. Die Folge: Für die Regenwolken wird es immer schwieriger, auf die hohen Kontinente zu gelangen. In Südamerika sind ausgedehnte Hochländer der Anden wegen ihrer großen Höhe zu einer trockenen, wüstenähnlichen Landschaft geworden. Den hier von Osten aus dem Amazonasbecken kommenden feuchten Luftmassen gelingt es nicht, in mehr als 4000 Meter Höhe emporzusteigen, ohne ihre Feuchtigkeit zu verlieren. Und das bereits auf einer Breite von mehr als 1500 Kilometern zusammengeschobene, verfaltete und emporgehobene Nordamerika wird ebenso gegen die in der nördlichen Hemisphäre vom Pazifik kommenden Regenwolken abgeschirmt.

Ähnlich wie bei den Wüsten unter den Wendekreisen und in Polargebieten kann es auch bei diesen durch Gebirgsbildung entstehenden Wüsten zu einer Selbstverwüstung kommen. Die Wüsten liefern selbst den Schutt, aus dem neue Gebirge entstehen, die für Regenwolken nur schwer zu überwinden sind.

Im Gegensatz zu den Wüsten der Wendekreise und Polargebiete, die nur in ganz bestimmten Breitengraden entstehen, kann durch solche Gebirgsbildungen praktisch jedes Gebiet der Erde zu einer Wüste werden. Durch ein Zusammenwirken aller Faktoren können sich ganze Teile von Kontinenten zu Wüsten verwandeln. So geschieht es zum Beispiel in Nordamerika. Die Chihuahua- und die Sonora-Wüste im Norden Mexikos und im Süden der USA liegen unter dem nördlichen Wendekreis, ebenso wie die Mojave-Wüste. Nicht jedoch allein die klimatischen Verhältnisse dieser Breitengrade, sondern auch die hohen Küstengebirge in Kalifornien sind in der Mojave-Wüste Ursache dafür, daß die Regenwolken abgeschirmt werden und die genannten Gebiete extrem trocken und heiß sind. Im Tal des Todes, das von Gebirgen nicht nur gegen Regen, sondern auch weitgehend gegen kühlende Winde abgeschirmt ist, werden im Sommer Temperaturen bis 58 Grad Celsius im Schatten gemessen. Die Mojave-Wüste geht im Norden über in die Große-Becken-Wüste, die bereits weit über den Wendekreis hinausgreift. Wie der Name bereits sagt, handelt es sich dabei um ein intramontanes Becken, von Bergen umschlossen − im Westen das pazifische Küstengebirge, im Osten die Rocky Mountains.

Außer diesen großräumigen Wüstenlandschaften liegen im Westen Nordamerikas noch zahlreiche kleine Wüsten, die ihre Existenz alle direkt oder indirekt der Erhöhung der Erdkruste verdanken. Als das Colorado-Plateau aus der Erdkruste emporgehoben wurde, glich der Colorado-River diese Hebung aus, indem er sich immer tiefer in das Plateau hineinfräste.

Im Tal des
Todes in der
amerikanischen
Mojave-Wüste
sind alte Flüsse
in Salz erstarrt,
das sie einst selbst
herbeitrugen. Der
Boden des Tales
ist mit diesen
mineralischen
Ablagerungen bis
zu hundert Meter
hoch aufgefüllt.
Sie blühen an der
Oberfläche bis zu
einem Meter hohen
Gebilden aus

Dadurch entstand ein stellenweise fast 1800 Meter tiefer, terrassenartig gestufter Canyon. Das Innere des Colorado-Canyons – die Oberfläche der einzelnen Terrassen – ist eine Wüste, weil sich durch die Sonneneinstrahlung zwischen den steilen Canyonwänden eine Heißluftglocke aufbaut, auf der der Regen verdampft, bevor er den Boden erreicht. So kann selbst ein Fluß Wüsten entstehen lassen.

Innerhalb der Rocky Mountains im Süden des Bundesstaates Colorado liegt das Alamosa-Becken. Als kleines, hochgelegenes, intramontanes Becken im Innern eines Kontinents von Feuchtigkeit weitgehend isoliert, hat es heiße Sommer und sehr kalte Winter. Mehr als minus 50 Grad Celsius wurden hier gemessen. Oft sind hier die mehrere hundert Meter hohen Sanddünen im Winter mit Schnee bedeckt, und Sand- und Schneestürme treten zusammen auf. Östlich der Rocky Mountains liegt ein breiter Streifen wüstenartig trockenen Landes, der sich bis Südkanada erstreckt. Hier, im Innern des Kontinents, wirkt sich die große Entfernung zu allen Meeren ungünstig aus.

Der gewaltigste zusammenhängende Wüstenraum unserer Erde vom Westrand der Sahara bis an den Ostrand der Wüste Gobi konnte nur durch ein Zusammenspiel aller wüstenbildenden Kräfte entstehen. Persien ist eine Art Übergangszone. Hier beginnen sich die Wendekreiswüsten mit Wüsten zu vermischen, die durch Erhöhungen und Verfaltungen der Erdkruste entstanden sind. Von hier nach Nordosten über Mittelasien bis zur Takla-Makan-Wüste und zur Gobi dominieren hochgelegene, intramontane, mit Salz und Sand gefüllte Beckenlandschaften, die von hohen Gebirgen gegen regenspendende Wolken abgeschirmt werden. Wie in den großen Wüsten Nordamerikas herrscht hier ein rauhes Klima: heiße Sommer und sehr kalte Winter, in denen die

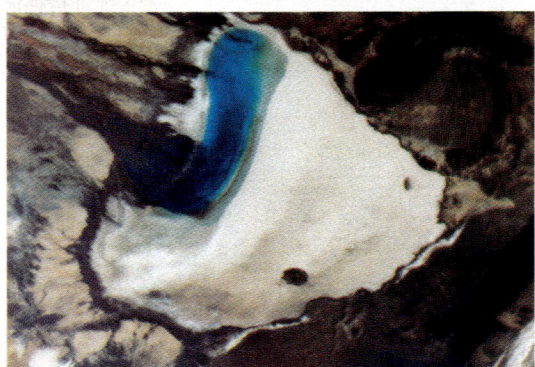

Erst die Aufnahmen eines Satelliten über mehrere Jahre offenbaren die Dynamik von Salzseen in der Wüste. In einem fernen Gebirge des Iran ist Regen niedergegangen. Er schwemmt Salz aus dem Gestein und transportiert es in die Ebene einer riesigen Trockenpfanne. Für kurze Zeit bildet sich ein See. Als der Fluß wieder versiegt, trocknet der See aus. Zurück bleibt eine neue Salzschicht

wenigen Niederschläge oft als Schneestürme über das Land hereinbrechen.

So erstaunlich sich das zunächst anhören mag: Daß Wüsten sich auf der Erde
ausbreiten, wird langfristig auch durch
eine außerirdische Wüste gefördert –
vom Mond. Es ist allgemein bekannt, daß
das Nachtgestirn das Geschehen auf der
Erde beeinflußt – jedermann kennt Ebbe
und Flut. Wie grundlegend diese Einflüsse
indes auf Vergangenheit und Zukunft unseres Planeten tatsächlich sind, wissen nur
einige Fachgelehrte.

Die Erde, wie man weiß, hält mit ihrer
Schwerkraft den Mond in seiner Umlaufbahn fest. Umgekehrt wirkt aber auch die
geringere Schwerkraft des Mondes auf die
Erde ein. Alles, was sich auf der dem
Mond zugekehrten Seite der Erde befindet, wird ein wenig leichter, als wenn die
Schwerkraft der Erde allein wirksam wäre. Durch diese Anziehung des Mondes
entstehen auf den Weltmeeren auch die
Flutberge der Gezeiten.

Wenn wir beobachten, wie eine Flut-
welle auf die Meeresküste zuläuft oder in
den Unterlauf eines Flusses eindringt, so
ist dies eine Täuschung; in Wirklichkeit
bleiben die Flutberge fest fixiert auf den
Mond stehen, da sie ja von seiner Anziehung festgehalten werden. Nicht die Flutberge bewegen sich, sondern die Erde, die
sich ständig unter ihnen wegdreht.

Die Auswirkung ist von den Fachleuten
eingehend untersucht und erklärt worden.
Zunächst: Wenn vom Wind aufgeworfene
Wellen gegen eine Küste branden, geht
dabei die Bewegungsenergie des Wassers
verloren. Bei den Flutbergen ist das anders. Sie werden von einer außerirdischen
Kraft verursacht. Wenn die Küste mit dem
Flutberg zusammenstößt, kostet das die
Erde Rotationsenergie. Es ist eine Energie, die unser Planet während seiner Entstehung einmalig mitbekommen hat. So
wird also durch Ebbe und Flut die Erde

jeden Tag ein klein wenig mehr abgebremst. Und jeder Tag wird durch diese
„Mondbremse" unweigerlich länger als
der vorausgegangene. Dabei handelt es
sich zwar nur um direkt nicht meßbare
Bruchteile einer Sekunde, aber in kosmischen Zeitspannen sammeln sie sich an.
Im zweiten Kapitel habe ich darüber berichtet, wie man an den Tagesringen versteinerter Korallen nachweisen kann, daß
vor 400 Millionen Jahren ein Jahr noch
395 Tage hatte, weil jeder Tag damals nur
22 Stunden währte. Und als vor 440 Millionen Jahren die ersten Pflanzen aus den
Ozeanen auf die Kontinente vordrangen,
muß sich unsere Erde in noch kürzerer
Zeit einmal um sich selbst gedreht haben.

Da sich die „Mondbremse" niemals lok-
kert, werden die Tage auch in der Zukunft
immer ein wenig länger werden. Und eines sehr fernen Tages – in mehreren
Milliarden Jahren – wird es keinen Unter-
schied mehr geben zwischen der Erdumdrehung und den Flutbergen. Dann wird
die Erde dem Mond stets dieselbe Seite
zuwenden. Ein irdischer Tag, nach der
Erdumdrehung bemessen, wird ebenso
lange währen wie ein Umlauf unseres Trabanten: einen Monat. Ein Jahr wird dann
nur noch zwölf Tage haben und in einem
dieser Zukunftsjahre, am Ende aller Zeiten, wird jeweils zwei Wochen lang die
Sonne scheinen, und zwei Wochen lang
wird Nacht sein.

Weil die Tage länger werden, werden
auch die Temperaturen zwischen Tag und
Nacht immer extremer. Die heißen Luftmassen der sonnenbeschienenen Erdseite
werden ständig mit hoher Geschwindigkeit zur kalten Nachtseite strömen. Pau-
senlos werden Staub- und Sandstürme um
den Erdball toben und die ganze Erde am
Ende verwüsten.

Aber auch der Mensch trägt zur Ausbreitung der Wüsten bei. Darüber wird zu
berichten sein.

Grenzen der Anpassung

Der größte Teil der Pflanzen und Tiere in der Wüste lebt
unauffällig, dem menschlichen Auge durch bizarre Anpassungen an die
Umwelt verborgen. Die meisten Lebensformen in der Wüste offenbaren
sich darum nur demjenigen, der um die Geheimnisse des Lebens
und seine Fähigkeit zur Verwandlung weiß

Ein Chamäleon
in der Namib-Wüste
tankt Wärme in der
Morgensonne auf dem
Grat einer Düne. Wie
alle Tiere in dieser
extremen Wüste, hat es
bizarre Anpassungen
entwickelt, um in
der lebensfeindlichen
Umwelt zu existieren

Was das Auge des Chamäleons fixiert hat, wird die lange klebrige Zunge blitzschnell einfangen. Wie viele Fleischfresser in der vegetationslosen Namib-Wüste, deckt das Reptil seinen Bedarf an Flüssigkeit ausschließlich durch die Jagd auf Schwarzkäfer

Eine Seiten-
winder-Viper lauert,
eingegraben in die
Oberfläche einer Düne
in der Namib-Wüste,
auf Beute. Selbst ihre
Schuppen und die Augen
gleichen den Sandkörnern.
Die Haltung ihres Kör-
pers, zusammengezogen
wie eine Spiralfeder,
erlaubt ihr ein
blitzartiges Vor-
schnellen

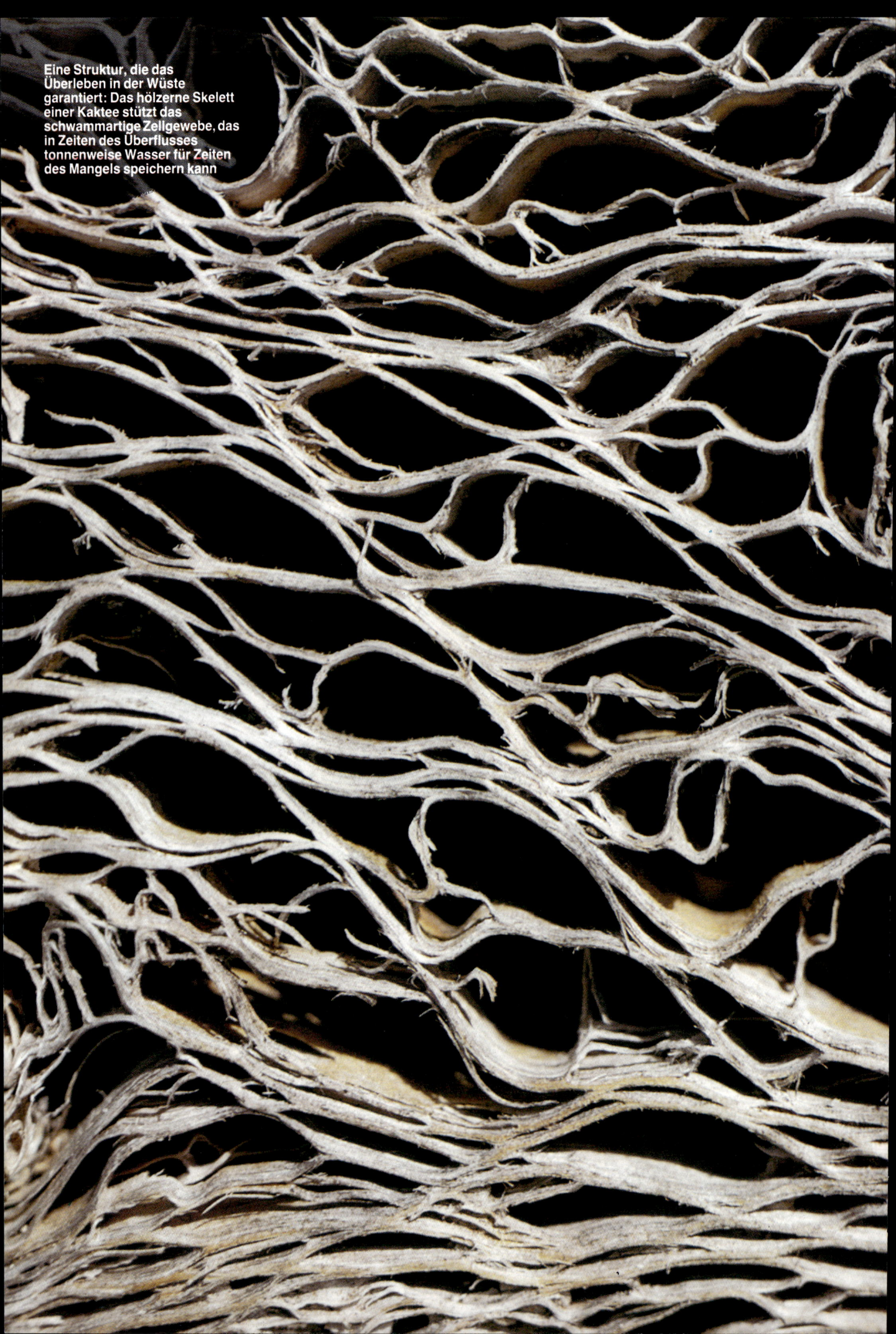

Eine Struktur, die das Überleben in der Wüste garantiert: Das hölzerne Skelett einer Kaktee stützt das schwammartige Zellgewebe, das in Zeiten des Überflusses tonnenweise Wasser für Zeiten des Mangels speichern kann

Zwischen Rosen-
quarz, Diamanten
und Kieseln haben
knollenförmige
Pflanzen in der Namib-
Wüste eine Mimikry
angenommen: Sie
sehen aus wie Steine,
um sich vor ihren
Freßfeinden
zu tarnen

Nach Jahren
der Dürre hat ein
kurzer, aber kräftiger
Regenschauer die
Mojave-Wüste in ein
Blütenmeer verwandelt.
In Tagen entwickelten
sich die Sandrosen
aus Samen, die — ein-
gebettet im Wüsten-
sand — ihre Keimfähig-
keit bewahrt haben.
Kurze Zeit später
wird das Ganze wie
ein Spuk wieder
vorbei sein

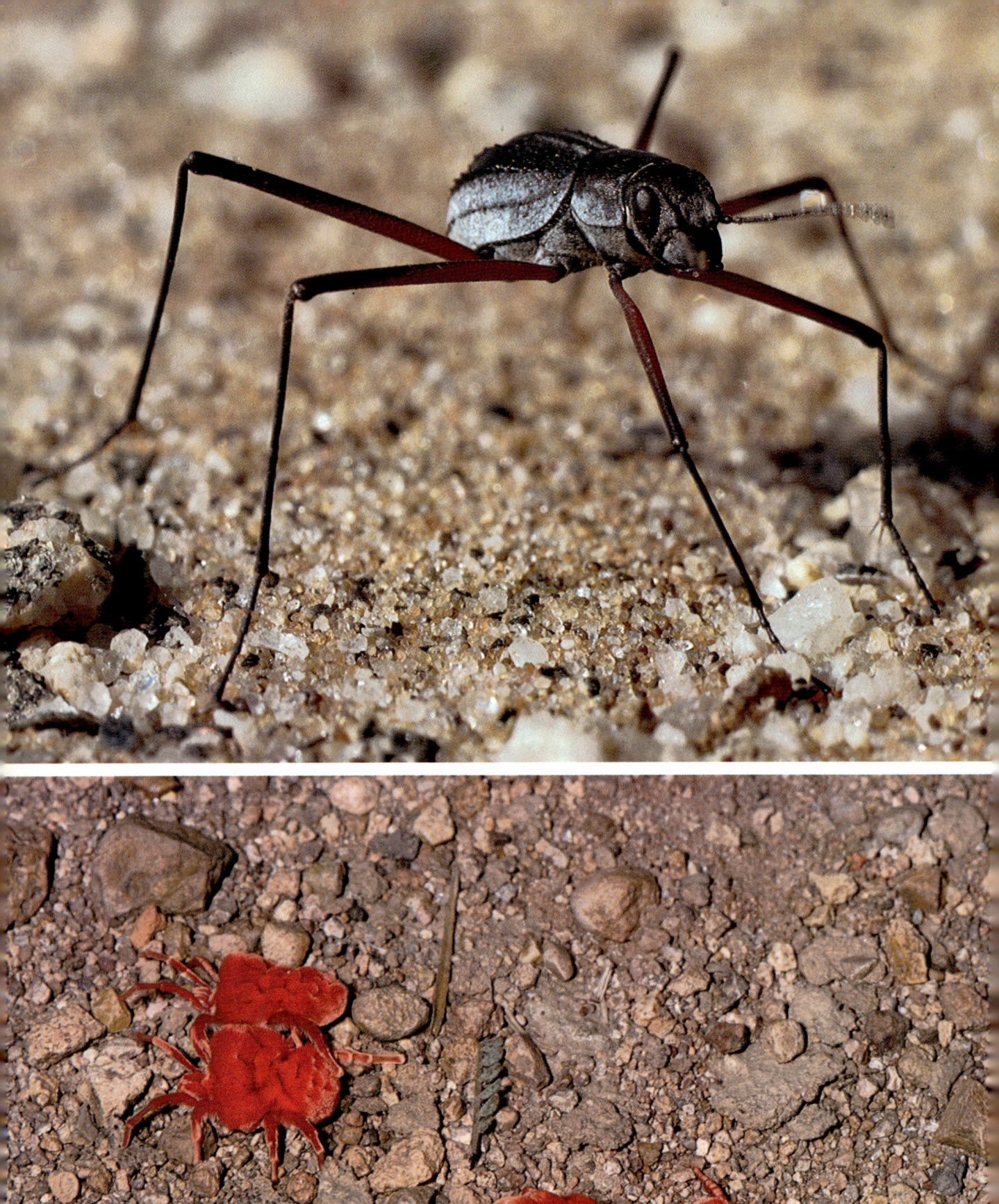

ungewöhn-
n Lebensbedin-
gen in der Wüste
wangen ungewöhn-
e Lösungen. Ein
nwarzkäfer erhebt
nen Körper auf stel-
artigen Beinen über
n glutheißen Boden.
feuerrote Färbung der
senmilben ver-
reckt Freßfeinde.
Skorpion trägt sei-
n Nachwuchs auf
n Rücken, um ihn zu-
ich vor Hitze und
folgern zu schützen.
chts fluoreszieren
ige Arten von
orpionen, wenn
mit UV-Licht
estrahlt
den

Bäume in der
australischen Wüste
saugen mit außer-
gewöhnlich langen Wur-
zeln Grundwasser aus
der Tiefe. So entsteht
unter ihren Kronen ein
Mikroklima für andere
Pflanzen — kleine
Inseln von Gräsern
und Blumen

Die Trockenheit
in der nordamerika-
nischen Wüste
verhindert, daß ein
umgestürzter Baum
verrottet. In Jahr-
hunderten haben
umlaufende starke
Winde den Stamm
korkenzieherartig
verdreht

Eine Katastrophe bahnt sich an. Ein einzelnes Weibchen der Wüstenheuschrecke bringt mit seinem Legebohrer mehr als hundert Eier in den feuchten Wüstenboden ein. Nach der Reife schlüpfen bis zu 16000 Heuschrecken pro Quadratmeter. Zu Milliarden vereint, ziehen sie mit günstigen Winden fort, um in neuen Landstrichen — wie hier in Somalia — alles Grün zu verzehren

Für Menschen aus feuchten, fruchtbaren Klimazonen ist die Wüste der Inbegriff für Verlassenheit, Unfruchtbarkeit und Lebensfeindlichkeit. Das bedeutet jedoch nicht, daß es in dieser Landschaft außerhalb der wenigen Oasen keinerlei Leben gibt. Auch hier existiert eine große Zahl pflanzlicher und tierischer Lebensformen. Die Wüste ist jedoch voll von Gegensätzen. In ihrem Innern fristen auf Hunderttausenden von Quadratkilometern vielleicht nur ein paar Mikroorganismen ihr Leben im Schutze von Gesteinsspalten. Hier vermögen keine höherentwickelten Lebensformen mehr zu existieren. Doch es gibt in den Wüsten auch Gegenden, in denen die Fülle des Lebens zu bestimmten Jahreszeiten so groß ist, daß man sie mit der anderer Landschaften vergleichen kann. Allerdings: Der größte Teil der Pflanzen und Tiere lebt hier unauffällig, dem menschlichen Auge durch bizarre Anpassungen an die Umwelt verborgen, oder er existiert nur im Abstand vieler Jahre für kurze Zeit – lediglich dann, wenn die Lebensbedingungen günstig ausfallen. Die meisten Lebensformen der Wüste offenbaren sich darum nur demjenigen, der um die Geheimnisse des Lebens, um seine Verwandlungsfähigkeit weiß und der über viel Zeit verfügt, zu warten und zuzuschauen, monatelang, jahrelang . . .

Pflanzliche und tierische Existenz in den Wüsten muß sich hauptsächlich mit Wasser- und Nahrungsmangel, Hitze und Kälte auseinandersetzen. Dazu kommt die Verwitterung, die das Gestein zu scharfkantigen Trümmern zersprengt und am Ende alles zu Staub und Sand verwandelt, auf deren gleichsam flüssiger, windbewegter Oberfläche pflanzliche Ansiedlung und tierische Fortbewegung sehr schwierig sind.

Grundlage fast des gesamten tierischen und menschlichen Lebens auf unserer Erde sind die Pflanzen. Abgesehen von wenigen Ausnahmen niederer Tiere, die sich von Bakterien ernähren, stehen grüne Pflanzen am Beginn jeder Nahrungskette. Sie allein können mit ihren Blättern wie mit Antennen die Energie des Sonnenlichtes auffangen und mit seiner Hilfe aus anorganischen Substanzen – Kohlendioxyd und Wasser – organische Nahrung aufbauen. Die Pflanzen der Wüste bieten den Tieren aber nicht nur Nahrung, sondern stellen in einer Landschaft, deren Oberfläche nur sehr selten Trinkwasser in Flüssen und Teichen bietet, oft auch das einzige Reservoir für den Feuchtigkeitsbedarf dar. Viele Tiere, die in der Wüste leben, sind unabhängig von Oberflächenwasser und nehmen die notwendige Flüssigkeit zusammen mit der Nahrung auf: aus den Pflanzen, wenn sie Pflanzenfresser sind, aus pflanzenfressenden Tieren, wenn sie in der Nahrungskette als Fleischfresser folgen. Die Pflanzen als erstes Glied in dieser Kette müssen sich das lebenswichtige Wasser auch als erste beschaffen. Das freilich ist in der Wüste sehr schwierig.

Die Voraussetzungen für pflanzliches Leben sind in der Wüste stark verschoben. Während das Sonnenlicht in gefährlichem Übermaß vorhanden ist, bleibt Wasser knapp und selten oder fehlt völlig. Die Wüstenpflanzen, die dennoch in solchen Gegenden dauerhaft überleben und deren Wurzeln oft mehrere Jahre im knochentrockenen Boden vergeblich nach Wasser suchen, mußten zahlreiche tiefgreifende Anpassungen an Trockenheit und Hitze entwickeln.

Die sicherlich bekanntesten Wüstenpflanzen sind die Kakteen. Hunderte verschiedener Arten von der Größe eines Fingerhuts bis zu 20 Meter hohen Säulen sind in den Trockengebieten beider Amerikas heimisch. Erst von dort brachten Seefahrer einige Arten mit nach Südeuropa und Afrika. Die Kakteen vereinigen in sich eine Fülle von Anpassungen an ein Leben in der Wüste, und die Wüstenforscher haben schon eine Reihe von Einzelheiten erkundet, wie sie entstanden sind und wie sie funktionieren.

Die Säulenkakteen der Sonora-Wüste im Süden der USA und im Norden Mexikos stehen so dicht beieinander, daß sie den Eindruck eines Waldes vermitteln, der von einem Sturm seiner Kronen und Blätter beraubt wurde. Botaniker haben herausgefunden, daß die Säulenkakteen sich aus Bäumen entwickelt haben. Als große Teile Amerikas durch Kontinentaldrift und Auffaltung hoher Küstengebirge zur Wüste wurden, vertrockneten die ursprünglichen Wälder und viele Pflanzenarten starben aus. Bestimmte Strukturen der Kakteen zeigen jedoch, daß einige Arten in der Lage waren, die große Kata-

Nach einem Regen haben sich die Äste einer Saguaro-Kaktee in der amerikanischen Sonora-Wüste unter der Last des aufgesogenen Wassers heruntergebogen. Aus ihren Spitzen sprießen tellergroße Blüten

strophe zu überleben. Sie paßten sich dem neuen Klima über Millionen Jahre und unzählige Generationen an. In dem Maße, wie die Wolken abnahmen und die Sonne immer stärker schien, waren die anpassungsfähigen Bäume und Sträucher zunächst gezwungen, ihre Blätter zu verkleinern und schließlich ganz auf sie zu verzichten. Denn Blätter sind hitzeempfindlich und trocknen zu schnell aus. Diese Gewächse verlagerten das grüne Chlorophyll, das für ihre Nahrungsproduktion unerläßlich ist, nun in den Stamm, und breiteten ihr Wurzelsystem immer weiter aus, um nach seltenen und spärlichen Niederschlägen ausreichend Wasser aus dem Boden zu saugen. Die oft langen Dürrezeiten zwischen den unregelmäßigen Regenfällen überbrücken die Kakteen, indem sie die ehemalige Zellstruktur der Baumstämme zu einem schwammähnlichen Wasserspeicher verwandelten. Typisch für fast alle Arten dieser Pflanzenfamilie ist ein gerippter, in Falten gelegter dehnbarer Stamm. Ein 20 Meter hoher Saguaro-Säulenkaktus beispielsweise kann darin bis zu 8000 Liter Wasser aufnehmen – das entspricht dem Inhalt eines mittleren Tanklastwagens. Dieser Vorrat reicht, um eine zweijährige Dürre zu überleben.

Die grünen Wasserfässer in der Wüste erregen natürlich die Begehrlichkeit vieler Tiere, da sie nicht nur frisches Futter bieten, sondern auch Wasser. Die Kakteen schützen sich dagegen, indem sie ein dichtes Stachelspalier ausbildeten, das sie für Tier und Mensch zu einer schwer einnehmbaren Festung verwandelte. Außer der Abwehr von Freßfeinden erfüllt dieser Stachelpanzer aber noch andere Aufgaben. Da Pflanzen ortsgebunden sind und also nicht wie Tiere während der heißen Stunden des Tages einen schattigen Ort aufsuchen können, mußten sie besondere Methoden entwickeln, um einer lebensgefährlichen Überhitzung zu entgehen. Die Stacheln vieler Arten stehen so dicht, daß sie die darunterliegende Pflanzenhaut wirkungsvoll beschatten. Darüber hinaus besitzen die Stacheln oft eine helle silberne Färbung, so daß ein großer Teil der Sonnenstrahlen zurückgeworfen wird. Für besonders heiße Zeiten haben viele Kakteen eine Art eigener Klimaanlage entwickelt. Zwischen den kleinen Stachelpolstern auf dem Grat der Rippen liegen zahllose winzige Düsen. Durch sie versprüht die Kaktee Wasser, um drohender Überhitzung entgegenzuwirken. Dabei entsteht Verdunstungskälte, die die Pflanze kühlt. Darüber hinaus hat die Anordnung von Stachelpanzer und Rippen noch eine andere Funktion: Zwischen ihnen verfängt sich der Wüstenwind und bildet Luftwirbel, die bewirken, daß die Feuchtigkeit aus den Düsen nicht sofort verfliegt. Die Konstruktion der Kaktee sorgt also für eine maximale Entfaltung der Verdunstungskälte.

Eines der schwierigsten Probleme für die Kakteen war der störungsfreie Ablauf ihrer Nahrungsmittelproduktion. Es versteht sich von selbst, daß die Photosynthese per Sonnenlicht nur tagsüber stattfinden kann. Das für diesen Vorgang nötige Wasser entnehmen die Kakteen ganz einfach ihren Reserven. Die Beschaffung des anderen Rohstoffs, des Kohlendioxyds, ist dagegen problematisch. Normalerweise müßten auch diese Pflanzen Poren in

Ungeachtet des Stachelspaliers meißelt der Giller-Specht seine Wohnhöhle in den Stamm einer baumhohen Säulenkaktee in der amerikanischen Wüste. Wohnungsnachfolger ist gelegentlich die zierliche, nur staren große Elfeneule

der Außenhaut öffnen, um der Luft das Kohlendioxyd entziehen zu können. Das aber wäre tagsüber lebensgefährlich, da durch die Poren kostbares Wasser verdunsten würde. Die Lösung, die die Kakteen für dieses schwierige Stoffwechselproblem fanden, kann man mit Recycling bezeichnen.

Photosynthese und Atmung sind gegenläufige Vorgänge. Bei der Photosynthese bauen die Pflanzen zunächst ja mit Hilfe des Sonnenlichtes aus Wasser und Kohlendioxyd energiereiche Nahrungsmoleküle auf − Zucker. Dabei bleibt Sauerstoff als Abfall übrig, den die Pflanzen ausgasen. Nachts kehren die Pflanzen den Vorgang um. Sie atmen Sauerstoff ein, um mit seiner Hilfe die produzierten Nahrungsmoleküle zu verbrennen; die zerfallen dabei wieder in die Ausgangssubstanzen der Photosynthese, zu Kohlendioxid und Wasser. Als Abfall werden nun sie ausgegast. Ein ewiger Kreislauf. Die Abfallprodukte des einen chemischen Vorgangs bilden die Bausteine des anderen.

Die Kakteen nun haben die Fähigkeit entwickelt, das abgefallene Kohlendioxyd und wahrscheinlich auch das Wasser nicht auszugasen, sondern es in einem geschlossenen *Recycling process* der Photosynthese nutzbar zu machen. Eine Kaktee würde aber niemals wachsen, wenn sie der Photosynthese nur die gleiche Menge Kohlendioxyd zuführt, die sie aus ihrer Atmung zurückbehalten hat. Da sie wie alle Pflanzen aus einem Teil ihrer Nahrungsmoleküle auch ihre Körpersubstanz aufbaut, muß sie zusätzlich Kohlendioxyd aus der Luft aufnehmen. Doch durch die Rückführung des für die Photosynthese notwendigen Kohlendioxyds kann die Kaktee ihre Poren am Tage geschlossen halten. Sie öffnet sie erst nachts, wenn die Verdunstung wesentlich geringer ist.

Etliche Kakteenarten könnten gar nicht existieren, würden ihnen nicht andere Pflanzen „Geburtshilfe" leisten. Da sie in ihren ersten Lebensjahren sehr empfindlich gegen direkte Sonnenbestrahlung sind, können sie nur im Schatten anderer Pflanzen aufwachsen. Der artspezifisch bevorzugte Schattenspender zum Beispiel der Saguaro-Säulenkakteen ist der Mesquitebaum. Die Samen der Säulenkakteen gelangen als unverdauliche Nahrungsreste mit Vogelkot unter die Äste dieses Baumes.

Der Mesquitebaum hat sein Problem der Wasserbeschaffung auf ganz andere Art gelöst. Nur so ist es möglich, daß sich zwei Arten auf engstem Raum beim Kampf ums Überleben nicht tödliche Konkurrenz machen. Im Gegensatz zu den Kakteen besitzt der Mesquitebaum senkrecht in die Tiefe führende Wurzeln. Er zapft damit Gesteinsschichten an, die aus fernen Gebirgen mit reichem Niederschlag Grundwasser heranführen. Diese natürliche Fernleitung versorgt den Baum nicht selten über hunderte von Kilometern mit Wasser. Auf diese Weise erklärt sich, daß der Mesquitebaum selbst in extremen Trockenperioden, wenn sogar die Kakteen zusammenschrumpfen, weil ihr Wasservorrat zur Neige geht, einer saftiggrünen Oase gleich in der verdorrten Landschaft ausharrt.

Den Rekord bei der Suche nach Grundwasser halten die Akazien in der Sahara. Bis zu 80 Meter tief reichen ihre Wurzeln. Sie sind damit − einzigartig in der Pflanzenwelt − in der Lage, ihren Durst mit fossilem Grundwasser zu stillen − mit Regenwasser, das vor Jahrzehntausenden vom Himmel fiel. Nur so erklärt sich die wundersame Erscheinung, daß man in der Sahara manchmal in Gebieten ohne jedes Oberflächenwasser auf grüne Akazien trifft. Als Jungpflanzen sind sie natürlich wie andere Gewächse von den seltenen und unregelmäßigen Niederschlägen der Gegenwart abhängig. Die Akazien scheinen sich in den ersten Lebensjahren kaum zu entwickeln, sie werden nicht größer. Aber dieser Schein trügt. Während Bäume im tropischen Regenwald mit geballter Kraft nach oben zum Licht drängen, versuchen die jungen Akazien zunächst, mit aller Energie ihres Wachstums nach unten zum Wasser zu gelangen.

Auf der Suche nach Wasser im Kampf ums Überleben haben einige Pflanzen der Wüste Anpassungen entwickelt, die weit von der Norm abweichen. Zum Wesen der Bäume gehört es, daß sie ihren Standort nicht verlegen können. Diese Ortsgebundenheit bedingt einen festen, unveränderlichen Untergrund. Schon deshalb sind Gebiete von Wanderdünen denkbar ungünstige Lebensräume für Bäume. Sie würden von den wandernden Sandmassen verschüttet oder ihre Wurzeln würden freigelegt werden; sie würden umstürzen, absterben. Und doch gibt es eine Ausnahme – wandernde Bäume, die dem Wasser folgen. Sie wachsen auf den Kämmen von Wanderdünen und sind so klein, daß man sie für Krüppelbüsche halten könnte. Trotzdem gehören sie zur Pflanzengruppe der Bäume. Der Abfraß durch Tiere und vor allem der starke Wind, der den Untergrund, in dem sie wurzeln, vorantreibt, verdammen sie zur Kleinheit. Vom Wind verformt, bildet ein schmächtiger Stamm meistens eine flache, doppelte S-Kurve, als setze sich die geschwungene Form der Sandwogen in ihnen fort.

An der dem Wind zugewendeten Dünenseite werden die Wurzeln freigelegt und sterben ab. Zugleich bilden die Bäume an der windabgewandten Seite, wo sich der Sand wieder ablagert, ständig neue Wurzeln aus. Dadurch ist die Pflanze in der Lage, die Wanderung der Düne mitzumachen. Es handelt sich dabei nicht um ein mechanisches Vorwärtskriechen der ganzen Pflanze einschließlich ihres Stammes, sondern um ein Wurzelwachs-

tum. Bei fortschreitender Verlagerung der Düne muß die Pflanze immer wieder ihren alten Stamm aufgeben und aus Wurzelverdickungen einen neuen ausbilden. Ausgelöst wird das gerichtete Wurzelwachstum durch die Suche nach Feuchtigkeit, die im Inneren der Dünen relativ hoch sein kann.

Die Lebensbedingungen in der Wüste sind gnadenlos. Wer kein eigenes Revier besitzt, in dem Nahrungs- und Trinkkonkurrenten rigoros ausgeschaltet werden, kann nicht überleben. Da die ortsgebundenen Pflanzen, anders als die Tiere, nicht aktiv gegen Eindringlinge vorgehen können, haben sie andere Verteidigungsmechanismen ausgebildet. Typisch für Pflanzengesellschaften der Wüste ist, daß die Individuen der gleichen Art immer in einem ganz regelmäßigen Abstand zueinander wachsen, so daß auf riesigen Flächen feste Muster entstehen. Die Abstände ergeben sich aus dem Konkurrenzkampf der Wurzeln um das Wasser. Aus den Abständen der Pflanzen läßt sich sehr genau die Menge des Niederschlages ablesen. Je trockener ein Gebiet, desto größer der Abstand.

Wo alte Pflanzen wachsen, die mit ihrem entwickelten Wurzelsystem alle verfügbare Feuchtigkeit aufsaugen, besteht für junge Pflanzen nicht die geringste Aussicht, einen Platz zu erobern.

Mit welchen passiven, aber äußerst wirksamen Methoden es Pflanzen verhindern, daß sich Exemplare der gleichen Art zu nah beieinander ansiedeln, dafür ist wieder der Mesquitebaum ein gutes Beispiel. Vergräbt man seine Samen und bewässert sie reichlich, so passiert dennoch überhaupt nichts. Erst ein Tier verhilft dem Samen zum Keim. Es ist der Maultierhirsch, der sich dem Leben in der Sonora-Wüste erfolgreich angepaßt hat. Die Samen des Mesquitebaumes keimen sofort, nachdem sie die Verdauungsorga-

ne des Hirsches passiert haben. Der Grund dafür ist, daß der Samen des Mesquitebaumes eine keimungshemmende Schutzhülle besitzt, die von den Verdauungssäften des Tieres aufgelöst werden muß. Die Keimfähigkeit des Samens wird dabei nicht beeinträchtigt. Wenn der Samen mit dem Kot des wandernden Tieres ausgeschieden wird, so geschieht das in der Regel weit von jenem Baum entfernt, von dem er stammt. Diese reichlich komplizierte Methode garantiert, daß der Mesquitebaum weit verbreitet wird und sorgt obendrein dafür, daß der lebenswichtige Abstand zwischen den Einzelexemplaren erhalten bleibt. Andere Arten lösen das Problem, die Samen nicht unter der Elternpflanze keimen zu lassen, indem sie ihre Saat mit einer Schutzhülle versehen, die erst durch mechanischen Abrieb beseitigt werden muß, bevor die Frucht keimen kann. Dies besorgt der Wind, wenn er die Samen über den rauhen Boden forttreibt.

Im Kampf um ihr eigenes Wassereinzugsgebiet ist den Wüstenpflanzen jedes Mittel recht. Es scheint so, daß manche Arten aus ihren abgefallenen Blättern giftige Substanzen ausscheiden und damit die Ansiedlung junger Pflanzen in der Nähe verhindern. Ein chemischer Kampf gegen den eigenen Nachwuchs – eine Geburtenkontrolle als letztlich einzige Möglichkeit, eine Überbesiedlung zu verhindern und das Überleben der Art zu sichern.

Viele Pflanzen haben bei diesem Kampf einen noch anderen Weg eingeschlagen. Sie versuchen erst gar nicht, sich der Lebensfeindlichkeit der Wüste dauerhaft zu widersetzen. Nur nach Regenfällen bilden sie oberirdische Teile, Stengel und Blätter aus, um Photosynthese zu betreiben. Während der Dürrezeit leben sie dann von ihren in Knollen und Wurzeln gespeicherten Nahrungsvorräten. Um diese mög-

lichst lange zu strecken – denn der nächste Regen kann jahrelang ausbleiben –, reduzieren sie ihre Stoffwechselfunktionen weitgehend, um gleichsam scheintot jahrelang zu überleben.

Während einige dieser Pflanzen in trockenen Zeiten ihre oberirdischen Teile völlig absterben lassen, werfen andere, wie der Ocotillo-Strauch in der Sonora-Wüste, nur ihre Blätter ab. Auch beim Fettblattbaum der Sahara sterben die Blätter zu Beginn der Dürrezeit ab. Allerdings fallen sie nicht herunter, sondern hängen zäh und ledern oft noch jahrelang an den Ästen. Mit dieser dichten Decke beschattet der Baum nicht nur seine Äste und seinen Stamm, sondern auch den Boden.

Der Fettblattbaum in der Sahara gehört zu den wenigen Pflanzen, die jahrelange Dürre oberirdisch wie scheintot überleben können. Die meisten Arten dagegen überdauer nur in Form ihrer widerstandsfähiger Samen. Sie keimen und blühen lediglich für kurze Zeit nach seltenem Regen

Das ist außerordentlich wichtig, denn dieser Bodenschatten verhindert, daß die in den Wurzeln gespeicherte Feuchtigkeit allzu schnell verdunstet. Der „Sonnenschirm" fällt erst beim nächsten Regen ab, wenn der Baum neue Blätter treibt.

Ich besuchte wieder einmal ein Gebiet in der nordwestlichen Sahara, das mir von zahlreichen Expeditionen seit langem vertraut war. Diesmal erkannte ich die Gegend jedoch kaum wieder. Die von der Sonne ausgeglühte, schwarze Gesteinswüste hatte sich in ein leuchtend gelbes, im Wind wogendes Blütenmeer verwandelt, das sich bis über die abgerundeten Bergketten fern am Horizont erstreckte. Die Blumen standen so dicht, daß ich keinen Schritt tun konnte, ohne Dutzende von ihnen niederzutreten. Als ich nur zwei Wochen später denselben Weg zurückfuhr, war das Ganze wie ein schöner Traum vorbei. Die Pflanzen waren abgestorben, ihre Stengel von der Sonne ausgeblichen. Sie erlitten nun das gleiche Schicksal wie das zerborstene Gestein, zwischen dem sie emporgeschossen waren. Der sandbeladene Wind zerschmirgelte sie zu Staub. Nach ihrem Tod zerfielen sie wieder zur Grundsubstanz der Wüste, zu unbelebter Materie.

Die kurze lebensfreundliche Periode — ausgelöst von lokalen heftigen Regenfällen — jedoch hatten die Pflanzen genutzt, um Myriaden winziger Samen zu produzieren. Zwischen den Steinen liegend und eingebettet im Sand, können sie im Notfall jahrzehntelang Trockenheit und Hitze überstehen und keimfähig bleiben. Nur diese große Widerstandsfähigkeit der Samen garantiert den Fortbestand der Pflanzenart. Wenn es irgendwann einmal wieder regnet, beginnen die Samen zu keimen

Ein sintflutartiger Regen ist über der kalifornischen Mojave-Wüste niedergegangen. Da der staubtrockene Boden das Wasser nicht schnell genug aufsaugen kann, kommt es zu großflächigen Überflutungen

und eine neue Pflanzengeneration erwacht zum Leben. Diese sogenannten ephemeren, das heißt nur kurz erscheinenden Pflanzen führen eine Existenz, die sich auf das Prinzip der Arterhaltung reduziert.

Zugleich mit den Pflanzen entwickeln sich in kurzer Zeit zahlreiche Insektenarten, die die Blüten bestäuben. Genau wie die Pflanzensaat, so sind auch ihre Eier so widerstandsfähig, daß sie jahrelang auf eine Chance zur Entfaltung ihres Lebens warten können.

Diese Lebensbereitschaft auf Abruf birgt jedoch ein Risiko. Wenn nämlich bereits ein geringfügiger Regenschauer die Samen zum Keimen bringen würde, ohne daß die Wassermenge ausreichte, um den Lebenszyklus zu vollenden, würden die Keimlinge verdorren und die Pflanzenart wäre zum Aussterben verurteilt. Keimungshemmende Stoffe in der Schutzhülle der Samen verhindern dies jedoch. Erst wenn diese durch eine genau bemessene, für den gesamten Lebenszyklus der Pflanze ausreichende Regenmenge ausgewaschen sind, keimen die Samen.

Erstaunlich ist, daß die Samen vieler ephemerer Pflanzen selbst dann noch nicht keimen, wenn es ausgiebig geregnet hat und andere Arten längst in voller Blüte stehen. Durch Beobachtungen in der Mojave- und in der Sonora-Wüste und durch Experimente im Treibhaus hat man versucht, dieses Phänomen zu erklären. In jenen Wüsten kann es zweimal im Jahr regnen – im Winter und im Sommer. Man fand heraus, daß die Samen gewisser Pflanzen nur nach winterlichem Regen keimen. Andere Arten entwickeln sich nur nach den Gewittern im Spätsommer. Die Samen der Arten, die auf winterlichen Regen reagierten, keimten nur, wenn die Bodentemperatur der Jahreszeit entsprechend niedrig war. Sobald die Temperatur im Treibhaus künstlich auf die Sommer-

werte erhöht wurde, passierte gar nichts, und umgekehrt reagierten jene Arten, die nach sommerlichen Gewittern keimen, nicht bei winterlichen Temperaturen. Eine ausreichende Bewässerung allein bewirkte also überhaupt nichts.

Die Versuche beweisen damit eindeutig, daß ein artspezifischer Reiz, der Keimen und Wachstum auslöst, erst dann entsteht, wenn eine gewisse Niederschlagsmenge gekoppelt mit einer bestimmten Bodentemperatur auf den Samen einwirkt. So verhindern die zahlreichen ephemeren Pflanzen in den Wüsten Nordamerikas eine Überbesiedlung, selbst wenn ausreichende Niederschläge fallen. Von allen Arten liegen nämlich derart große Samenmengen im Boden lebensbereit auf Abruf, daß der Lebensraum nicht ausreichen würde, wenn sich die Samen aller Arten zur gleichen Zeit entwickelten. Mit einer Art kompliziertem Nutzungsrecht ist es diesen Pflanzen gelungen, die vorhandene Fläche und die jahreszeitlich wechselnden Niederschläge optimal zu nutzen.

Aber selbst dann noch, wenn Regenmenge und Bodentemperatur optimal zusammenpassen, keimt ein Teil der Samen nicht. Sie besitzen eine noch weitergehende Keimhemmung, die sie eine Wachstumsperiode überspringen läßt. Diese Samen sind ein letzter Überlebensvorrat der Art. Denn immer wieder kann es vorkommen, daß mitten im Wachstum plötzlich eine Hitzewelle über die Wüste hereinbricht, daß ein Staub- oder Sandsturm die jungen Pflanzen vernichtet, noch bevor sie ihre neue Samengeneration ausgebildet haben. Selbst wenn eine derartige Katastrophe eintritt, bieten diese Reserven, die erst bei den nächsten Regenfällen keimen, die Garantie fürs Überleben.

Wie die Pflanzen, so hat sich auch keine Art von Tieren, deren Vorfahren einst die Ozeane verließen und die wüstenhaften

Urkontinente besiedelten, jemals vom Wasser unabhängig machen können. Die entwicklungsgeschichtlich ältesten Landwirbeltiere – Amphibien, Reptilien und Vögel – sind im ersten Teil ihrer Entwicklung immer noch auf eine flüssige Umwelt wie in ihrer Urheimat angewiesen. Die Amphibien nutzen dazu Tümpel und Teiche, die Reptilien und Vögel Gehäuse ihrer Eier, die praktisch kleine Aquarien darstellen. Und auch die ausgewachsenen Tiere, die Säuger und der Mensch eingeschlossen, besitzen in ihrem Körpergewebe und in ihrem Blut ihr eigenes „kleines Meer". Wasser ist die Grundlage für alle chemischen Reaktionen, die das Leben ausmachen. Mit seiner Hilfe wird die Nahrung im Organismus transportiert und gelöst, mit seiner Hilfe kühlt sich der Körper. Um den Wasserverlust auszugleichen, der durch Atmung, Schwitzen und Körperausscheidungen entsteht, muß der Vorrat durch Trinken ständig wieder aufgefüllt werden.

Während einige Tierarten der Wüste ihren Durst an wenigen und unregelmäßig gefüllten Tränken stillen, haben sich viele andere gezwungenermaßen vom Oberflächenwasser unabhängig gemacht. Sie überlassen die Wasserbeschaffung den ersten in der Nahrungskette, ihrem pflanzlichen Futter. Aber Tränken können ver-

siegen, Pflanzen verdorren. Mit welch raffinierten Methoden Tiere es dennoch schaffen, lange Zeit ohne jeden Nachschub von Wasser zu überleben, dafür sind die größte und eine der kleinsten Säugetierarten der Wüste eindrucksvolle Beispiele.

Während Sanddünen als Symbol für die Wüste gelten, ist das Kamel zum Inbegriff des Überlebens in dieser Landschaft geworden. Das einhöckrige Kamel existiert heute nur noch als Haustier (seine wilden Vorfahren wurden in Vorderasien vor etwa 5000 Jahren domestiziert). Vom zweihöckrigen Kamel, das der Mensch ebenfalls in seinen Dienst nahm, gibt es jedoch auch noch wildlebende Exemplare. Kleinere Trupps werden gelegentlich noch in schwer zugänglichen Teilen der Wüste Gobi in der Mongolei und in China gesichtet.

Zusammen mit den Vögeln und wie alle anderen Säugetiere gehören die Kamele zu der Gruppe der warmblütigen Tiere, zoologisch als endotherm bezeichnet, was nichts anderes als „von innen erwärmt" bedeutet. Solche Tiere halten ziemlich konstant eine relativ hohe Körpertemperatur aufrecht, indem sie ihre Nahrung durch Verbrennung umsetzen und damit Wärme entsteht. Für warmblütige Tiere in kalten Klimazonen besteht die Gefahr,

daß die Umwelt ihren Körpern zuviel Wärme entzieht, was eine lebensgefährliche Unterkühlung zur Folge hätte. Die Tiere, die in heißen Wüsten leben, stehen vor dem umgekehrten Problem. Hier ist die Temperatur der Luft oft höher als die des Körpers und die Außentemperaturen drohen sich auf den Körper zu übertragen. Trotzdem müssen die Tiere auch noch Wärme an ihre Umwelt abgeben, wollen sie nicht an einem Hitzschlag durch die von ihnen selbst erzeugte Wärme zugrunde gehen.

Viele Arten von Säugetieren in der Wüste umgehen dieses Problem dadurch, daß sie eine nächtliche Lebensweise führen. Am Tage schlafen sie in ihren unterirdischen Bauten. Vögel suchen während der heißesten Zeit des Tages einen Schatten auf und stellen jede Aktivität ein. Säugetiere können zusätzlich Körperwärme abstrahlen durch eine im Verhältnis zum Volumen vergrößerte Körperoberfläche. Viele von ihnen haben darum Körper mit schmalem Rücken, großen Seitenflächen und oft riesigen Ohren entwickelt.

Wegen ihrer Größe können sich Kamele vor der Gluthitze kaum verbergen, zudem sind sie keine Nachttiere. Sie wandern noch in stoischer Gelassenheit durch die Wüste, wenn sich andere Lebewesen längst vor den Sonnenstrahlen in Sicherheit gebracht haben. Das gelingt den Kamelen nur, weil sie eine ganze Reihe von Anpassungen an ihre extreme Umwelt ausgebildet haben. Und sie sind ein besonders gutes Beispiel dafür, wie die Hauptschwierigkeiten des Überlebens in der Wüste, die Wasser- und Nahrungsbeschaffung sowie die Hitze, ein komplexes Problem darstellen, welches nur komplex gelöst werden kann.

Kamele sind optimal ausgerüstet für die Existenz in der Wüste. Ungewöhnlich lange Beine heben den Körper über die heißeste Luftschicht. Während sich der Boden auf mehr als 80 Grad aufheizen kann, beträgt die Temperatur in 1,50 Meter Höhe unter dem Bauch der Kamele nur noch etwa 45 Grad Celsius. Mit ihren ebenfalls ungewöhnlich großen, tellerartigen Füßen können die Kamele über weichen Sand laufen, ohne einzusinken. Der Körper der Kamele zeigt die Form einer aufrecht stehenden flachen Linse. Die Tiere haben das Verhalten entwickelt, sich während der heißesten Zeit stets nach den einfallenden Sonnenstrahlen auszurichten; dies, zusammen mit der Körperform, verhindert eine zu starke Aufheizung.

Darüber hinaus müssen die Kamele aber auch noch körpereigene Wärme abstrahlen. Das stellt sie vor ein weiteres Problem. Da Nahrung in der Wüste sehr

Erst die vielfältigen Anpassungen des Kamels an ein Leben in der Wüste haben es dem Menschen ermöglicht, diese lebensfeindliche Landschaft zu durchqueren und zu besiedeln. Auch im Zeitalter des Lastwagens sind die Höckertiere in vielen Gebieten der Sahara ein unentbehrliches Transportmittel geblieben

unregelmäßig anfällt, müssen die hier lebenden Tiere in der Lage sein, große Fettreserven zu speichern, so wie die Kakteen Wasser speichern. Fett stellt eine gute Isolierung gegen Wärmeaustausch dar. Deshalb umgeben sich die Tiere kalter Zonen rundum mit einer gleichmäßigen Fettschicht an der Innenseite der Haut. Das jedoch wäre in der Wüste zweischneidig. Einerseits würde eine solche Schicht zwar die Außenhitze abwehren, andererseits aber verhindern, daß überschüssige Körperwärme abstrahlt. Die Kamele haben das Problem dadurch gelöst, daß sie ihren gesamten Fettvorrat nur in einer bestimmten Körpergegend konzentrieren − dort, wo die meisten Sonnenstrahlen auftreffen: im Rückenhöcker. Die Flanken und der Bauch der Tiere sind nicht durch Fett isoliert und können so ungehindert Körperwärme abstrahlen.

Vor fast zweitausend Jahren schrieb der römische Geograph Plinius in seiner *Naturalis historiae*, das Kamel könne deshalb in der Wüste überleben, weil es ein wasserspeicherndes Organ besäße. Seither galt es als ausgemachte Sache, daß Kamele in Höckern und Mägen riesige Mengen an Wasser aufbewahren können, also regelrechte Wasserreservoirs mit sich herumschleppen. In zahllosen abenteuerlichen Berichten wurde immer wieder geschildert, wie Forschungsreisende dem Tod des Verdurstens nur dadurch entkamen, daß sie die Höcker ihrer Reitkamele anstachen und als sprudelnden Quell nutzten. Aber ganz so simpel ist die Sache nicht. Kamele können mehr als zwei Wochen ohne zu trinken und zu fressen leben. Ihre Leistung wird dadurch keinesfalls beeinträchtigt. Ohne jede feste oder flüssige Nahrung können sie hunderte von Kilometern zurücklegen, um von einer Weide, Tränke oder Oase zur anderen zu gelangen. Erst diese Fähigkeit der Kamele hat es den Menschen ermöglicht, die Wü-

sten Afrikas und Asiens zu durchqueren und zu besiedeln.

Kamele sind in der Lage, bis zu 120 Liter Wasser auf einmal zu trinken. Die Flüssigkeit gelangt zunächst in den Magen, wird jedoch schon kurze Zeit später gleichmäßig im Körpergewebe verteilt − über die roten Blutkörperchen, die eine außergewöhnliche Eigenschaft besitzen: Sie können sich wie ein Ballon ausdehnen, und zwar auf das Zweihundertvierzigfache ihres Normalvolumens. Trifft ein Kamel auf gute Weide, so frißt es Tag und Nacht und baut in kurzer Zeit einen bis zu 25 Kilo schweren Fetthöcker auf. Zugleich wird die dabei aufgenommene Feuchtigkeit im Fettvorrat chemisch gebunden. Während Hunger- und Durststrecken ernähren sich die Kamele von ihrem Fettvorrat im Rückenhöcker. Ihren Bedarf an Flüssigkeit decken sie durch das Wasser, das gleichermaßen im Körpergewebe und in den roten Blutkörperchen gespeichert ist, und durch den Abbau des Fetthöckers.

Darüber hinaus: Während die meisten Säugetiere schon viel Wasser benötigen, um den beim Stoffwechsel entstehenden Harnstoff zu verdünnen, damit er aus dem Körper gespült werden kann, können manche Säugetiere der Wüste, das Kamel eingeschlossen, Harnstoff stark konzentriert und deshalb wassersparend ausscheiden.

Etwa ein Drittel des Wassers geht dem tierischen wie menschlichen Körper bei hohen Temperaturen durch Ausatmen verloren. Das Kamel weiß auch dies wirkungsvoll zu verhindern. Es besitzt in seinen Nüstern eine große Membrane, die wie ein Ventil arbeitet. Sie läßt es zu, daß die Luft beim Einatmen befeuchtet wird, hält aber die Feuchtigkeit beim Ausatmen zurück. Auf diese Weise kann das Nasenventil etwa zwei Drittel des Lebenselixiers einsparen, die sonst verloren gingen.

Der Fennek der Sahara und der Wüstenhase Nordamerikas haben übergroße Ohren entwickelt. Sie dienen nicht in erster Linie besonders gutem Hörvermögen, sondern der Abstrahlung von Körperwärme

Während des Sommers bei mehr als 50 Grad im Schatten kann selbst das Kamel über seine großen Körperflächen keine Eigenwärme mehr abstrahlen. Aber auch jetzt beginnen Kamele weder zu hecheln noch zu schwitzen, um ihren Körper zu kühlen. Sie haben für diese lebensgefährliche Situation eine unter den Säugetieren wahrscheinlich einzigartige Eigenschaft entwickelt. Die Temperatur des Körpers – und damit auch die des Blutes – kann ohne jegliche Beeinträchtigung der Leistungsfähigkeit bis auf neun Grad Celsius über Normalwert steigen. Erst darüber hinaus schreitet ein Kamel zu der letzten Kühlmethode – es beginnt zu schwitzen. Andere Tierarten – der Mensch eingeschlossen – wären bereits längst tot. Doch selbst übermäßiges Schwitzen kann dem Kamel nichts anhaben. Der Gehalt des Blutwassers sinkt nicht, wie bei anderen Lebewesen in vergleichbarer Situation, auf lebensgefährliche Werte ab.

Die kleinsten Säugetiere in dieser feindlichen Umwelt, die nur 50 bis 70 Gramm wiegenden Wüstenspringmäuse, können nicht wie die Kamele eine nomadische Lebensweise führen, um den wasser- und nahrungsspendenden Wolken zu folgen. Trotz ihrer ungewöhnlich langen Hinterbeine, mit denen sie sich wie ein Känguruh fortbewegen, sind dafür die Entfernungen in der Wüste zu groß. Diese Tiere leben ortsgebunden und müssen mit den Bedingungen der Wüste fertigwerden – in guten wie in schlechten Zeiten.

Wie Kamele legen diese Mäuse in nahrungsreichen Jahren eine Reserve für magere Zeiten an – nicht nur in ihrem Körper, als Fett, sondern hauptsächlich als Vorrat von Samenkörnern in ihren unterirdischen Wohnkammern. Die Wüstenspringmäuse gehören zu den wenigen Säugetieren, die nie etwas trinken müssen. Sie haben für ihre Wasserversorgung ein perfektes Verfahren von Recycling entwickelt. Sie decken ihren Flüssigkeitsbedarf mit Wasser, das während des Stoffwechsels freigesetzt wird. Aus 100 Gramm gefressenen Sämereien kann eine ihrer Arten 54 Gramm Wasser zurückgewinnen. Normalerweise wird dieses Wasser von Tier und Mensch als Abfallprodukt, als Urin, ausgeschieden oder zusammen mit dem Kohlendioxyd als Wasserdampf ausgeatmet. Nicht so bei den Wüstenspringmäusen. Sie haben diese Verschwendung weitgehend ausgeschaltet.

Wüstenspringmäuse leben rein nachtaktiv. Sie verschlafen den Tag in ihrem tiefen, unterirdischen Bau, in dem selbst an heißesten Tagen die Temperatur nie über 30 Grad Celsius ansteigt. So vermeiden sie den Wasserverbrauch zur Körperkühlung. Da diese Mäuse ihren Harn in äußerst konzentrierter Form ausscheiden und der Kot völlig trocken ist, haben sie auch den Wasserverlust durch Körperausscheidungen beträchtlich eingeschränkt. Dasselbe gilt für den Verlust von Wasser beim Ausatmen. Wenn sich die Wüstenspringmäuse schlafen legen, rollen sie sich in ihrem Nest so zusammen, daß die Nase fast den Vorratshaufen berührt. Die Feuchtigkeit des Atems schlägt sich im Pflanzensamen nieder, der wie ein Filter wirkt. Frißt die Maus von ihrem Vorrat, so kommt ihr die darin gespeicherte Feuchtigkeit wieder zugute. Außerdem verschließt die Maus, bevor sie sich schlafen legt, den Eingang ihres Baues mit einem Erdpfropfen. Die Luftfeuchtigkeit wird somit gestaut und erzeugt in der Schlafkammer ein feuchtes Mikroklima.

Der dauerhafte Samenvorrat ephemerer Pflanzen, der, unsichtbar für das ungeübte Auge, vielerorts den Wüstenboden bedeckt, dient nicht nur den Wüstenspringmäusen als Nahrung, sondern auch den körnerfressenden Vögeln. Somit bieten solche Flecken einen Lebensraum — eine ökologische Nische, wie der Fachmann sagt —, vorausgesetzt, diese Vögel könnten sich den besonderen Umständen anpassen.

Diese Vögel gibt es. Zu ihnen gehören mehrere Arten aus der Familie der Flughühner. Gemeinsam mit meiner Frau habe ich ihr Leben in der Sahara erforscht. Was wir über das Leben — oder besser: das Überleben — dieser Vögel herausgefunden haben, stellt alles in den Schatten, was ich bisher an Anpassung von Pflanzen und Tieren an die Lebensbedingungen der Wüste beobachten konnte.

Über das Verhalten dieser Vögel war bis dahin nur sehr wenig bekannt. Zumindest zwei der Arten waren, außer von Nomaden, bisher überhaupt nur wenige Male gesichtet worden. Unser ganzes Unternehmen war von vornherein eine Art Lotteriespiel.

Ich wußte von früheren Beobachtungen, daß Flughühner ausgesprochen schnelle und ausdauernde Flieger sind. Dies allein ist schon eine Anpassung an die Wüste. Die Vögel müssen auf einer riesigen Fläche winzige Flecken aufsuchen können, wo ephemere Pflanzen nach Regenfällen neue Samen und damit Futter produziert haben. Flughühner sind geflügelte Nomaden. Unsere Suche nach ihnen glich der Suche nach einer Stecknadel im Heu. Ein mit Regen oder Grundwasser gefülltes Wasserloch oder ein Brunnen zählt zu den wichtigsten Voraussetzungen für ihr Vorkommen. Als tagaktive Tiere, die große Mengen Wasser durch Hecheln verdunsten, um ihren Körper zu kühlen, sind sie darauf angewiesen, jeden Tag zu trinken. Im Idealfall ist durch dieselben Regenfälle, die das Wachstum der Pflanzen und somit die Samenproduktion ausgelöst haben, eine nahebei gelegene Senke oder Felsaushöhlung mit Wasser gefüllt worden. Wollen die Flughühner in dem Gebiet, in dem sie Nahrung finden, auch erfolgreich brüten, müßte das Wasserloch bis zum Ende der Brut und der Aufzucht der Jungen Wasser enthalten. Bei der starken Verdunstung ist das jedoch nur ganz selten der Fall. Selbst ein sieben Meter tiefes Wasserloch trocknet binnen eines Jahres aus, wenn es nicht aus dem Untergrund ständig wieder gefüllt wird.

Wir hatten uns zur Tarnung in eine kleine Sanddüne eingegraben und lagen bereits eine halbe Stunde vor Sonnenaufgang in der Nähe eines Wasserloches auf der Lauer. Wir wußten nicht mehr, zum wievielten Mal am wievielten Wasserloch. Fast ein Dutzend hatten wir in den letzten Wochen kontrolliert. Die Wartezeit bis zum Sonnenaufgang über dem fernen Gebirgszug war quälend wie all die Tage zuvor. Würden Vogelpaare zum Trinken kommen und würde es uns gelingen, Kontakt mit den während der Brutzeit besonders scheuen Tieren zu halten?

Um acht Uhr fielen drei Paare Senegalflughühner (*Pterocles senegallus*) nacheinander am Wasserloch ein. Damit hatte der spannendste Teil unserer Arbeit begonnen – herauszubekommen, wo und wie die Flughühner brüten.

Nachdem die Tiere ihren Durst gestillt hatten und wieder aufgeflogen waren, wühlten wir uns schnell aus dem Sand und rannten auf eine kleine Anhöhe, um sie mit dem Fernglas zu verfolgen. Sie flogen in die Richtung, aus der sie gekommen waren: Osten. Nach kurzer Zeit wurden sie vom Morgenlicht verschluckt.

Um ihren Weg dennoch verfolgen zu können, fertigten wir zunächst von einem ungefähr 200 Quadratkilometer großen Gelände östlich des Wasserlochs eine möglichst genaue Skizze an. Dann begannen wir, mit einem Kompaß in der Hand, vom Wasserloch aus den Rückflug zu beobachten. Wir konnten die Vögel jeweils nur eine kurze Flugstrecke verfolgen; die trugen wir als Linie in unsere Skizze ein, und so konnten wir jeden Tag unseren Beobachtungspunkt ungefähr einen Kilometer in Richtung des vermuteten Brutplatzes vorschieben. Die Fluglinie verlief auffallend gerade. Unsere Spannung wuchs. Offenbar wählten die Flughühner zwischen zwei Punkten die kürzeste Entfernung. Ein Punkt war uns bekannt: das Wasserloch. Der zweite – und da waren wir jetzt ganz sicher – mußte der Brutplatz sein.

Unsere Spannung erreichte den Höhepunkt, als am Morgen des sechsten Tages – wir hatten unseren Beobachtungsposten inzwischen bis in eine ebene Steinwüste vorgeschoben – ein Flughuhnpaar nur

etwa hundert Meter von uns entfernt zu seinem Trinkflug startete. Nach etwa 30 Minuten fielen die Vögel fast genau dort wieder ein. Wäre ich nicht vorbereitet gewesen und hätte ich mir nicht eine Ansammlung größerer Steine gemerkt, in deren unmittelbarer Nähe sich das Weibchen niedergelassen hatte, so hätte ich große Mühe gehabt, es wiederzufinden. Dank seiner perfekten Tarnung verschmolz es in Form und Farbe mit seiner Umgebung. Sein Gefieder, mittelbraun und dunkel gesprenkelt, sah genauso aus wie die Steinwüste. Völlig unbeweglich, mit eingezogenem Kopf, einem runden Stein vergleichbar, saß das Weibchen auf dem Boden. Sein erbittertster Verfolger, der Wüstenwanderfalke, hätte es aus der Luft nicht entdecken können.

Als nun unser Paar Senegalflughühner am nächsten Morgen wieder zur Tränke geflogen war, eilten wir zu der kleinen Steinansammlung, neben der das Weibchen gesessen hatte. An einem der letzten Apriltage, nach insgesamt 46 Tagen intensiver Suche, standen wir endlich, sechs Kilometer vom Wasserloch entfernt, vor unserem ersehnten Ziel: dem Gelege des Flughuhns. Die drei Eier lagen ohne jegliches Nistmaterial in einer flachen Bodenmulde. Auch sie waren perfekt getarnt, erinnerten in Form und Farbe eher an Steine.

Wir wußten nicht, wie lange die Vögel schon brüteten. So warteten wir Tag für Tag voller Ungewißheit auf das nächste große Ereignis – das Schlüpfen der Jungen. Während der ersten zwei Wochen gab das Verhalten des Vogelpaares nicht den geringsten Hinweis, daß die Brutzeit sich ihrem Ende näherte.

Ich schreibe immer: Brutplatz, brüten, Brutzeit. Vom Brüten im eigentlichen Sinn – nämlich wenn Vögel die Eier mit ihrem Körper auf eine Temperatur erwärmen, die gewöhnlich höher liegt als die der

In Form und Färbung seiner steinernen Umwelt angepaßt, brütet das Senegalflughuhn sein Gelege. Nach etwa einem Monat schlüpfen die Jungen. Auf eine in der Tierwelt einzigartigen Weise schafft das Männchen Trinkwasser heran. Es birgt das lebensspendende Naß in seinem Bauchgefieder. Die Jungen saugen es wie aus einem Schwamm heraus

Umgebung − kann bei diesen Wüstenvögeln wenigstens am Tage jedoch keine Rede sein. Die steinerne Umwelt ihres Geleges heizt sich durch die Sonneneinstrahlung so stark auf, daß die Eier in ihrer flachen Mulde wie in einer Pfanne gebraten werden müßten. Anders als in den kühlen Nächten, müssen die Vögel also am Tage ihre Gelege gegen tödliche Temperaturen irgendwie abschirmen. Sie müssen dann kühlen statt zu brüten. Wie aber machen sie das?

Wir hatten gemessen, daß sich der Wüstenboden bis auf 68 Grad Celsius erhitzte. Durch bloßes Nachdenken gelang es uns nicht, die überaus spannende Frage der Gelegekühlung zu lösen.

Der Zufall kam mir erst ein Jahr später zur Hilfe. Ich beobachtete ein Flughuhnpaar, das mit ungewöhnlicher Eile über das bereits vormittags stark erwärmte Gestein lief. An verschiedenen Stellen ließ sich das Weibchen nieder, rüttelte sich seitlich und schuf auf diese Weise flache Mulden. Nachdem es kurze Zeit dort verharrt hatte, eilte es rastlos weiter. Kein Zweifel, das Weibchen war auf der Suche nach einem Brutplatz. Warum aber sagten ihm die ausprobierten Stellen nicht zu?

Ich konnte es zunächst nur vermuten. Vielleicht versuchte das Weibchen jedesmal, wenn es in der Kuhle verharrte, festzustellen, welche Temperatur der Untergrund hatte. Offenbar war es auf der Suche nach einem kühlen Plätzchen. Wie aber sollte es hier solche Flecken geben?

Die Idee war da. Nur genaue Untersuchungen des Bodens konnten sie untermauern. Mit Spitzhacke und Hammer wühlte ich später, nach der Brut, den Untergrund all der Plätze auf, an denen ein Flughuhn gebrütet und die ich stets sorgfältig markiert hatte. Dabei machte ich eine überraschende Entdeckung. Der Grund unter den Nistmulden bestand aus einem sehr porösen Gestein, das aussah wie ein Schwamm und das sicherlich durch spezielle Verwitterungsvorgänge entstanden war. Zu 40 bis 60 Prozent wies es luftgefüllte Hohlräume auf. Deshalb ist es ein schlechter Wärmeleiter. Während sich massiver Fels auf mehr als 80 Grad aufheizen kann, erwärmt sich dieses schwammartige Gestein nur bis 45 Grad Celsius. Es hat nämlich dieselben Eigenschaften wie ein künstliches Isoliermaterial. Mögen diese porösen Gesteinsinseln auch winzig sein, so kann sich doch die Hitze der felsigen Umgebung nicht auf sie übertragen. Darüber hinaus saugt das Gestein wie ein Schwamm den Tau auf, der sich selbst in der Wüste, wenn auch in geringen Mengen, niederschlägt. Diese während der Nacht gespeicherte Feuchtigkeit verflüchtigt sich im Laufe des Tages. Dabei entsteht Verdunstungskälte, die den Brutplatz und somit die Eier zusätzlich vor Überhitzung schützt.

Nachdem ich dies herausbekommen hatte, fand ich die kühlen Gesteinsinseln bald ohne weiteres, indem ich den Boden mit der Hand abtastete. Sie ist ja besonders temperaturempfindlich. Genauso hatte es das von mir beobachtete Weibchen mit seinem Bauch gemacht, als es die zahlreichen Probemulden anlegte.

Das alles wußte ich noch nicht, als ich das erste Gelege entdeckte. Drei Wochen lang kontrollierte ich es jeden Morgen, wenn das Paar zum Trinken geflogen war. Eines Tages, in der dritten Maiwoche, vernahm ich dabei aus einem der Eier ein leises Piepen. Zwei Tage später, eine halbe Stunde vor Sonnenuntergang, verließ das Weibchen wieder einmal seinen Brutoder besser seinen Kühlplatz. Meine Frau und ich lagen mit dem Fernglas auf der Lauer und wir entdeckten nun, daß der Henne drei Küken im Gänsemarsch folgten. Und sogleich tauchte auch das Männchen auf. Unsere Spannung stieg ins Unerträgliche, denn seit unserer Entdeckung

beschäftigte uns immer wieder die eine Frage: Wie würden die Jungen zur Tränke gelangen?

Wir wußten, daß diese Vögel kein Trinkwasser im Schnabel oder im Kropf transportieren können. Der Platz, an dem die Flughühner geschlüpft waren, lag sechs Kilometer vom Wasserloch entfernt. Weil die Küken mit ihren kurzen Beinchen noch miserablere Läufer sind als ihre Eltern, war es eigentlich undenkbar, daß sie eine derartige Entfernung in der schattenlosen Steinwüste zurücklegen konnten. Ein solcher Marsch, so schätzten wir, würde mindestens zehn Tage dauern. Zehn Tage ohne Trinkwasser? Völlig unmöglich.

Unsere Phantasie lief auf vollen Touren. Warum brach die Flughuhnfamilie ausgerechnet am Abend von ihrem Nistplatz auf? Wollten die Flughühner, fragten wir uns, vielleicht Nachtmärsche machen, um so der Tageshitze zu entgehen? War es den Küken vielleicht möglich, ihren Durst mit dem spärlichen Tau zu stillen?

Nachtmarsch — das bedeutete, wir würden die scheuen Vögel nicht mehr verfolgen können. Hätten wir sie aber erst einmal aus den Augen verloren, so wäre die Chance nicht sehr groß gewesen, sie am nächsten Morgen wiederzufinden. Diese Vorstellung war uns unerträglich. Sollte unser Projekt doch noch scheitern — jetzt, wo es um die spannendste Frage ging?

Kurz bevor die Dunkelheit die Vögel unseren Blicken vollends entzog, passierte, was wir nicht mehr zu hoffen gewagt hatten. Die Familie legte eine Rast ein, und das Weibchen begann offensichtlich damit, eine Schlafkuhle auszumulden. Wir bezogen unser Nachtlager in unmittelbarer Nähe.

Im ersten Tagesschimmer entdeckten wir zu unserer großen Erleichterung die vertrauten Konturen der Flughuhnfamilie an derselben Stelle. Das Weibchen hatte offenbar die ganze Nacht über den Jungen gesessen. Die Sonne stand bereits fast eine Stunde am Himmel, als es vom Männchen abgelöst wurde und in Richtung Wasserloch davonflog. Nach etwa einer halben Stunde kehrte es zurück. Wir waren gespannt, was nun passieren würde. Die Küken mußten etwas zu trinken haben. Drei Tage war das zuerst geschlüpfte Küken nun bereits ohne Wasser ausgekommen. Abgesehen davon, daß sich Weibchen und Männchen beim Hudern ablösten, geschah jedoch nichts Ungewöhnliches.

Das Männchen erhob sich in die Luft und verschwand ebenfalls in Richtung Tränke. Als es bereits eine halbe Stunde fort war, ereignete sich jedoch etwas Seltsames.

Das Weibchen stieß plötzlich regelmäßig kurze, eigentümlich hohe und scharfe Töne aus, die uns völlig neu waren. Nach wenigen Minuten hörten wir das gleiche Quit-quit auch aus der Luft von weit entfernt. Das Weibchen rief ununterbrochen weiter. Der Ton in der Luft wurde lauter, kam näher. Das Rufen des Weibchens wurde schneller und aufgeregter. Und dann landete endlich das Männchen laut rufend in der Nähe seiner Familie. Es lief in ungewöhnlicher Eile auf das Weibchen zu. Es war kaum wiederzuerkennen, denn Brust- und Bauchgefieder waren derart aufgeplustert, daß der Vogel total deformiert aussah. Er schien stark vorderlastig zu sein; und ein paarmal wäre er beim Laufen ums Haar vornübergekippt.

Kurz vor dem Weibchen blieb er stehen. Er stieß seine Rufe ständig weiter aus. Dabei richtete er sich hoch auf und spreizte die hellen Deckfedern an Brust und Bauch seitwärts vom Körper ab. Dunkle Federn am Bauch und an der unteren Hälfte der Brust wurden sichtbar. Durch unsere Ferngläser beobachteten

wir, wie das Gefieder im Morgenlicht von Abertausenden winziger Wassertropfen glitzerte. Das Männchen hatte Wasser herbeigeschafft, und die Tränke, die es in seinem Gefieder darbot, lockte sofort die drei Jungen unter dem Weibchen hervor. Sie stießen die gleichen Rufe wie die Eltern aus und liefen dabei, so schnell sie konnten, unter den Bauch des Männchens, reckten ihre Köpfe nach oben und steckten ihre Schnäbel tief in eine deutlich sichtbare lange Rinne, die das vollgesogene Gefieder in der Mitte des Bauches durchzog. Sie saugten das Wasser wie aus einem Schwamm heraus. Um unter dem Ansturm seiner Jungen nicht umzufallen, stützte sich das Männchen mit dem Schwanz auf dem Boden auf.

Jetzt wurde uns auch klar, was der Rufwechsel zwischen Weibchen, Jungen und Männchen bedeutete. Es waren Kontaktrufe, sozusagen Peilsignale. Man kann sie mit einem Funkleitstrahl vergleichen, der ein Flugzeug auch ohne Sichtkontrolle sicher und direkt zum Ziel führt. Diese Peilrufe der Flughühner überbrücken mit ihrer Lautstärke und hohen Tonlage große Entfernungen. Sie ermöglichen es dem Männchen, seine Jungen in kürzester Zeit wiederzufinden. Das ist lebensentscheidend, denn bei langem Suchen würde das Wasser verdunsten.

In dieser Viertelstunde waren wir Zeugen einer der interessantesten Anpassungen geworden, die Lebewesen im Kampf um das Überleben in der Wüste entwickelt haben.

Wie die Kamele, so führen auch die Flughühner auf der ständigen Suche nach Vegetation in der Wüste ein unstetes Leben. Bleiben Regenfälle viele Jahre aus, so nimmt natürlich der Samenvorrat der ephemeren Pflanzen kontinuierlich ab. Dann wird es für die Flughühner immer schwieriger, ihren Hunger und auch ihren Durst zu stillen, während langer Dürrezeiten ist es unmöglich, auch noch Junge aufzuziehen. So fallen oft eine oder mehrere Bruten einfach aus. Die Folge davon ist, daß die Population stark abnimmt; erst in feuchteren Jahren wächst sie wieder an.

Nomadische Lebensweise und starke Populationsschwankungen, bedingt durch die genannten Umstände, sind weit verbreitet unter den Tieren der Wüste. Dramatisches Beispiel dafür sind die Heuschrecken. Der Koran nennt sie die Zähne des Windes. Von zwei Faktoren ist das Leben der Heuschrecken abhängig: Regen und Wind. Ohne Niederschläge, die ausreichend Futter wachsen lassen, würden sie sich nicht vermehren. Ohne Winde würden sie keine neuen Weidegebiete aufsuchen können und bald verhungern.

Die Wüstenheuschrecke kann ihr Aussehen und Verhalten so verändern, daß man lange Zeit dachte, es gebe zwei verschiedene Arten – eine harmlose Variante, die vereinzelt und ortstreu lebt und eine gefährliche Art, die in erntenverzehrenden Schwärmen über die Kontinente zieht. Dem ist jedoch nicht so – es handelt sich um ein und dasselbe Tier.

In trockenen, nahrungsarmen Zeiten ist die Wüstenheuschrecke tatsächlich ein unauffälliges, einzeln lebendes Tier, dessen gelblichgrüne Färbung mit der vertrockneten Vegetation übereinstimmt. Sobald regenspendende Tiefdrucksysteme durch die Wüste ziehen und die Vegetation zu sprießen beginnt, werden die Eierstöcke der Weibchen reif. Oft sitzen die Männchen noch auf dem Rücken der Weibchen, um die Eier zu befruchten, während die Weibchen schon nach einem Platz zur Eiablage suchen.

Mit seinem Legebohrer bringt das Weibchen bis zu hundert Eier in den Boden ein. Die Zeit drängt. Nur kurz sind die Lebensbedingungen in der Wüste so günstig, daß sie für die Entwicklung der Nachkommen ausreichen.

Die Eier der Wüstenheuschrecke benötigen für ihre Entwicklung Feuchtigkeit. Aber auch, wenn der Regen zeitweilig aufhört, besteht für die Eier keine Gefahr. Ohne die einmal aufgenommene Feuchtigkeit zu verlieren, stellen die Eier erst einmal ihre Entwicklung ein. Sie können wochenlang auf den nächsten Regen warten. Kommt er, dann schlüpfen die Heuschrecken wie auf ein geheimes Signal alle gleichzeitig aus und graben sich an die Oberfläche empor. Bis zu 16 000 Individuen wurden pro Quadratmeter gezählt, Milliarden auf verhältnismäßig kleinen Flächen geschätzt.

Zunächst findet das Insektenheer Nahrung im Überfluß. Doch wenn sie immer mehr abgefressen haben, drängen sich die Heuschrecken auf immer kleiner werdendem Raum zusammen. Sie geraten in Erregung, betasten einander mit ihren Fühlern. Gleichzeitig nehmen sie eine dunklere, auffälligere Färbung an.

Durch das Gedränge und den zunehmenden Futtermangel geraten die Heuschrecken in eine fiebrige Aufbruchstimmung. Wenn dann ein weiteres Tiefdruckgebiet über den Schwarm am Boden hinwegzieht, erreicht die Erregung der Tiere ihren Höhepunkt. Sie erheben sich in die Luft und fliegen mit den regenbringenden Winden fort. Instinktiv nutzen die Heuschrecken wie die den Regenwolken nachziehenden Nomaden eine Wetterlage, die ihnen höchstwahrscheinlich bald wieder Niederschläge und damit neuen Pflanzenwuchs bringen wird.

Diese Schwärme der Wüstenheuschrecken können, mit Zwischenlandungen auf der Suche nach Nahrung, weit über die Grenzen der Wüsten hinausgelangen. Selbst in Europa sind schon Schwärme aufgetaucht, die sich in Arabien entwickelt hatten. Sie erreichen oft gewaltige Ausmaße und hinterlassen unvorstellbare Verwüstungen. Die 60 Milliarden Heuschrecken, die zum Beispiel 1958 in einem 150 Quadratkilometer großen Schwarm über Ostafrika herfielen, verschlangen pro Tag 120 000 Tonnen Futter. Dazu gehörte auch die gesamte Ernte der Einheimischen − so viel, wie drei Millionen Kamele oder wie zehn Millionen Menschen täglich zum Leben brauchen.

Die bizarrsten Verhaltensweisen im Kampf ums Überleben haben die Pflanzen und Tiere der Namib-Wüste an der Küste Süd-West-Afrikas entwickelt. Die schwere Brandung des Atlantiks, die jahrein, jahraus gegen den Kontinent anrennt, scheint sich hier in den bis 300 Meter hohen Dünenzügen parallel zur Küste fortzusetzen. Obwohl sie direkt am Meer liegt, gehört die Namib-Wüste − wie ihr Gegenstück, die Atacama-Peru-Wüste an der Pazifikküste Südamerikas − zu den regenärmsten Gebieten der Erde. Durch-

schnittlich regnet es in einigen dieser Gebiete nur alle zehn Jahre. Die Namib-Wüste liegt schon in dem ohnehin trockenen Klimagürtel des südlichen Wendekreises. Darüber hinaus entzieht der kalte Benguela-Strom aus der Antarktis den vom Ozean gegen das Land ziehenden warmen Luftmassen alle Feuchtigkeit. Was bleibt, ist ein dichter, kühler Nebel, der die Namib mehr als hundertmal im Jahr nächtlich überzieht und sie zeitweilig in eine sogenannte Feuchtluftwüste verwandelt.

Weil Wasser in flüssiger Form − Regen − nahezu völlig fehlt, gibt es in der Namib kaum dauerhafte Vegetation. Und auch die ephemeren Pflanzen vermögen nur im Abstand von Jahrzehnten aufzuleben. In einer derart feindlichen Umwelt könnte sich normalerweise keine Nahrungskette aufbauen. Fast alle tierische Existenz setzt

Der Flugplan einer Katastrophe. Das Brut- und Schwarmgebiet der Wüstenheuschrecke ist 30 Millionen Quadratkilometer groß, doch als Drehscheibe erweisen sich immer wieder die Regionen am Roten Meer

voraus, daß grüne Nahrung, daß feuchtigkeitsspendende Pflanzen vorhanden sind. Die aber fehlen in großen Teilen der Namib. Dennoch beherbergt sie in ihrem Sandmeer eine ganze Reihe unterschiedlichster Tierarten. Der Wind trägt ihnen Nahrung zu und sie trinken aus der Luft.

Die Namib-Wüste liegt im Einflußgebiet zweier Luftströmungen. Während eines Teils des Jahres bläst ein heißer Ostwind aus dem Inneren des Kontinents. Er bringt keinerlei Feuchtigkeit, aber er trägt aus fruchtbaren Randzonen der Wüste abgestorbene, oft schon zu Staub zerfallene Pflanzenteile und Samen herbei. Diese organische Materie lagert sich zusammen mit Sand im Windschatten der Dünen ab. Von ihr ernährt sich ein Heer von Insekten, hauptsächlich Käfer – mehr als 200 verschiedene Arten wurden hier bis heute entdeckt. Zu tausenden krabbeln sie an den steilen Leehängen der Dünen umher, durchwühlen den losen Sand unablässig nach den Nahrungspartikeln. Eines kann dieses Futter den Käfern jedoch nicht bieten: Wasser.

Wenn der Wind umschlägt, westlich vom Ozean her weht, ziehen dichte Nebelschwaden durch die Sandtäler und kriechen an den Hängen der Dünen empor. Dann kann man Zeuge eines einzigartigen Naturschauspiels werden. Aufgereiht wie auf einer Perlenschnur, haben sich am Morgen unzählige Käfer auf den messerscharfen Graten der Dünen versammelt. Hochaufgerichtet auf ihren langen, stelzenartigen Hinterbeinen, neigen sie sich kopfüber den heranziehenden Nebelschwaden entgegen. Die Feuchtigkeit schlägt sich auf ihrem Rückenpanzer nieder und verschmilzt zu Tröpfchen, die in den geöffneten Mund hinabgleiten. So decken die Käfer der Namib-Wüste ihren Flüssigkeitsbedarf direkt aus dem Nebel.

Nur kaltblütige Tiere wie Insekten und Reptilien, deren Körper kaum Eigenwär-

Winde vom Atlantik treiben Nebelschwaden in die Dünen der Namib-Wüste. Die Feuchtigkeit schlägt sich auf dem Schwarzkäfer nieder und rinnt zu seinem Mund. Winde aus dem Inneren des afrikanischen Kontinents wirbeln Reste abgestorbener Pflanzen herbei. Davon ernähren sich die Schwarzkäfer wie auch viele andere Arten

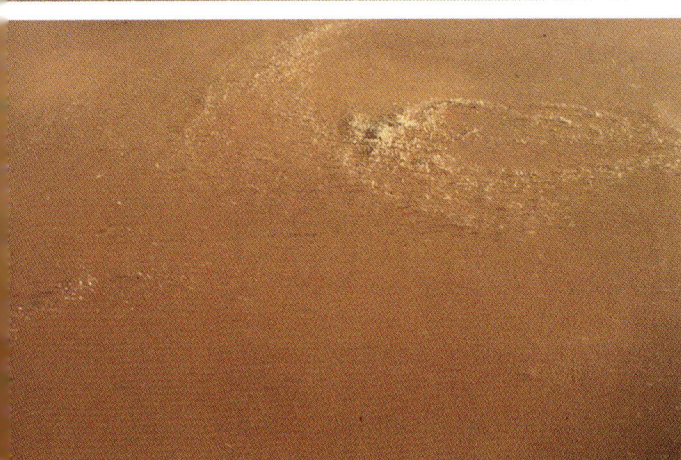

me erzeugt und deren Wohlbefinden deshalb von der Temperatur der Umwelt abhängig ist, können auf diese Weise trinken. Der Nebel schlägt sich nur auf Oberflächen nieder, die kälter sind als die sie umgebende Luft. Auch viele Reptilienarten der Namib-Wüste – Schlangen, Eidechsen und Geckos – versorgen sich deshalb auf diese Weise mit Trinkwasser. Wenn der Nebel am frühen Morgen auch auf ihren nächtlich durchkühlten Körpern kondensiert, lecken oder saugen sie sich den Niederschlag von ihren Schuppen.

Eine der zahlreichen Käferarten bringt es sogar fertig, die Feuchtigkeit aus dem Sand herauszusaugen. Bei starkem Nebel wühlt dieser Käfer am frühen Morgen, wenn der Sand noch kalt ist, körpertief in den Dünenhang eine lange Rinne, die rechtwinklig zur Windrichtung verläuft. Der am Hang emporziehende Nebel verfängt sich in der Rinne und setzt dabei zwei- bis dreimal soviel Feuchtigkeit ab wie im glatten Sand. Dann läuft der Käfer durch seine Gasse zurück und saugt die angesammelte Feuchtigkeit auf.

Alle diese Insekten sichern den Lebensunterhalt für die größeren Tiere der Namib. Sie liefern Nahrung und Wasser. Es ist sehr ungewöhnlich unter den Ökosystemen, deren Basis ja im allgemeinen die grünen Pflanzen sind, daß sich diese Lebensgemeinschaft der Küstenwüste ausschließlich auf abgestorbener Substanz aufbaut. Der amerikanische Wüstenforscher Frederic Wagner hat darauf hingewiesen, daß sich etwas Vergleichbares nur noch bei den tierischen Lebensgemeinschaften der Tiefsee findet, wo Sonnenlicht fehlt und deshalb grüne Pflanzen nicht gedeihen können. Wie die fleischfressenden Tierarten der Namib, so hängen auch die räuberischen Arten der Tiefsee von kleineren Nahrungstieren ab. Die wiederum ernähren sich von abgestorbenen Lebewesen, die aus der lichtdurchflu-

Auf unterschiedliche Weise beschaffen sich die Tiere in der Namib-Wüste ihr Wasser. Die Schlange saugt die Feuchtigkeit, die sich aus dem Nebel niedergeschlagen hat, von ihren Schuppen. Der Spinne reicht eine saftige Heuschrecke

teten Lebenszone der Oberfläche hinuntersinken. Noch ein weiterer Vergleich mit der ozeanischen Nachbarschaft der Namib bietet sich an. Wie das Meer, so befindet sich auch die Oberfläche der Wüste in einer Art flüssigem Zustand. Der Wind treibt, bewegt und verformt die Dünen ständig. Ändert er, jahreszeitlich bedingt, seine Richtung, so kehren sich auch die Luv- und Leeseiten der Sandwogen um. Am bisher windausgesetzten Hang lagert sich nun die Nahrung ab.

In dieser „flüssigen" Umwelt, auf der nachgiebigen Oberfläche der steilen Sand-

wogen, ist es für „normale" Tiere sehr schwierig, sich fortzubewegen. Hinzu kommt ein für „gewöhnliche" Lebewesen nicht mehr erträgliches Maß an Hitze. Nur Spezialisten können mit beidem fertigwerden.

Es ist ein weitverbreiteter Irrtum, daß kaltblütige Tiere, vor allem Reptilien, gegen Hitze völlig unempfindlich seien und sich umso wohler fühlten, je wärmer ihre Umgebung ist. Die meisten Echsen und Schlangen erleiden bei 45 Grad einen Hitzschlag, und Körpertemperaturen über 48 Grad sind für jedes Reptil tödlich.

Reptilien fühlen sich am wohlsten bei einer Körpertemperatur, die etwa der des Menschen entspricht. Kaltblütige Lebewesen sind weitgehend auf Wärme aus ihrer Umwelt angewiesen. So müssen sie ständig wechselnd Plätze aufsuchen, die jeweils eine für sie ideale Temperatur aufweisen. Das ist in der extrem temperierten Wüste natürlich problematisch. Kein Reptil könnte hier während der heißen Jahreszeit auch nur einen Tag an der schattenlosen Oberfläche überleben.

Die Dünengrillen in der Namib-Wüste besitzen ergrößerte, schneeschuhartige Füße, um im Sand nicht einzusinken. Die Sandechse bewegt sich mit einem eigenartigen Wechselschritt, um sich Füße und Bauch auf dem heißen Untergrund nicht zu verbrennen

Die meisten Reptilien und die Insekten der Namibwüste lösten dieses Problem, indem sie nachts aktiv sind. Nach Einbruch der Dunkelheit, wenn der heiße Wüstensand abkühlt, und bei Anbruch des neuen Tages, wenn die Sonnenstrahlen noch milde auf die Erde fallen, fühlen sich diese Tiere am wohlsten.

Sobald die Sonne dann aber höher steigt, ist die Phase der Aktivität beendet. Die Tiere tauchen hinab in das schützende Sandmeer. Auf seiner Oberfläche bleibt lediglich eine Vielzahl eigenartiger Muster zurück. Einige erinnern an Spuren von Ski- oder Schneeschuhläufern, andere an die von Kettenfahrzeugen. Gelegentlich wird die regelmäßige Abfolge der Sandrippeln von einer Spur durchkreuzt, die aussieht, als sei die wellenartige Bewegung eines Fisches an der Oberfläche des

Wassers erstarrt. Und an den steilen Lee-seiten der Dünen führen schräg versetzt treppenartige Abdrücke empor.

Zu den wenigen Tieren, die etwas länger „in den Tag hineinleben", gehört die Sandechse. Damit sie sich die Füße auf dem heißen Sand nicht verbrennt, bewegt sie sich mit einem eigenartigen Wechsel-schritt voran. Dabei berühren jeweils ab-wechselnd nur ein Vorderfuß und ein Hin-terfuß den Boden. Zwischendurch pau-siert die Echse kurz auf dem Bauch – alle vier Beine und den Schwanz nach oben gestreckt. Wird auch ihr die Oberfläche zu heiß, so taucht sie wie die anderen Tiere in den Sand ein und schwimmt in kühlere Schichten. Während die Oberfläche der Dünen bis auf 70 Grad Celsius aufgeheizt wird, ist der Sand in 30 Zentimeter Tiefe beständig 30 Grad warm.

Viele Reptilien bewegen sich in der „flüssigen Umwelt" der Sanddünen wie

Nur für einen Moment taucht ein Sandfisch an der Oberfläche einer Düne in der Sahara auf. Der Sandschwimmergecko nutzt die Häute zwischen seinen Zehen doppelt – zum Schwimmen im Sand und zum Laufen auf dem Sand. Ähnlich bewegt sich der seltene Goldmull fort, ein Verwandter der Igel und Maulwürfe

Ähnlich machen es die Schwimmer des Sandmeeres. Die effektivsten unter ihnen sind die Sandskinke. Bezeichnenderweise wird eine Art, die in der Sahara lebt, von den Franzosen „poisson de sable" genannt – Sandfisch. Als Glattechsen gehören die Skinke zu den Reptilien. Sie bewegen sich nicht nur wie Fische fort, sondern sehen ihnen auch recht ähnlich. Ihr Körper ist mit äußerst glatten Schuppen bedeckt, so daß man das Tier kaum festhalten kann. Die Schnauze ist keilförmig spitz. Die Gliedmaßen der Sandskinke haben sich derart zurückgebildet, daß sie ebenfalls mehr an Fischflossen als an Beine und Zehen erinnern. Diese Eigenschaften zusammengenommen reduzieren den Reibungswiderstand zwischen dem Sandfisch und seiner Umwelt auf ein Minimum, wenn er mit schlängelnden Bewegungen wie ein Aal unter der Oberfläche des Sandmeeres schwimmt. Und wie Wasser fließt der Sand zum Schwanzende ab. Das Atmen bereitet dem Schwimmer keine Mühe, weil der lockere Sand genügend Luft durchläßt.

Auch eine kleine Säugetierart in der Namib, der maulwurfähnliche Goldmull, lebt unter der Oberfläche der Dünen. Auf der Suche nach Insekten gräbt er sich mit kräftigen, flossenähnlich abgeplatteten Vorderpfoten behende durch den losen Sand. Da er dabei ohnehin nichts sehen kann, sind seine Augen völlig verkümmert. Dafür kann er besonders gut hören.

Auch wenn die Sandschwimmer der Namibwüste in der Kühle der Nacht an die Oberfläche kommen, leisten ihnen ihre Schwimmvorrichtungen oft gute Dienste. Der gläsern wirkende, fast durchsichtige Sandschwimmergecko trägt zwischen den Zehen breite Schwimmhäute. Sie wirken wie Schneeschuhe und verhindern, daß das Tier im Sand einsinkt. Viele der Käferarten und die Dünengrille haben ebenfalls vergrößerte Füße.

Fische im Meer – sie schwimmen praktisch nach demselben Prinzip. Da der Körper eines Fisches von Wasser umschlossen ist, muß er, um voranzukommen, das Wasser erst einmal verdrängen. Die meisten Fische bewegen dazu den Körper und die Schwanzflossen schlängelnd seitwärts. Das Wasser strömt an dem sich verjüngenden Körper entlang, schlägt hinter ihm wieder zusammen und drückt den Fisch nach vorn.

Besonders schwierig ist es für Schlangen, sich auf dem losen Sand fortzubewegen. Normalerweise kriechen Schlangen vorwärts, indem sie ihren Körper in Schleifen legen. So gelingt es ihnen, einen möglichst großen Kontakt mit dem Untergrund herzustellen. Auf der Oberfläche der Dünen jedoch würde der Sand lediglich unter den Körperschleifen wegrutschen und die Schlange würde nicht vorankommen. Aus diesem Grunde haben einige Wüstenschlangen im Laufe der Evolution eine ganz andere Methode entwickelt, sich fortzubewegen. Sie heben in fließend wechselnder Abfolge eine Körperwindung vom Boden empor und schnellen sie zur Seite: zugleich stemmen sie sich mit der aufliegenden Körperwindung im Sand ab. Das ermöglicht ein rasches, zur Seite gerichtetes Fortkommen. Um sich im losen Sand besser abstützen zu können, tragen die Seitenwinderschlangen außerdem noch Schuppenleisten an ihren Bauchseiten.

Das Zur-Seite-Winden ist in der Sandwüste ein genialer Mehrzweckantrieb. Nicht nur, daß die Schlangen auf diese Weise fast mühelos selbst steile Dünenhänge erklimmen; sie vermeiden so auch, daß der Körper die heiße Oberfläche mehr als gerade eben notwendig berührt. Diese ungewöhnliche Methode der Fortbewegung ergibt eine eigenartige Fährte. Nur die jeweils aufliegenden Körperpartien hinterlassen Abdrücke, und wenn man die parallel nicht miteinander verbundenen Spuren erblickt, kann man sich nur schwer vorstellen, daß ein Schlangenleib sie in den Wüstensand einprägte.

Bemerkenswert ist, daß sich diese besondere Art der Fortbewegung bei mehreren Schlangenarten herausgebildet hat, die auf verschiedenen Kontinenten leben, durch Ozeane getrennt, und die sich stammesgeschichtlich unabhängig voneinander entwickelten. Gemeinsam ist ihnen jedoch, daß alle in der Wüste leben. Es war die prägende Kraft dieser Landschaft, die bei gleichen Schwierigkeiten eine gleiche optimale Lösung erzwang.

Während die wechselnden Winde die Tiere der pflanzen- und regenlosen Namib-Wüste gleichmäßig und zuverlässig mit Nahrung und Feuchtigkeit versorgen, sind in den Wendekreis- und in den Reliefwüsten die Lebensbedingungen oft unregelmäßig und unzuverlässig. Viele Arten von Pflanzen und Tieren vermögen hier trotz aller Anpassungen kein dauerhaft aktives Leben mehr zu führen.

Die Wüstenspringmäuse in den winterkalten Reliefwüsten Nordamerikas und Asiens zum Beispiel entziehen sich dem strengen Klima durch Winterschlaf. Auch zahlreiche kleine Nagetiere der heißen Wüsten überstehen auf schlafende Weise langanhaltende Dürreperioden und Hitzezeiten. In diesem Fall spricht man von Trockenschlaf. Damit sich die vorhandenen Fettreserven über eine möglichst lange Zeitspanne strecken lassen, drosseln die Tiere ihren Stoffwechsel auf ein Mindestmaß, die Atmung wird nahezu eingestellt. Die Körpertemperatur jener Mäuse, normalerweise 39 Grad Celsius, sinkt auf 15 Grad. Um zu überleben, schalten die Mäuse auf Sparflamme. Einige Arten erwachen während des Trockenschlafes nur kurz und in großen Abständen, um vom gehamsterten feuchten Nahrungsvorrat zu fressen. Offenbar ist das nötig, damit auch das beschriebene Mikroklima in der Schlafkammer erhalten bleibt.

Während einer Sahara-Expedition 1978 im Spätherbst machte ich eine eigentümliche Entdeckung. Nach einer langen Fahrt hielt ich in einem Dünental an, um zu übernachten. Es dunkelte bereits, und so konnte ich das Terrain nicht mehr erkunden. Früh am Morgen, eine halbe Stunde vor Sonnenaufgang, stand ich auf, um das Dünental näher zu besichtigen. Es war bitterkalt. Der Boden war stellenweise übersät von Schmetterlingen. Mit zusammengefalteten Flügeln lagen sie auf der Seite. Um die Art zu bestimmen, hob ich einige auf. Leblos wie abgestorbenes Laub fielen sie dann zurück auf den Wüstenboden. Es waren Diestelfalter, eine Art von Wanderfaltern. Den Zugvögeln gleich, fliehen sie vor dem Winter aus Europa ins tropische Afrika. Wie es die zarten Schmetterlinge dabei schaffen, zweitausend Kilometer trockene und heiße Wüste zu durchqueren, war der Wissenschaft seit langem ein großes Rätsel. Die leblosen Körper zu meinen Füßen schienen ein Hinweis dafür zu sein, daß diese Leistung nur unter erheblichen Verlusten erbracht wird.

Nach nächtlichem Kälteschlaf läßt sich der Distelfalter von den ersten Strahlen der Morgensonne erwärmen

Als sich die Sonne über den Horizont hob, wurde ich Zeuge eines einzigartigen, wahrscheinlich nie zuvor erlebten Schauspiels. Kaum, daß die ersten Sonnenstrahlen flach über den Wüstenboden strichen, richteten sich, wie von Geisterhand bewegt, die totgeglaubten Falter auf. Sie verharrten eine Weile, klappten ihre Flügel auseinander und nachdem sie genug Wärme getankt hatten, flogen sie auf und zogen mit der einsetzenden Morgenbrise nach Südosten weiter.

Ganz augenfällig hatten die Tiere die Nacht in einer todesähnlichen Kältestarre verbracht – Trockenschlaf für eine Nacht. So war es ihnen möglich, ihre Fettreserven zu schonen und nur für den Flug zu verbrauchen.

Ich vermute außerdem, daß die Falter während des Kälteschlafs in der Lage sind, durch ihre auf dem Boden aufliegenden Flügelunterseiten die winzigen Mengen nächtlichen Taus aufzunehmen, um so ihren Feuchtigkeitsbedarf zu decken.

Einige Tage später, mehrere hundert Kilometer weiter südlich, traf ich wieder auf einen Schwarm dieser Wanderfalter. Hunderte Schmetterlinge hatten sich auf einer winzigen Insel blühender Wüstensträucher niedergelassen. Sie saugten emsig Nektar und tankten damit Energie für den Weiterflug auf.

Für Amphibien, die nicht nur wie fast alle anderen Tiere auf Trinkwasser angewiesen sind, sondern ihre gesamte Entwicklung in Seen und Teichen absolvieren müssen, sind Wüsten denkbar ungünstige Lebensräume. Dennoch gibt es in fast allen heißen Wüsten Frösche und Kröten. Sie leben jedoch nicht in den wenigen dauerhaften, durch Salzanreicherung ätzenden Gewässern, sondern in temporären Teichen, die oft nicht größer sind als Pfützen. Sie bilden sich nach sporadischen Regenfällen für nur kurze Zeit in kleinen Senken.

Wenn sich in der nordamerikanischen Sonora-Wüste nach den Gewittern des Spätsommers solche Senken binnen weniger Minuten mit Wasser füllen, dann beginnt das kurze Leben der Spatenfußkröten. So schnell – fast über Nacht – bevölkern sie die Gewässer, daß man glauben könnte, sie seien zusammen mit dem Regen vom Himmel gefallen. Sofort beginnen die Kröten mit der Paarung und Eiablage und bereits zwei bis drei Tage später schwimmen die ersten Kaulquappen im Wasser.

Diese rasante Entwicklung der Kröteneier (mitteleuropäische Arten benötigen dafür mindestens eine Woche) ist eine Anpassung an die Kurzlebigkeit der Wüstengewässer. Mit dem unaufhaltsamen Sinken des Wasserspiegels setzt nun für die Kaulquappen, die sich vorwiegend von Algen ernähren, ein Wettlauf auf Leben und Tod ein. Die Metamorphose, ihre Verwandlung zu Kröten, muß abgeschlossen sein, bevor der Teich wieder völlig ausgetrocknet ist. Andernfalls würden die unfertigen Tiere ersticken, denn sie besitzen nur Kiemen, mit denen sie den Sauerstoff aus dem Wasser herausfiltern. Erst die voll entwickelten Kröten haben Lungen, mit denen sie Luft atmen können.

Der Entwicklungszyklus der Amphibien stellt praktisch im Zeitraffer weniger Tage eine Zusammenfassung der gesamten Naturgeschichte des Umzuges der Lebewesen aus der Urheimat allen Lebens, aus dem Wasser, auf das feste Land dar. Jede Generation von Spatenfußkröten muß diesen Schritt an Land immer wieder neu vollziehen.

Wenn der Teich vorzeitig auszutrocknen droht, versuchen die Kaulquappen, entgegenzuwirken. Durch heftige Bewegungen ihrer fischähnlichen Schwänze wühlen sie Vertiefungen in den schlammigen Grund. So gelingt es ihnen, das restliche Wasser auf sich zu konzentrieren.

Nach langem Trockenschlaf in ihrer Höhle streift eine Spatenfußkröte ihre Hauthülle ab, die sie vor der Austrocknung schützte. Hornspaten an den Füßen gaben dem Tier seinen Namen. Die Entwicklung der neuen Generation vollzieht sich in den kurzlebigen Tümpeln binnen weniger Tage

In dieser dramatischen Überlebensphase machen die Kaulquappen zweier Arten von Spatenfußkröten eine makabre Verwandlung durch. Einzelne Tiere entwickeln in kurzer Zeit kräftige Gebisse und verspeisen ihre unbezahnten Artgenossen. Dieser Kannibalismus entsteht zweifellos aus einem Zwang zur Arterhaltung. Mit der kräftigen Nahrung und indem sie die Konkurrenten der eigenen Art beim Kampf um einen Platz in den letzten Wasserlachen ausschalten, haben die kannibalischen Exemplare eine größere Chance, die Metamorphose zur Kröte zu vollenden und damit die ganze Art zu retten. In kurzer Zeit sind die Kröten von Wasserbewohnern zu Wüstenbewohnern geworden. Nun stehen sie vor neuen großen Problemen. Ihre Haut ist so wasserdurchlässig, daß sie nicht einen Tag an der Oberfläche überleben könnten. Kaum haben sie das Licht der Welt erblickt, entziehen sich die jungen Kröten diesem Licht wieder. Wie die alten Kröten, wühlen sie sich mit zwei kleinen Hornspaten an den Hinterfüßen in den schlammigen Grund des austrocknenden Teiches ein. Wenige Zentimeter unter der Oberfläche, vor den Sonnenstrahlen geschützt, gekühlt noch von der verdunstenden Bodenfeuchtigkeit, warten sie auf das nächste regenbringende Gewitter, das ihren Teich wieder auffüllt.

Wenn sich das Klima ändert und die Zeit der spätsommerlichen Gewitter zu Ende geht, graben sich die Kröten tiefer ein. Sechzig bis achtzig Zentimeter unter der Oberfläche wühlen sie sich eine kleine Kammer und scheiden durch Drüsen ein Sekret aus, das sie wie eine pergamentene zweite Haut umhüllt. Diese Haut ist wahrscheinlich so beschaffen, daß sie Wasser nur in einer Richtung hindurchläßt, und zwar von außen nach innen. Sie schützt die Kröten davor, daß sie austrocknen, erlaubt jedoch jederzeit, daß Wasser aus der Umwelt eindringt. Eingehüllt in ihre Frischhaltebeutel, überbrücken die Kröten die Zeit bis zur nächsten Regenperiode in einem fast einjährigen todesähnlichen Trockenschlaf. Während dieser Zeit findet nur noch ein minimaler Stoffwechsel statt, so daß man lediglich mit hochempfindlichen Meßgeräten feststellen kann, ob eine Kröte noch lebt. Entsprechend niedrig ist der Verbrauch der im Körper eingelagerten Fett- und der in der Blase gespeicherten Wasservorräte. Ein Maßstab für dieses Leben auf Sparflamme ist der Sauerstoffverbrauch für die Atmung. Er ist so niedrig, daß die geringen Mengen Luft ausreichen, die noch durch den mittlerweile steinhart gebackenen Boden dringen. Wenn mit der nächsten Regenperiode der Boden wieder aufweicht und die Feuchtigkeit bis in die Schlafkammern zu den Kröten vordringt, ist das für sie das Signal, aufzuwachen und an die Oberfläche zurückzukehren.

Die Spatenfußkröten stehen dabei vor einem ähnlichen Problem wie die Samen der ephemeren Pflanzen. Woher sollen sie tief unten in ihren Schlafkammern „wissen", daß der Regen über ihnen ausreicht, um die Entwicklung ihrer Nachkommen zu gewährleisten? Was die Samen der ephemeren Pflanzen durch die wasserlöslichen Substanzen in ihrer Schutzhülle „erfahren", das erfahren die Kröten ebenfalls durch eine genial einfache Methode. Sie haben sich genau so tief eingegraben, daß nur eine jeweils für Ernährung und Fortpflanzung ausreichende Regenmenge zu ihnen vordringen kann.

Es gibt unter den Tieren der Wüste eine noch engere Parallele zu den dauerhaften Samen der ephemeren Pflanzen. In kleinen Regenpfützen und in wassergefüllten Felsaushöhlungen wimmelt es oft von winzigen Krebsen. Sie ernähren sich von Algen und eingewehtem Pflanzenstaub. Sobald diese kurzlebigen Gewässer austrocknen, sterben die Krebse. Sie können nicht wie die Spatenfußkröten scheintot bis zum nächsten Regenfall überleben. Wie die ephemeren Pflanzen in ihren Samen, so überdauern die Wüstenkrebse nur in Gestalt ihrer sandkorngroßen Eier. Diese Eier übertreffen alles, was sich im Kampf ums Überleben der Arten in der Wüste herausgebildet hat. Eingebettet im eingetrockneten Schlamm, können die Eier mehrere Jahrzehnte Hitze und Trockenheit überstehen. Allein ihre Widerstandsfähigkeit garantiert den Fortbestand der Art. Einige Biologen vermuten, daß die Eier der Wüstenkrebse länger als ein Jahrhundert lebensfähig bleiben. Ob dies richtig ist, werden jedoch erst Forscher der übernächsten Generation bestätigen können, wenn sie die Eier, die eigens dafür aufbewahrt wurden, eines fernen Tages ins Wasser schütten.

In den Eiern der Wüstenkrebse – soviel kann man indes heute schon sagen – ist das Leben in den kosmischen Dimensionen der Wüste auf das Prinzip seiner Erhaltung reduziert.

Pflanzen und Tiere der arktischen Wüsten stehen vor fast den gleichen Überlebensproblemen wie ihre Verwandten in den heißen Wüsten. Besonders die Pflanzen müssen mit großer Trockenheit fertig werden, da Wasser während der meisten Zeit des Jahres nur gefroren als Schnee und Eis vorhanden ist. Darüber hinaus ist es auf einer ständig von Verwitterung umgestalteten Oberfläche aus Felsgeröll, Schnee und Eis für die Pflanzen ähnlich schwierig, sich anzusiedeln und für die Tiere, sich fortzubewegen wie für ihre Verwandten in den heißen Wüsten. Dennoch haben die arktischen Tiere sich bei weitem nicht so tiefgreifend an ihre Umwelt angepaßt. Der Grund dafür liegt darin, daß die arktische kalte Umwelt erdgeschichtlich ziemlich jung ist.

Folgen wir noch einmal den Vorstellungen des Forschers Bernhard Stonehouse.

Seit einer sehr weit zurückliegenden Eiszeit im Perm und Karbon vor etwa 250 bis 300 Millionen Jahren haben auf den Kontinenten lange keine arktischen Lebensbedingungen geherrscht. Erst in den letzten zwei bis vier Millionen Jahren – ausgelöst durch die Drift der Kontinente in ihre heutige Position – sind wieder Meere und Festländer vereist, Seen und Böden in Meeresnähe ständig gefroren und weite Teile des Landes die meiste Zeit des Jahres unter Schnee begraben.

In den arktischen Gebieten sind große Bereiche der steinernen Haut unserer Er-

Der drei Zentimeter lange Wüstenkrebs hat nur noch wenige Tage zu leben. Wenn der kleine Teich in der nordamerikanischen Wüste ausgetrocknet ist, wird seine Art nur in Form von widerstandsfähigen Eiern die Dürre bis zum nächsten Regen überdauern

de erst vor wenigen Jahrtausenden unter dem zurückweichenden Eis der letzten Kaltphase der Eiszeit wieder aufgetaucht. Dieses freigelegte Festland konnte bis heute kaum richtig auftauen und eine Schicht kargen Erdreichs hervorbringen. Entstanden sind völlig neue Lebensräume. In der Erdgeschichte hat keine der heute vorherrschenden Pflanzen- und Tiergruppen derartige Verhältnisse kennengelernt. Während die Pflanzen und Tiere der ältesten und beständigsten Landschaft der Erde − der heißen Wüste − genügend Zeit hatten, sich ihrer Umwelt anzupassen, stand diese Zeit für das Überlebenstraining in den arktischen Wüsten noch nicht zur Verfügung.

Grundlage für das Leben höherentwickelter Pflanzen und damit für Tiere ist Erdreich. Es beginnt zu entstehen, wenn Gesteine durch mechanische und chemische Verwitterungen zerkleinert und zersetzt werden. Wie in den heißen Wüsten, so können sich jedoch auch im polaren Klima derartige Böden nur sehr langsam bilden. Verwitterung und Abtragung wirken hier allzu stark. Unaufhörlich wechseln Frost und Tauwetter; das zersprengt das von den zurückweichenden Gletschern freigegebene Gestein. Vom Wind herbeigeführtes Meersalz zerfrißt es, driftender Sand und Eiskristalle schmirgeln seine Oberfläche. Der Gesteinsschutt entsteht schneller, als er von Pflanzen besiedelt werden kann. Die unfertigen arktischen Böden bewegen sich ständig; schon dies erschwert es den Pflanzen, sich anzusiedeln. Im Winter schrumpfen die Böden, reißen auseinander und bilden mit tiefen Rissen ein Mosaik getrennter Einzelschollen. Die Spalten füllen sich mit Eis, Geröll und Erdreich. Im Sommer dehnen sich die Bodenplatten wieder aus und die Spaltenfüllungen werden als Wälle emporgedrückt. Wie natürliche Deiche verhindern sie, daß das Schmelzwasser

Erst seit wenigen Jahrtausenden vom Dauereis befreit, ist die arktische Tundra eine vergleichsweise junge Wüste. Flechten besiedeln als Pionierpflanzen das nackte Gestein. Viele Lebewesen, auch der Eisbär, führen hier − wie die Tiere in den heißen Wüsten − eine nomadische Lebensweise

abfließen kann. In jedem Frühjahr verwandelt sich das arktische Tiefland in ein unabsehbares Mosaik flacher Tümpel und Seen, einem Binnenmeer gleich.

Die Pionierpflanzen, die sich auf dem vom Dauereis befreiten Gestein ansiedeln, sind widerstandsfähige Flechten und Moose. Sie bilden erste kleine, farbenprächtige Oasen, reichern ihre unbelebte Umwelt mit organischem Material an und tragen somit dazu bei, daß ein humushaltiges Erdreich entsteht. Durch die Humus-

stoffe freigesetzte chemische Substanzen lösen nun ihrerseits aus dem Schutt Mineralsalze, die wiederum den Pflanzenwuchs fördern. Die Vegetationsdecke bindet Feuchtigkeit, schirmt den Boden gegen Frost und Sonne ab und schafft eine stabilere Umwelt für kleine, primitive Tiere. Würmer, Milben, Insekten und viele andere Kleintiere siedeln sich an, um sich von den Pflanzen zu ernähren.

Wegen des langen, kalten Winters, in dem die organischen und chemischen Vor-

Den Flechten folgen Moose, Blumen und Gräser als Siedler auf den jungen arktischen Böden der Tundra. Nur wenige Wochen im Jahr wird dieser bunte Teppich von der Schneedecke des Winters freigegeben

gänge stark verlangsamt ablaufen oder gar zeitweilig stoppen, entwickeln sich die arktischen Böden und mit ihnen die Pflanzen nur sehr zögernd. Am vorläufigen Ende der Entwicklung stehen die bereits recht komplexen artenreichen Pflanzengesellschaften der Tundra. Sie beherbergt Flechten, Moose, Gräser, Sträucher, blütentragende Kräuter und Bäume. Das rauhe Klima indes verurteilt die Bäume zum Krüppelwuchs. Birken und Weiden, die mehr als hundert Jahre alt sind, haben nur fingerdicke Stämme und sind nicht viel höher als 20 bis 30 Zentimeter.

Obwohl subtropische und arktische Trockenregionen im Durchschnitt gleichermaßen geringe Niederschläge erhalten, trägt die Tundra im Vergleich etwa zur Sahara eine viel dichtere, üppigere Vegetation. Bei den niedrigen Temperaturen verdunsten die wenigen Niederschläge des langen Winters hier nicht, sondern bleiben als Schnee und Eis erhalten. Wenn im Frühjahr Tauwetter einsetzt, steht den Pflanzen die angesammelte Feuchtigkeit jährlich regelmäßig und im Überfluß zur Verfügung.

Vergleichbar der – allerdings unregelmäßigen – Blütenpracht der ephemeren Pflanzen in den heißen Wüsten, verwandelt sich die arktische Tundra in jedem Frühjahr in ein Blütenmeer. Kaum, daß der Schnee nach einem Winter von oft neun bis zehn Monaten die ersten Bodenflächen freigibt, entfalten zahlreiche Kräuter und Sträucher ihre Blüten, um die kurze lebensfreundliche Periode für die Arterhaltung zu nutzen.

Im Gegensatz zu den ortsgebundenen Pflanzen, sind die meisten Tierarten in dieser Landschaft Saisongäste. Sie suchen nur im Sommer das Neuland Arktis auf und verlassen es bei Anbruch des Winters wieder. Ein Daueraufenthalt in einer Landschaft, in der die lebensfreundliche Periode oft nicht viel länger als zwei Monate dauert, wäre ihnen nicht möglich. Bei steigender Sonne in jedem Frühjahr verlassen hunderttausende großer Pflanzenfresser – Karibus und Rentiere – den dichten Nadelwaldgürtel, der sich im Süden an die Arktis anschließt und in dessen Schutz sie den langen Winter verbracht haben. Sie ziehen nach Norden, um das große Nahrungsangebot der Tundra zu nutzen. Ihnen folgen die Fleischfresser, Wölfe und Kojoten. Zusammen mit ihnen kehren auch Millionen Vögel, hauptsächlich Wat- und Wasservögel, aus ihren Winterquartieren nach Norden zurück, um zu brüten und ihre Jungen aufzuziehen.

Obwohl die Vegetation in der Tundra dauerhaft und winterfest ist, schwankt das Nahrungsangebot für beide – Pflanzen- und Fleischfresser – hier ähnlich wie in den heißen Wüsten. Wenn der Winter hart war und der Schnee lange liegenbleibt, ist an Futter Mangel. Kleine Pflanzenfresser wie Mäuse und Lemminge sind dann nicht besonders fortpflanzungsfreu-

dig. Viele verhungern, die Population bleibt klein.

Wenn auf einen schneearmen, milden Winter ein längerer Sommer folgt und reichlich Nahrung vorhanden ist, werfen die kleinen Säuger vier- bis fünfmal nacheinander jeweils fünf bis sechs Junge. Reihen sich mehrere gute Jahre aufeinander, können sich zum Beispiel zwei Lemminge verhundertfachen. Eine Bevölkerungsexplosion ist die Folge. Die Fleischfresser steigern darauf ebenfalls ihre Fruchtbarkeit. Die Polarfüchse werfen statt sechs plötzlich ein Dutzend Junge, und in den

Die größten in der Antarktis ansässigen Fleischfresser sind Milben von nur einem Millimeter Durchmesser. Sie ernähren sich von Mikroorganismen und von Pflanzenfressern

Zu den größten Pflanzenfressern der Antarktis zählen die nur zwei Millimeter großen Springschwänze. Ihre Nahrung besteht aus Flechten und Moosen

Nestern der Schnee-Eulen, der Gerfalken und der Raubmöwen liegen doppelt so viele Eier wie in normalen Jahren. In immer größerer Zahl fallen die Räuber über ihre Beutetiere her.

Dann eines Tages, wenn zuviele Mäuse und Lemminge zu viel Vegetation abgeweidet haben, beginnt das übergroße Nahrungsangebot an der Basis der Nahrungspyramide zusammenzubrechen. Auf den Überfluß folgt für alle eine Zeit des Darbens und des Verhungerns. Zwangsläufig stellt sich nach nur wenigen Jahren wieder ein Gleichgewicht in der Lebensgemeinschaft der Tundra ein.

Erstaunlich ist, daß die meisten der wenigen Säugetierarten, die sich das ganze Jahr in der Arktis aufhalten – wie Polarfuchs, Schneehasen und Lemminge – die kalte, lebensfeindliche Zeit nicht wie ihre Verwandten in den gemäßigten Breiten mit einem Winterschlaf überbrücken. Wahrscheinlich reicht der kurze Sommer nicht aus, um für den langen Winter genügend Fettreserven im Körper zu speichern. Die größeren unter diesen Tieren legen Vorräte an, wandern aber auch während des Winters umher. Sie suchen nach Nahrung an Stellen, die der Wind freigeweht hat, oder sie graben sie unter dem Schnee aus. Kleine Tiere wie Lemminge und Mäuse lassen sich einfach einschneien. Unter der isolierenden Schneedecke legen sie in der Vegetation ein weitverzweigtes System von Freßgängen an.

Die Lebensbedingungen in der Arktis unterscheiden sich von denen in der Antarktis so stark wie die der pflanzen- und tierreichen Sonora-Wüste von denen der vergleichsweise lebensärmeren Sahara. Während im Zentrum der Arktis ein Binnenmeer liegt, das von Kontinenten umschlossen wird, die alle bis hinab in die Subtropen reichen, ist die Antarktis ein unter einem Eispanzer begrabener Inselkontinent, umgeben von sturmgepeitschten Ozeanen. Das Klima der Antarktis ist wesentlich rauher als das der Arktis. Lediglich in wenigen kleinen eisfreien Gebieten nahe der Küste steigen die Temperaturen während des Sommers knapp über Null und das auch nur für wenige Wochen. Große Trockenheit ist die Folge.

Die Antarktis ist die sicherlich lebensfeindlichste Wüste unserer Erde. Der größte Teil scheint völlig ohne Leben – steril – zu sein. Nirgendwo hat sich in ihrer Gesteinswüste nennenswert Erdreich bilden können. Selbst an geschützten, feuchten Stellen werden Vegetationsoasen von Flechten und Moosen kaum größer als wenige Quadratmeter. In der Antarktis gibt es keine Bäume und Sträucher und nur zwei Blütenpflanzen, eine Gras- und eine Nelkenart, kommen auf der etwas wärmeren, nach Südamerika weisenden Antarktischen Halbinsel vor.

Weil die Vegetation so karg ist, leben in der Antarktis keine großen Landtiere. Die einzigen Pflanzenfresser, die verborgen im Schutz der Moos- und Flechtenpolster vegetieren, sind winzige Insekten, darunter auch eine nur drei Millimeter lange Mückenart. Sie ist flügellos, denn Flugfähigkeit wäre tödlich für sie. Orkane aus dem Binnenland würden kleine flugfähige Tiere in den Ozean blasen. Auch die größten fleischfressenden Tiere der Antarktis sind nach diesen Lebensumständen angemessen proportioniert – Milben von einem Millimeter Durchmesser. Sie ernähren sich von den pflanzenfressenden Insekten.

Trotzdem wimmelt es an den Ufern der Antarktis von großen Tieren, Pinguinen und Robben. Sie benutzen den Kontinent jedoch nur als Brut- und Ruheplattform und ernähren sich aus dem Meer. Der Eiswüstenkontinent ist von den fruchtbarsten und nahrungsreichsten Meeren unseres Planeten umgeben.

Die Wüste wird gewinnen

Längst ist der Mensch zum Opfer der Wüste geworden.
Er bezwingt sie nicht, sondern fördert sie sogar. Es ist vernünftiger,
die Zahl der Menschen zu begrenzen als den Versuch zu
unternehmen, alle Wüsten dieser Erde in
Gemüsegärten zu verwandeln

Ein Bauer im
Sahel, dem Trocken-
gebiet am Südrand der
Sahara, begießt
Setzlinge des Schrauben-
bohnen-Baumes.
Sie sollen helfen, den
Vormarsch der Wüste auf
breiter Front zu stoppen —
ein aussichtsloses
Unterfangen

Jahrelange
Dürre, das Sand-
strahlgebläse des
Wüstenwindes
und schließlich zu
große Herden
haben die Weiden
im Sahel zerstört.
Den überlebenden
Rindern bleiben nur
noch dornige
Sträucher

Unaufhaltsam dringt der Sand in die Straßen von Beni-Abbès ein. Schon hat er die ersten Häuserzeilen dieser algerischen Oase am Rand des Großen Westlichen Erg unter sich begraben

Wandernde
Sandmassen in der
iranischen Wüste
verschlucken ein Dorf.
Mit Wasserwerfern
bestückte Planierraupen
sprühen im Iran
dünnflüssiges Öl auf Dünen,
um sie zu befestigen.
Tagelöhner schaufeln die
Straße frei, die über
2370 Kilometer durch
den Wüstenstreifen
an der peruanischen
Pazifikküste führt

281

Kampflos haben
die Bewohner von
Kolmanskop in der
ehemals deutschen
Kolonie Südwestafrika
ihre Häuser dem
Sand überlassen.
Die Diamantenminen,
von denen die Men-
schen lebten, waren
ausgebeutet

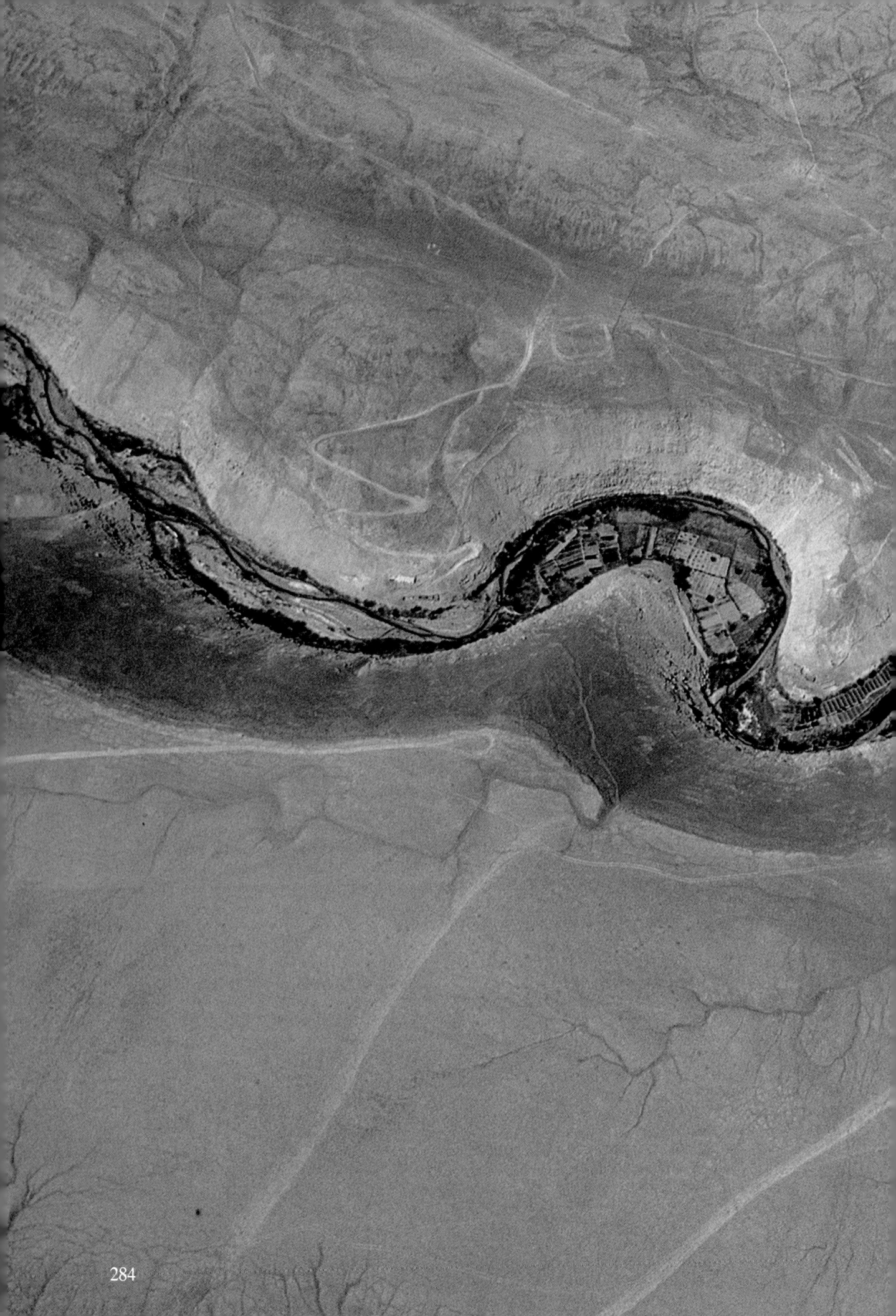

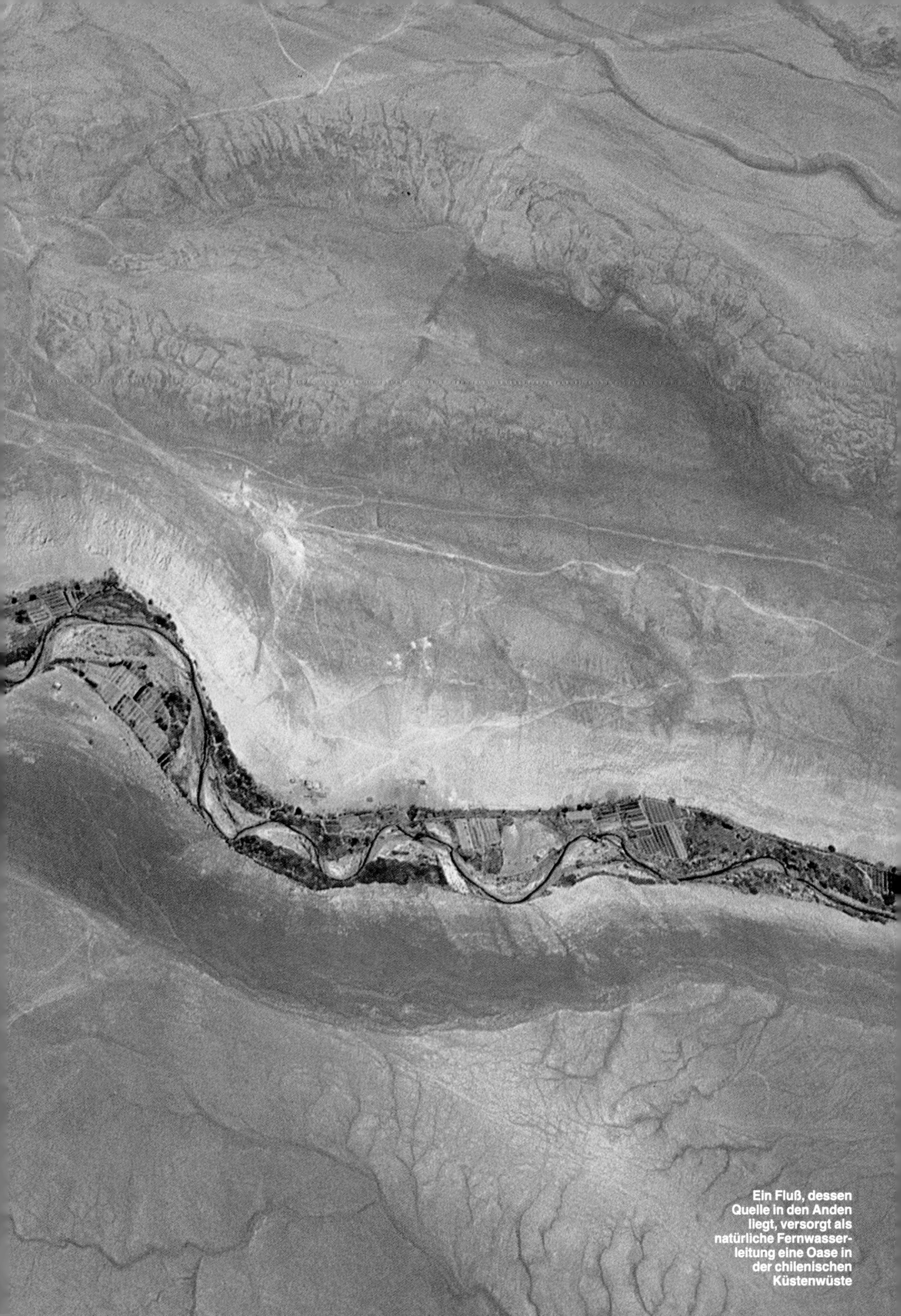

Ein Fluß, dessen
Quelle in den Anden
liegt, versorgt als
natürliche Fernwasser-
leitung eine Oase in
der chilenischen
Küstenwüste

Zeugnis frucht-
barerer Zeiten in der
Sahara legen die
Zeichnungen im Fels-
labyrinth des Tassili-
Plateaus ab. Sie zeigen,
daß vor 5000 Jahren
im Zentrum dieser
Wüste noch Rinder-
zucht möglich war

Um den Brunnen
von El-Aref im Sahel
haben sich einige Dutzend
Nomadenfamilien
angesiedelt. Bis auf ein
paar Ziegen ist ihr Vieh
verendet. Den schweren
Wassersack zogen
früher Esel- oder Kamel-
gespanne aus dem tiefen
Brunnenloch. Heute müssen
sich die Menschen selber
ins Joch stemmen

Bei der Suche nach Erdöl stießen die Prospektoren auch auf fossiles Grundwasser — Regen, der vor zehntausenden von Jahren vom Himmel fiel. Die Menschen nutzen und genießen diesen Überfluß, wie hier im israelischen Sinai. Aber es ist abzusehen, daß die Vorräte bald erschöpft sein werden

Die Not ihrer
Herren am Südrand
der Sahara hat dieser
Sklavenfamilie die
Freiheit beschert.
Jetzt flieht sie vor der
Wüste. Die Akazien-
savanne des Sahel,
die eine bescheidene
Existenz gewährte,
ist für immer
abgestorben

ie Kälte weckt mich. Ich krieche tiefer in den Schlafsack. An den Fenstern des Land-Rovers ist die Feuchtigkeit aus meinem Atem zu Eisblumen gefroren. Zuvor in der Farblosigkeit der Nacht und meines Schlafes verborgen, reflektieren die Kristalle nun das zunehmende Licht über dem östlichen Horizont in einem ständigen Wandel von Farben. Wie in einem Kaleidoskop scheinen die Farben das Mosaik der Eiskristalle zu verändern. ein dunkles, metallisches Blau verwandelt sich in tiefes Purpur, das sich über den ganzen Himmel weit nach Westen bis an den Rand des fliehenden Erdschattens erstreckt und allmählich in ein mildes Rosa überfließt. In einer halben Stunde wird die Sonne aufgehen.

Ich kratze mit den Fingernägeln ein Loch in die Eisblumen und blicke in eine düstere, endlose Ebene, bedeckt mit scharfkantigen, schwarzen Gesteinstrümmern. Im Nordosten, die Entfernung ist schwer abschätzbar, liegen wie Inseln einige dunkle Berge und Höhenrücken. Die Verlassenheit der Landschaft provoziert meine Sinne: Die Augen suchen nach etwas Grünem, versuchen den Flug eines Vogels am Morgenhimmel auszumachen. Aber so angestrengt ich auch schaue, ich entdecke nichts. Das Gehör bestätigt, daß es hier kein Leben gibt. Die absolute Stille um mich herum lastet wie ein Druck auf dem Trommelfell. Ich habe das Gefühl, Gefangener in einem schalldichten Gehäuse zu sein. Die Geräusche, die ich selbst durch Bewegungen auf meinem Lager verursache, das Knarren der Autofedern, erscheinen mir so laut und fremd, daß ich mich fast vor ihnen erschrecke.

Mit dem Licht erhebt sich wieder der eisige Wind, vor dem ich am Vorabend hinter den Ruinen eines Sandsteingebirges Schutz gesucht hatte. Im kalten Morgenlicht wirken die Felsen verbrannt und ausgeglüht. Sie könnten die Reste einer Stadt nach der Apokalypse sein.

Der Wind bringt auch die Geräusche zurück. Es sind Geräusche einer unbelebten Natur – ein leises Pfeifen und Heulen zwischen den Rädern und Achsen meines Land-Rovers und in den zerborstenen, ausgehöhlten Steinen, über denen der Wagen steht. Der Wind treibt breite Bänder einer weißen, pulvrigen Substanz über die Ebene. Das Eisige der Landschaft und die farbige Klarheit der Atmosphäre verleihen der Szenerie etwas Arktisches.

Es ist Anfang Januar. Zur Morgenwäsche über dem kleinen Wassernapf muß ich mich überwinden. Eissplitter schneiden in die Haut.

Ich bin tief im Inneren der Sahara auf dem Weg zur Oase Wau en Namus. Am libyschen Militärposten Wau el Kebir stoppe ich, um mich auszuweisen und um nach dem Weg zu fragen. Etwas unwillig verlassen zwei Soldaten das kleine steinerne Fort auf dem Plateau eines Inselberges inmitten eines riesigen Talkessels. Sie kommen auf mich zu, um meine Papiere zu kontrollieren. Die Mündungen ihrer Gewehre sind mit kleinen Lappen zugestopft, damit kein Sand eindringt. Früher, als Libyen noch von den Italienern besetzt war, war Wau el Kebir ein Strafgefangenenlager ohne Mauern und Zäune. Rundum nur Hunderttausende Quadratkilometer wasserloser Wüste.

Östlich von Wau el Kebir beginnt der gespenstische Raum der Kernwüste. Was ich erblicke, ist im eigentlichen Sinne keine Landschaft mehr, es ist Zustand von Materie vor der Genesis und zugleich Endzustand aller Dinge. In Jahrmillionen wurde alles zerstört, was für uns eine Landschaft ausmacht, jede vertraute Form, jede Struktur. Hitze und Kälte haben die Gesteine zermürbt und zersprengt, das Sandstrahlgebläse des Windes hat die Trümmer geschliffen.

Stunde um Stunde fahre ich durch dieses Skelett einer Landschaft. Gesteinsrippen abgetragener Gebirge versinken in ihrem eigenen Verwitterungsschutt. Ansammlungen weißen Kalksteins, Überbleibsel einzelner Berge, unterscheiden sich nicht mehr von den ausgeblichenen Gebeinen einer verirrten Kreatur, einem Haufen Kamelknochen. Ab und zu passiere ich Steinsetzungen – Wegmarken und Vermessungspunkte von Forschungsreisenden, die diese entlegene Gegend vor Jahrzehnten als erste durchquert hatten. Über allem liegt ein Hauch aus grünlichgelbem Staub.

Je weiter ich in die Kernwüste eindringe, desto gleißender wird das Licht. Luftspiegelungen tanzen wie Irrlichter über dem Horizont. Bänder weißen Staubes treiben vor dem Wagen her: Es ist Gips, Bestandteil der zerfallenden Gesteine.

Vor mir, auf einer Fläche feinen Gesteinsschutts, taucht im Gegenlicht ein schwarzer, eiförmiger Brocken auf. Bei dieser gleißenden Helligkeit kann man Distanzen oder die Größe von Objekten nicht einmal annähernd schätzen. Es könnte sich sowohl um einen Inselberg handeln, der über dem Horizont auftaucht, als auch um einen nur faustgroßen Brocken, einige hundert Meter entfernt.

Der Brocken fasziniert mich. Irgend etwas an seiner Natur erscheint mir rätselhaft. Ich kann mir nicht vorstellen, daß inmitten der zu feinstem Schutt, Sand und Staub zerfallenen Gesteinsmaterie ein einzelner Felsbrocken übriggeblieben sein soll, selbst wenn er aus widerstandsfähigstem Gestein bestand. Es könnte höchstens ein erst in jüngerer Zeit herabgestürzter Meteorit sein.

Ich steuere darauf zu. Die Distanz nimmt schnell ab. Als ich mich nicht mehr weit von dem Brocken entfernt glaube, halte ich an und steige aus. Gespannt gehe ich auf ihn zu. Plötzlich fliegt der Brocken auf und davon. Es ist eine verirrte Spießente. Sie fliegt nach Westen, in die falscheste aller Richtungen – Millionen Quadratkilometer ohne Nahrung, ohne Wasser liegen vor ihr.

Selten habe ich einem Vogel so lange nachgeblickt. Das Schicksal der Ente nahm für mich eine ungeheure Bedeutung an. Ich empfand eine innere Verbundenheit des Lebendigen angesichts der grauenhaft wirkenden Leere der Wüste, die mich umgab. Noch nach Jahren denke ich an die Ente zurück. Ob sie es wohl geschafft hat? Ich wünsche es mir.

Am Nachmittag fahre ich über die Uferlinie eines sanftgewellten, gelben Sand- und Staubmeeres. Eisberge scheinen darin zu treiben. Es sind bizarr geformte, schräg gestellte Schollen, wahrscheinlich Spitzen gewaltiger Gipsstöcke, die an die Oberfläche drängen.

Plötzlich taucht aus den ungewissen Spiegelungen am Horizont eine dunkle Linie auf, kommt rasch näher, wird zur Fläche. Ich habe das Gefühl, in ein schwarzes Nichts zu rasen. Rasch nehme ich die Sonnenbrille ab. Die Wüste zeigt schlagartig eine tiefschwarze Färbung. Meine Spannung wächst. Voller Ungeduld drücke ich das Gaspedal bis zum Anschlag durch. Doch der Wagen beschleunigt nicht. Nur daran merke ich, daß das Gelände sanft ansteigt.

Vollbremsung. Mit blockierten Rädern rutscht der Land-Rover an einen Abgrund. Mit weichen Knien steige ich aus. Merkwürdig: Das Erste, was ich von der Welt unter mir wahrnehme, ist der Ruf eines Bläßhuhnes und der Gesang einer Lerche.

Ich brauche eine Weile, um die Szene zu erfassen. Zu groß ist der Kontrast zu dem, was ich während der Tage zuvor gesehen habe. Jetzt blicke ich in eine mehr als hundert Meter tiefe, ovale schwarze Schüssel mit einer Weite von etwa drei mal vier Kilometern. In der Mitte dieser Hohlform erhebt sich ein gelbbrauner Vulkankegel mit einem tiefen Krater. Um die Basis dieses Vulkans gruppieren sich drei große und mehrere kleine, von Palmenhainen und Schilfwäldern umgebene Seen. Sie sind teilweise mehr als einen Kilometer lang und zeigen fast alle eine andere Färbung. Einige sind tiefblau, einer der größten Seen ist grün, ein anderer, kleinerer, rot. Wie ich später herausfinde, wird die tiefblaue Färbung durch einen hohen Salzgehalt des Wassers, die grüne durch Algen und die rote durch Purpurbakterien verursacht.

Über der Schüssel stehen kleine Wolken. Unter ihnen kreist ein Trupp schwarzweißer Lachmöwen. Inmitten der kosmischen Dimensionen der zentralen Sahara erlebe ich die Oase Wau en Namus wie einen fremden Planeten, kolonisiert von Pflanzen und Tieren, die mir überraschend vertraut erscheinen.

Ich bin versucht, sofort zu den schimmernden Seen hinunterzufahren. Die Vernunft hält mich zurück. Diesen fremden Planeten, die Ufer seiner Meere mit meinem vierrädrigen „Raumfahrzeug" zu erkunden, scheint mir zu gefährlich. Ich bin nicht sicher, ihn jemals wieder verlas-

Im Zentrum
der Sahara, tausend
Kilometer von der
libyschen Hauptstadt
Tripolis entfernt,
liegt Wau en Namus,
die unbewohnte
„Mückenoase" — eine
mit Seen gefüllte
ovale Schüssel von
drei mal vier Kilometern Durchmesser
und hundert
Meter tief

sen zu können. Zu steil fallen die Hänge ab, zu tief scheint die Senke mit feinstem Staub gefüllt. Wie die Schwerkraft eines Planeten eine zu schwache Rakete nicht entfliehen läßt, so würde der bodenlose Staub, das befürchtete ich, meinen Land-Rover für immer festhalten.

Während ich hinunterlaufe, sinke ich bis über die Knöchel ein. Mehr als hundert Meter über mir wirkt mein Fahrzeug auf dem Schüsselrand wie eine winzige Kapsel im Orbit, ist fast nicht mehr zu erkennen.

Die Stimmung wirkt heimatlich. Vier Meter hohe Schilfwälder wogen im Wind. Zwischen den ungewöhnlich dicken Hal-men suchen flinke, kleine Laubsänger nach Nahrung. Prächtig gefärbte Libellen stehen über plätschernden Wellen und ich bin sicher, für einen Moment die Rücken-flosse eines dicken Fisches gesehen zu haben. Auf den Seen schwimmen Bläß-hühner, Teichhühner, Spießenten, Krick-enten und Tauchvögel. Lachmöwen und Bachstelzen machen Jagd auf Insekten. Es gelingt mir, insgesamt neunzehn Vogelar-ten zu bestimmen. Die meisten sind hier nicht heimisch. Sie sind auf der Durchrei-se, vom winterlichen Europa ins tropische Afrika, oder vielleicht auch schon auf dem Rückweg. Doch nicht alle Vögel überle-

ben diesen Flug. Zahlreiche Vogelleichen – gleichsam mumifizierte Hoffnungen –, die ich immer wieder in der Wüste gefunden habe, zeugen von ihrem Schicksal. Mit ihrer kontinentalen Weite zwischen Europa und dem tropischen Afrika bildet die Sahara eine große Vogelfalle.

Die Oase ist von Menschen völlig unbewohnt. Wau en Namus bedeutet soviel wie „Mückenoase". Myriaden blutsaugender Insekten, die zu bestimmten Jahreszeiten allabendlich aus den Schilfwäldern aufsteigen, und der hohe Salzgehalt des Wassers haben jeden Versuch der Besiedlung dieses schönen Fleckens vereitelt.

Die schüsselförmige Oase ist eine Caldera, wie die Geologen sagen. Sie entstand vor etwa 5000 Jahren, als ein Vulkankegel in den Hohlraum einbrach, den er durch seine Ausbrüche selber geschaffen hatte. Dabei wurde ein tiefliegender Grundwasserspiegel angeschnitten. So bildeten sich die Seen. Der kleine Vulkankegel inmitten der Caldera entstand erst in jüngerer Zeit, als die vulkanischen Aktivitäten wieder auflebten.

Wie aber ist es möglich, daß es inmitten der größten Wüste der Erde überhaupt Seen gibt, dazu noch so zahlreich? Keinesfalls verdanken sie ihre Existenz einer Sonderzuteilung von Regen. In dieser Region der Sahara kommt es nur im Abstand von Jahrzehnten zu spärlichen Niederschlägen.

In der inneren Sahara verdunsten jährlich sechs bis acht Meter Wassersäule. Das bedeutet für die mehr als 300 000 Quadratmeter große Gewässerfläche dieser Oase den Verlust von etwa zwei Millionen Kubikmeter im Jahr. Trotzdem trocknen die Seen nicht aus. Das Wasser muß also aus einem unterirdischen Reservoir ständig nachgeliefert werden.

Im Jahre 1947 hatte der französische Hydrogeologe Justin Savornin in der algerischen Sahara einen – wie er es nannte – „appareil hydraulique" entdeckt, ein Grundwasserreservoir fast dreimal so groß wie die Bundesrepublik, mit einem Inhalt von mehreren Milliarden Kubikmetern. Für die Öffentlichkeit war diese Entdeckung eine Sensation. Man ist bei dem Stichwort Sahara leicht geneigt, die Überlegung „man müßte doch . . ." anzustellen. Gewohnt, ohne genaue Sachkenntnis zu urteilen, machte man aus dem „Bahr bela ma", dem „Meer ohne Wasser" der Araber – lediglich Umschreibung der ozeangleichen Weiten der Sahara – kurzentschlossen ein Meer im Untergrund mit Wasser: Savornins Meer. Die Entdeckung führte zu wilden Spekulationen über die mögliche Ausbeutung dieser Vorräte. Sie erinnern mich an ein Wort des Schriftstellers Alfred Andersch: „Der Traum der Menschheit ist der Traum von einer großen Beute."

Von unterirdischen Meeren oder Seen in der Sahara zu sprechen, ist jedoch falsch. Auch hier ist Grundwasser – wie mit wenigen Ausnahmen überall auf der Erde – ausschließlich als Füllung in den Poren und Klüften jener Gesteine enthalten, die den obersten Bereich der Erdkruste bilden.

Die Frage nach der Herkunft des Wassers im Untergrund der Sahara läßt sich nur aus der Erdgeschichte Nordafrikas beantworten, aus seinem geologischen Aufbau und der wechselvollen Entwicklung seines Klimas.

Ich habe im zweiten Kapitel berichtet, wie riesige Gebiete der Sahara im Laufe der Erdgeschichte wiederholt absanken und von Meeren bedeckt wurden, dann wieder aufstiegen und trockenfielen. In diesem 600 Millionen Jahre währenden Wechsel wurden – einem Sandwich vergleichbar – immer wieder Festlands-

Der französische Hydrogeologe Justin Savornin gilt als der Entdecker der ausgedehnten Wasserreserven im Untergrund der Sahara

298

sedimente auf Meeressedimenten abgelagert. So entstanden gewaltige Becken von mehreren hundert Kilometern Durchmesser, gefüllt mit bis zu 6000 Meter mächtigen, versteinerten Ablagerungen.

Jede erdgeschichtliche Periode drückte den Schichten dieser Sedimentbecken ihren Stempel auf und hinterließ ganz bestimmte Gesteinsablagerungen, die neben versteinerten Pflanzen und Tieren auch fossiles Wasser einschließen. So kommt es, daß ein Geologe in den Gesteinen der Sahara nicht nur auf Saurierskelette stößt, sondern ebenfalls auf die Spuren urzeitlicher Wolkenbrüche: in den Poren des Gesteins blieb tropischer Regen erhalten, der vor 120 Millionen Jahren auf die Erde niederfiel.

Während in den Sedimenten des Festlandes, sofern sie sich in einer feuchten Klimaphase abgelagert hatten, Süßwasser eingeschlossen wurde, enthalten die Ablagerungen der Meere ebenfalls oft primär eingeschlossenes Salzwasser. Geologen entdeckten sogar Wasser, das von uralten Gesteinen aufgesogen wurde, noch bevor es auf den Kontinenten Leben gab.

Ein Teil des fossilen Grundwassers entstand auch erst in den Sedimentationsbecken selbst, durch chemische Prozesse, die die Sedimente in festes Gestein verwandelten.

Daß dieses fossile Grundwasser erhalten geblieben ist, erklärt sich damit, daß die Speichergesteine tief unter jüngeren, wasserundurchlässigen Tonschichten liegen. Das Wasser kann kaum ausfließen oder verdunsten. Savornins Untergrundmeer jedoch bildete sich erst in jüngerer Zeit bei einem klimatischen Exzeß der Erdgeschichte. Es ist die letzte große Eiszeit – genauer gesagt, die letzte Kaltphase dieser Eiszeit.

Vor etwa drei Millionen Jahren begann sich die nordpolare Eiswüste langsam nach Süden auszudehnen. Sie schob sich

in mehreren Kaltphasen vor, die von wärmeren Zeiten unterbrochen wurden. Während der einzelnen Kaltphasen – die letzte erreichte vor etwa 25 000 Jahren ihren Höhepunkt – bedeckte der nordpolare Eispanzer weite Teile der nordamerikanischen und eurasischen Ebenen. In den wärmeren Zwischenzeiten zog sich das Eis jeweils nach Norden und in höhere Gebirge zurück.

Wodurch aber wurde ausgelöst, daß die Eiskappe sich so weit über ihre eigentlichen Grenzen hinaus ausdehnte? Viele Klimaforscher nennen dafür zwei Ursachen: Die Bahn der Erde um die Sonne hat sich zyklisch verändert und die Rotationsachse unseres Planeten hat sich verschoben. Beides zusammen kann die Sonneneinstrahlung in den beiden Hemisphären abwechselnd geringfügig erhöhen oder verringern. Astrophysiker haben errechnet, daß diese Zyklen mit den Vorstößen und Rückzügen des Eises in den einzelnen Eiszeitphasen zeitlich auffallend übereinstimmen.

Die Umlaufbahn und die Rotationsachse der Erde haben sich auch schon vor dem Beginn des Eiszeitalters, vor weit mehr als drei Millionen Jahren, während der gesamten Erdgeschichte geändert. Wenn auch damals schon die Intensität der Sonneneinstrahlung schwankte, so hatte dies jedoch in einer klimatisch ausgeglichenen Welt keine klimatische Revolution herbeiführen können. Erst nachdem die Welt abkühlte, weil die Kontinente wanderten, nachdem ein hoher gebirgiger, vereister Kontinent an dem einen Pol angelangt war und ein größtenteils landumschlossenes vereistes Meer an dem anderen Pol, genügte eine zusätzliche geringfügige Abkühlung, um die Polargebiete weit über ihre Grenzen hinaus vereisen zu lassen. Die polare Selbstverwüstung durch die Sonnenreflexion permanenter Eismassen – wie im fünften Kapitel ausführlich beschrieben − kam in Gang. So konnte sich die nordpolare Eiswüste wiederholt über weite Teile Nordamerikas und Eurasiens ausdehnen.

Der antarktische Eispanzer hatte bereits vor etwa vier Millionen Jahren den Rand seines Kontinents erreicht. Als der Spiegel der Weltmeere bis zu 150 Meter sank, weil die sich wiederholt ausdehnenden nordpolaren Eismassen Feuchtigkeit banden, wurde der antarktische Kontinent damit größer. In dem Maße, wie sich die antarktische Küstenlinie nach außen verschob, wurde das trockengefallene Land von den nachrückenden Gletschern zugedeckt. So bewirkten die Ausdehnungen der nordpolaren Eiswüste also auch Ausdehnungen der südpolaren. Die Antarktis ist heute bis zu 200 Kilometer rundum und bis zu 500 Meter unter dem Meeresspiegel von einer Moränenbank umgeben. Sie zeigt, wie weit der Eispanzer einmal reichte.

Diese Eismassen könnten, so vermuten einige Forscher, so stark angewachsen sein, daß unter ihnen durch Druck und Reibung die Temperatur soweit anstieg, daß sie ins Rutschen gerieten. Tausende Meter dicke und vielleicht mehr als eintausend Kilometer lange Eisfelder glitten in die Ozeane. Gewaltige Flutwellen wurden dabei aufgeworfen. Sie müssen bis in die fernsten Meere gelaufen sein. Tatsächlich hat man ihre Spuren − zum Beispiel hoch aufgeworfenes Geröll − an vielen Küsten nachweisen können. Die in den Ozeanen treibenden unzähligen Eisschollen, einzelne so groß wie die Alpen, trugen nun ihrerseits dazu bei, daß das Klima der Erde weiter abkühlte.

Einige Klimaforscher sehen diese Vorgänge lieber in umgekehrter Reihenfolge. Sie meinen, daß sich infolge der nordpolaren Eiszeit die südpolare Eiskappe nicht vergrößerte, sondern daß zuerst gewaltige antarktische Eismassen in die Ozeane ge-

langten und das Erdklima danach so weit abkühlte, daß sich dann das nordpolare Eis weit nach Süden ausdehen konnte.

Auf jeden Fall breitete sich die nordpolare Eiswüste wiederholt aus. Mit den Gletschern schoben sich die Klimazonen nach Süden. So war es auch während der letzten großen Kaltphase der Eiszeit vor etwa 25 000 Jahren. Die für Europa regenbringenden Tiefdrucksysteme entstanden damals nicht im nördlichen Atlantik wie heute, sondern im mittleren. Darum überquerten die regenspendenden Wolken auch nicht Europa, sondern Nordafrika. Die Sahara verwandelte sich weithin in eine grüne, savannenähnliche Landschaft, in der Elefanten, Giraffen und Gazellen weideten. In zahlreichen Flüssen tummelten sich Flußpferde, Krokodile und Fische. Doch die meisten dieser wasserreichen Flüsse mündeten niemals ins Meer. Sie flossen ins Zentrum der großen Sedimentationsbecken, dorthin, wo heute der Wind den Wüstensand ablagert.

Die Quellen der Flüsse lagen in den Gebirgen, die die einzelnen Sedimentationsbecken wie Schwellen voneinander trennen. In den Becken versickerte das Wasser in dem feinporigen Schwamm der tausende Meter dicken Sedimentgesteine. Lange Austrocknungsphasen vor der Eiszeit hatten im Untergrund Platz geschaffen. So konnte durch eine auf der Erde recht einzigartige Kombination von geologischen und klimatischen Faktoren ein unterirdisches Wasserreservoir entstehen − „Savornins Meer". Eines Tages waren die Speichergesteine vollgesogen. Die Becken verwandelten sich zu abflußlosen Seen mit Durchmessern von mehreren hundert Kilometern. Letzter, versumpfter Rest eines solchen Binnenmeeres, das einst große Teile der südlichen Sahara bedeckte, ist der Tschadsee.

Während jener Zeit, vor zwei bis drei Millionen Jahren, trat das nach der Urzeu-

Oberflächenformen	Erdgeschichtliche Periode	Beginn vor Millionen Jahren	Ablagerungen bzw. Gesteine	Entstehung durch:
Oasen	Quartär		Dünensande	Wind (Austrocknungsphase der Sahara)
Sandwüsten mit Dünen	Tertiär und Kreide	— 2 —	wurde im Mursukbecken fast vollständig abgetragen	
Serirflächen (Flachsenken, Kies- und Geröllwüsten)		— 135 —		
Hamadaflächen mit Steilstufen (Felsblockwüsten)	Jura und Trias		Sandsteine und Tone	Flüsse
Hamadaflächen mit Basaltdecken	Perm und Karbon	— 225 —	Sandsteine und Tone	Flachmeere
Tassilibergland und Plateaureste	Devon	— 345 —	Sandsteine und Tone	Flüsse
Tibestigebirge (Inselbergrelief und Sockelflächen)	Silur	— 395 —	Tone	ein Meer, das fast die gesamte Sahara bedeckte
Felsbilder	Ordovizium und Kambrium	— 430 —	Sandsteine	Flüsse und Flachmeere
	Präkambrium	— 570 —	Granit und andere Tiefengesteine	Erstarrung der Gesteinsschmelze innerhalb der Erdkruste

Vor 9000 Jahren entstand die fünf Meter breite Gravur eines Rindes im Felslabyrinth von Tinterhert auf dem Tassili-Plateau in der zentralen Sahara. Voller Rätsel ist das abstrakte Stilelement der Spirale, das den Umriß ausfüllt

gung bedeutendste Ereignis der Erdgeschichte ein. Der Mensch entstand. Bis dahin hatte sich das Leben im erdgeschichtlichen Tagebuch der Gesteine und ihrer Fossilien nur als unendliche Kette von Sterbefällen dokumentiert. Jetzt wurde der reflektierende Mensch zum Chronisten.

Wann die ersten Horden des *Homo erectus* – des Aufrechtgehenden – auf der Jagd durch die Sahara zogen, wissen wir nicht genau. Ihre Spuren verbergen sich im Dunkel der Vorzeit. Aber wir wissen, daß sie als Jäger und Sammler den wandernden Tieren folgten und bereits Werkzeuge gebrauchten. Menschwerdung und Werkzeuggebrauch sind eine untrennbare Einheit. Irgendwann reifte bereits im Hirn der tierischen Vorfahren des Menschen das Verständnis für die Wirkung von Steinen, die immer wieder aufgehoben wurden, um damit zu werfen und zu schlagen. Und nachdem die Koordination zwischen Gedanken und Fingerfertigkeit immer effektivere Werkzeuge entstehen ließ, begann der Mensch eines Tages, die Oberfläche seines Heimatplaneten umzugestalten. Es muß eine Art Urtriumph gewesen sein, als es zum ersten Mal einem Lebewesen gelang, die Materie seinem Willen zu unterwerfen: Der Mensch begann zu produzieren. Dafür gibt es in einem entlegenen Winkel der Sahara, im Bergland des Dschebel Ben Ghnema, erstaunliche Zeugnisse. Die Zahl der dort zwischen Felsen verstreut liegenden Artefakte, darunter Faustkeile und Speerspitzen, wird auf knapp eine Milliarde geschätzt. Und an vielen Orten der Wüste sind die Ufer längst ausgetrockneter Flüsse und Seen mit Bruchstücken von Harpunen und Angelhaken übersät. Sogar Reste kleiner Fischersiedlungen wurden entdeckt.

Während seiner weiteren Entwicklung verstand der Mensch dann auch, seine tierischen Vettern zu domestizieren. Da-

303

mit war er unabhängig geworden von den Zufälligkeiten des Jagderfolges.

In der Jungsteinzeit vor 7000 Jahren, während das regenreiche Klima der letzten Kaltphase der Eiszeit allmählich ausklang, bevölkerten Rinderzüchter das Zentrum der Sahara. Und es gab erste Versuche mit Ackerbau − doch zu spät: Immer häufiger blieb der Regen aus. Viehtränken versiegten. Heiße, trockene Winde ließen Laub und Gras schneller verdorren als früher. Die Savannen in der Ebene verwandelten sich allmählich zu Wüsten. Noch bestand keine unmittelbare Gefahr für die Hirten. Sie konnten sich mit ihren Herden auf die immer noch regenreichen Gebirge und Hochebenen zurückziehen, die sich wie Inseln über die Niederungen erhoben.

Inmitten einer Landschaft, die an Wildheit nicht ihresgleichen hat, begannen die frühen Menschen wohl zu erahnen, daß sie in kosmische Zusammenhänge hineingestellt sind. Diese Ahnung, dieses allmähliche Bewußtwerden eines unausweichlichen, tragischen Schicksals ist es, was auf dem Weg zur Menschwerdung den entscheidenden Impuls geben sollte.

Als die Lebensumstände immer widriger wurden, starb der Mensch nicht einfach aus, zog er sich nicht völlig aus der Sahara zurück. Die Menschen leisteten − über die genetisch bedingte Anpassungsfähigkeit hinaus − Widerstand. Auch in der Sahara wurde so vor Jahrtausenden der Grundstein für das gelegt, was wir heute Kultur nennen. Irgendwann benutzte ein steinzeitlicher Jäger seinen Faustkeil dazu, das Bild eines Tieres lebensgroß in den Fels zu ritzen. Es war der Versuch, das flüchtige, allmählich immer seltener werdende Beutetier durch diese Art von Beschwörung zu bannen. Bereits vor etwa 9000 Jahren entstand die Gravur der Rinderherde von Tinterhert in der zentralen Sahara Algeriens. Das Wesen dieses Kunstwerkes läßt sich nur aus dem Erlebnis der Landschaft erahnen. Nirgendwo anders habe ich eine so totale Gesteinszertrümmerung gesehen, nirgendwo ein größeres Chaos empfunden. Die Felstrümmerwüste dieses Teils des Tassili-Hochplateaus ist kosmischer Zustand eines planetarischen Substrats. Beim Anblick der mit schwarzen Metalloxydkrusten überzogenen Felsruinen erwartet man nichts mehr. Der Himmel ist wolkenlos, farblos. Fast wunderte ich mich, daß ich hier ohne Raumanzug, ohne künstliche Versorgung überhaupt existieren konnte. Doch inmitten der Trümmer abgetragener Gesteinsschichten liegt jene weite, glatte Steinfläche mit der Darstellung lebensgroßer Rinder. In diesem Kunstwerk dokumentiert sich ein abstraktes Stilelement: Spiralen bedecken die Körper der Tiere.

Die Spirale ist für mich die dynamische Ur- und Grundform der Natur. Denn sie schließt die Möglichkeit zu kontinuierlicher Weiterentwicklung ein. Die Spirale ist das Fortbildende in der Geschlossenheit. Sie gibt den evolutionären Zustand des Universums wieder, einen Zustand, in dem sich sowohl eine Galaxie als auch das Gehäuse einer Schnecke befinden. In ihrer künstlerischen Anwendung wird die Spirale zu einem vitalen Symbol menschlicher Utopie. Ihre Endlosigkeit und das gleichzeitig Voranstrebende unter Wahrung der Geschlossenheit versinnbildlichen die Hoffnung, die kosmische Materie zu beherrschen und die von ihr ausgehende Bedrohung zu überwinden. In den steinzeitlichen Kunstwerken ringt der Mensch um neue Bildnisse, neue Formulierungen − um Freiheit.

Als Vorbild haben dem Künstler, der die Rinderherde von Tinterhert schuf, vielleicht versteinerte Meerestiere gedient − spiralförmig aufgewundene Gehäuse von Goniatiten und Ammoniten, die man überall in der Sahara findet.

Im südwestlichen Libyen durchzieht das Wadi Mathendous eine der entlegensten Gegenden der Sahara. Die steilen Felswände dieses tiefeingeschnittenen Flußbettes aus der Vorzeit sind stellenweise völlig bedeckt mit naturalistischen Gravuren. Am häufigsten erscheinen Tiere, die die Sahara während der letzten Eiszeit besiedelten – Nashörner, Elefanten, Giraffen, Strauße, Antilopen. Unter ihnen ist auch eine der wenigen bekannten Darstellungen eines Krokodils in der Wüste.

Die Darstellung ruhender Antilopen findet sich neben den Rindern von Tinterhert. Auch sie entstanden wahrscheinlich vor 9000 Jahren. Eines der ältesten Bildnisse des Menschen in der Sahara ist die nur 30 Zentimeter hohe gesichtslose Gestalt im libyschen Wadi Mathendous

An einem Felsvorsprung entdeckte ich eine unscheinbare, nur etwa dreißig Zentimeter hohe Figur. Sie stellt einen Menschen dar – für die frühe Felsbildkunst äußerst ungewöhnlich. Das Gesicht der hockenden Gestalt ist dem Betrachter zugewandt. Diese Art der Darstellung greift der Kunst um Jahrtausende voraus. Noch lange Zeit werden Menschen sonst nur im Profil abgebildet. Die Gesichtszüge der Figur, Augen und Mund, sind jedoch noch nicht ausgeführt: Zwischen den Umrissen des Kopfes ist die Felsplatte spiegelblank poliert. Daß die Zeichnung des Gesichts nicht etwa verwittert ist, läßt sich aus der klaren Umrißlinie erkennen sowie aus den ursprünglich rauh gebliebenen Felsflächen rundherum.

Ich halte dieses Bildnis für eines der bedeutendsten Frühwerke der Kulturgeschichte. Hier tritt der Mensch sich selbst gegenüber. Der Mensch sucht sich zum ersten Mal im Menschen. Das Antlitz aber ist noch nicht gestaltet. Als ich vor diesem Zeugnis eines Frühmenschen verweile, fällt mir ein Ausspruch von Konrad Lorenz ein, dem Begründer der Verhaltensforschung. Auf die Frage, wo er die Übergangsformen zwischen Tier und Mensch sähe, antwortete er: „Das sind wir".

Wann das Kunstwerk im Wadi Mathendous entstand, läßt sich schwer bestimmen. Die zahlreichen Darstellungen eines Jägervolkes von Wildtieren in der gleichen Technik und in unmittelbarer Umgebung lassen es möglich erscheinen, daß dieses Bild sehr viel früher geschaffen wurde als das der Rinder von Tinterhert. Es ist aber auch denkbar, daß zu der gleichen Zeit, als Rinderzüchter die noch regenreichen Gebirge der Sahara besiedelten, entwicklungsgeschichtlich ältere Jäger- und Sammlergesellschaften noch immer oder schon wieder die langsam austrocknenden großen Ebenen durchstreiften.

In seinem Drang nach Darstellung seiner Welt eroberte der Mensch schon bald eine weitere, dritte Dimension. Etwa zur gleichen Zeit wie die Rinder von Tinterhert entstanden die ersten Plastiken – wie Reibsteine und Mörserstößel geformte Tierskulpturen. Vor etwa 6000 Jahren erreichte die bildnerische Entwicklung der steinzeitlichen Saharabewohner ihren Höhepunkt. Während einer Zeitspanne von einigen Jahrtausenden entstanden unzählige farbige Felsmalereien. Zentrum dieser neuen Kunst ist ein Teil des Tassili-Plateaus in Algerien, etwa 150 Kilometer von Tinterhert entfernt, nordöstlich der Oase Djanet.

In Jahrmillionen haben dort Verwitterung und Abtragung ein Labyrinth aus dem Sandstein herausmodelliert: Es sind windgeformte Felsenstädte, aus deren namenlosen Straßen, Gassen und Höhlensystemen ich ohne die Ortskenntnis eines einheimischen Führers kaum wieder herausgefunden hätte. Die Nomaden haben diesen „Städten" Namen gegeben, deren fremdartiger Klang der Magie der Landschaft entspricht: Tin Tazarift, In Itinen, Tin Aboteka, Auanrhet, Jabbaren. Die messingfarbenen Häuserblocks, die Pfeiler, Brücken und Stelen auf weiten Plätzen scheinen dem bedrückenden Traum eines Dalí entsprungen zu sein. Und doch, wegen ihrer Überfülle an Licht wirkt die Gegend auch freundlich, befreiend. Es ist eine Unterwelt in 2000 Meter Höhe, ein Hades, dem das Dach genommen wurde.

Die vom Wind angeschliffenen Sandsteinwände, die Fassaden dieser „Städte", dienten vielen Generationen von Malern seit der Steinzeit als „Untergrund". Mit raffinierter Maltechnik und größter Phantasie schufen sie Werke von zeitloser Schönheit – kleine Form- und Haltungsstudien einzelner Menschen und Tiere, aber auch großartige Massenszenen, die viele Quadratmeter bedecken.

Wie konnten diese Malereien in dem rauhen Klima mehrere tausend Jahre überdauern? Chemische Analysen haben ergeben, daß die Maler im wesentlichen natürliche Erdfarben verwendet hatten, gelben, braunen und roten Ocker. Als Bindemittel wurde vermutlich Leim benutzt. Der poröse und daher saugfähige Sandstein bildete einen brauchbaren Haftgrund, und das trockene Klima bot gute Voraussetzungen für lange Haltbar-

Die Weite der Landschaft, das abweisende Klima und die Not des Überlebens prägen die Gesichter der Nomaden in der Sahara

einer vorwärtsstrebenden Herde derart naturalistisch wiederzugeben, daß der heutige Betrachter kaum verwundert wäre, vernähme er plötzlich tatsächlich das Stampfen der Hufe und das dumpfe Brüllen der Rinder.

Am meisten hat mich stets fasziniert, daß die filigranen Gestalten auf sehr rauhen Fels gemalt sind. In der Ebene eines Bildes betragen die Höhenunterschiede oft mehrere Zentimeter. Die Künstler haben es verstanden, die ganz spezifischen Bedingungen des Untergrundes sowie die Möglichkeiten der Farbe und ihr eigenes Wollen zusammenzuführen. So ist etwa das gefleckte Fell von Rindern oder die Struktur von Hörnern dadurch wiedergegeben, daß Felspartien unbemalt in das Bild integriert wurden. Da auf dem Tassili-Plateau während eines Zeitraumes von mehreren Jahrtausenden gemalt wurde, überdecken junge Bilder oft ältere. Aus ihrer Abfolge lassen sich Rückschlüsse auf die klimatische Entwicklung Nordafrikas nach dem Ende der letzten eiszeitlichen Kaltphase ziehen. Bei den jüngeren Malereien finden sich zunehmend Kampfszenen. Die Streitigkeiten zwischen den Hirtengruppen wurden vermutlich dadurch ausgelöst, daß Wasser und Weide immer knapper wurden. Die jüngsten, sehr flüchtig ausgeführten Malereien zeigen schließlich die ersten Kamelkarawanen und Oasen mit Dattelpalmen.

Vor drei- bis viertausend Jahren eroberte die Wüste von den Ebenen aus auch die Hochplateaus und Gebirge. Die Flüsse versiegten, die großen Seen trockneten aus, Flora und Fauna verarmten. Anhaltende Dürre verdrängte die Rinderzüchter aus der Sahara. Wenige Lebewesen blieben in der zentralen Wüste zurück. Unter ihnen auch Regenwürmer. Sie überlebten in wenigen Hektar großen, künstlich bewässerten Ackerflächen und Gebirgsoasen des Ahaggar.

keit. Wahrscheinlich hat es viel mehr dieser Malereien gegeben; sie blieben jedoch nur dort erhalten, wo das Sandstrahlgebläse des Windes nicht angreifen konnte.

Letzte Fragmente großer Gemälde vermitteln noch eine Ahnung von dem, was seither unwiederbringlich verlorenging. Die beliebtesten Motive waren Lager- und Dorfszenen, vor allem aber Hirten mit ihren Rindern. Vor sechstausend Jahren gelang es jenen Malern, die Dynamik

In einer dieser Siedlungen Südalgeriens verbrachte ich auf einer meiner Expeditionen einmal eine längere Zeit. An einem kühlen Märztag war ich in der „Regenwurmoase" zu einer Exkursion aufgebrochen. Ich mußte diesmal sehr vorsichtig gehen, weil ich gläsernes Gepäck bei mir trug. Ich hatte mir nämlich ein Aquarium auf das Traggestell meines Rucksackes geschnallt und einen Kescher darangebunden. Ganz sachte nur trat ich auf kugelförmige Hohlsteine, die unter meinen Stiefeln wie tönerne Gefäße zerbrachen.

Ziel meiner Wanderung waren kleine wassergefüllte Felsbecken am Grunde eines tiefen Canyons. Dort warf ich mein Netz aus. Drei etwa zwölf Zentimeter lange Fische fingen sich darin. Ich setzte sie in mein Aquarium, um sie genauer zu beobachten.

Diese Wüstenfische, von denen es hier nur noch ein paar hundert gibt, erinnern an jene Zeiten, als die Felsbecken das Quellgebiet eines Flusses waren, der weit nach Süden floß, um in den Niger zu münden. Er trocknete vor etlichen Jahrtausenden aus, als sich die Wüste wieder einmal ausdehnte und zuerst in die Tiefländer vordrang. Dadurch wurden die Fische im Oberlauf isoliert. Es blieb ihnen nur der Weg ins höher gelegene Quellgebiet, das noch heute von spärlichen Regenfällen mit Wasser versorgt wird. Durch die jahrtausendelange Isolation und die extremen Lebensbedingungen in den kleinen salzhaltigen Gewässern, deren Pegel wegen der unregelmäßigen Regenfälle stark schwankt, entwickelten sich die Fische zu einer eigenen Art, die nur in der Wüste vorkommt. Kleinwüchsige Krokodile, die unter den gleichen Umständen im Tassili-Hochland überlebt hatten, wurden erst vor wenigen Jahrzehnten ausgerottet.

Noch erstaunlicher als Fische und Krokodile aber sind vielleicht jene knorrigen Zypressen im Tassili, die an die dreitausend Jahre alt sind. Etwa sechzig Exemplare haben überlebt; sie wachsen einzeln auf dem Plateau, dort, wo die Schluchten in weite Plätze münden, auf denen bizarre Felssäulen stehen. Die Zypressen sind, ebenso wie die Fische, zu einer eigenen Art geworden. Ihr Samen kann sich im gegenwärtigen Wüstenklima nicht mehr entwickeln. Sie gehören zu den ältesten Lebewesen der Erde. Als das Klima allmählich wüstenhafter wurde, paßten sich die Bäume an, indem sie ihren Stoffwechsel verlangsamten. Allerdings konnten nur jene Bäume den Klimawechsel überstehen, die an den tiefsten Stellen der Schluchten wuchsen. Bis auf den heutigen Tag sammelt sich dort noch Wasser an, wenn einer der seltenen Regenfälle über der Wüste niedergegangen ist.

Als sich die große Wüstenkatastrophe vor 3000 Jahren abzeichnete, war der Mensch von allen Lebewesen der neuen Landschaft am wenigsten angepaßt. Er hatte, im Gegensatz zu vielen Tier- und Pflanzenarten, keine nennenswerten physiologischen Anpassungen − etwa wasserspeichernde Organe − vorzuweisen, die ihm das Überleben in der Wüste erleichtern konnten. Ein Mensch hätte ohne den Schutz von Kleidung und Schatten und ohne Trinkwasser kaum die Chance, auch nur einen einzigen heißen Sommertag in der Wüste zu überleben. Bis zum Abend hätte sein Körper sieben bis acht Liter Wasser ausgeschwitzt, um sich zu kühlen. Die Trockenheit und die Hitze der Wüste würden nicht nur dem Fett und dem Gewebe das Wasser entziehen, sondern in einem erheblichen Maße auch dem Blut. Es würde dickflüssiger werden und langsamer fließen. Deshalb würde die Körpertemperatur lebensgefährlich ansteigen. Noch ehe sich die Luft abends abgekühlt hätte, würden hohes Fieber, quälende Delirien und schließlich ein Kreislaufkollaps

Im südalgerischen Ahaggar-Gebirge lebt eine eigene Art von Fischen in Quellbecken eines Flusses, der vor 10 000 Jahren in den Niger mündete. Als Maler der Jungsteinzeit auf dem Tassili-Plateau ihre Gemälde schufen, wuchsen bereits jene Zypressen, die heute zum Aussterben verurteilt sind, weil ihre Samen nicht mehr keimen

zum Tode führen. Selbst wenn der unbekleidete Mensch ausreichend Wasser, aber keinen Schatten fände, wäre sein Schicksal nach nur wenigen Tagen besiegelt. Er würde an den Folgen der Verbrennungen sterben, die ihm die sengende Sonne zugefügt hätte.

Dafür, daß ausgerechnet der Mensch so schlecht auf das Leben in der Wüste eingerichtet ist, gibt es eine einfache Erklärung. Der Mensch ist als vorerst letztes Glied der Schöpfung viel zu jung dazu. Damit sich physiologische Anpassungen überhaupt herausbilden können, bedarf es einer sehr langen Entwicklung – Zufall, Versuch, Irrtum oder Erfolg stellen dabei den Hauptantrieb dar. Nur die optimal angepaßten Individuen einer Art überleben, um sich und ihre Eigenschaften fortzupflanzen. Die für ein Leben unter bestimmten Umständen weniger gut ausgerüsteten Individuen werden ausgelesen. Sie sterben aus. Das einzelne Individuum kommt bei dieser Entwicklung natürlich jeweils nur einen winzigen Schritt voran. Damit sich bedeutende organische Anpassungen an ein Leben in der Wüste entwickeln – wie etwa bei den Kamelen – bedarf es unzähliger Generationen und vieler Millionen Jahre.

Diese Zeit hatten die bisher beschriebenen Tiere und Pflanzen. Während ihrer Stammesgeschichte mußten sie sich immer wieder mit der Wüste auseinandersetzen und neue Wege finden, um sich an die älteste Landschaft der Erde anpassen und überleben zu können.

Der Mensch dagegen entstand erst vor erdgeschichtlich kurzer Zeit und noch dazu während einer klimatischen Ausnahmesituation der Erdgeschichte. Damals begann die letzte große Eiszeit. Diese Kälteperiode unterbrach zwar nur kurz, dafür aber wiederholt und nachhaltig die Entwicklung und Ausdehnung der heißen Wendekreiswüsten. Die neue Art Mensch

In der indischen Thar-Wüste werden Kamele zur Tränke getrieben. Sie ist eine der wenigen Wüsten, von denen man annehmen kann, daß der Mensch und seine Haustiere wesentlich zu ihrer Entstehung beigetragen haben

mußte sich deshalb während der längsten Zeit ihrer Entwicklung einem kühlen und nicht einem heißen Klima anpassen.

Trotzdem haben Menschen Methoden entwickelt, um in der Wüste leben zu können. Dabei handelt es sich jedoch nicht wie bei Pflanzen und Tieren ausschließlich um physiologische Anpassungen, sondern vorwiegend um kulturelle. Aber auch menschlicher Intelligenz und Kultur liegt eine lange Entwicklungsgeschichte zugrunde. Der Mensch hat die genetisch festgelegten Erfahrungen seiner tierischen Vorfahren ererbt. Menschliche Intelligenz und Kultur sind die Fortsetzung der Evolution mit anderen Mitteln.

Als nach dem Ende der letzten Kaltphase der Eiszeit das Wüstenklima Nordafrika zurückeroberte, führte das zu großen Völkerwanderungen. Der größte Teil der Menschen versuchte wahrscheinlich, dorthin zurückzukehren, woher sie einst gekommen waren − aus dem Süden des tropischen Afrika. Einige waren jedoch gezwungen zu bleiben, weil alle Siedlungsräume außerhalb der Sahara besetzt waren. Andere wiederum wurden erst jetzt durch wandernde Nachbarstämme in die Wüste abgedrängt. Diese beiden Gruppen mußten sich darauf einstellen, entweder als Nomaden den immer seltener werdenden Regenwolken nachzuziehen oder als Ackerbauern dem sinkenden Wasserspiegel im Untergrund nachzuspüren. Die festen Siedlungsplätze schrumpften auf ein paar Dutzend Oasengruppen zusammen. Sie liegen meist an den Rändern der großen Becken, direkt über den grundwasser-

Oasenbauern im Süden Marokkos haben schon vor Jahrhunderten an den Hängen des Antiatlas Flucht- und Speicherburgen erbaut, um Jahre der Dürre und Angriffe von räuberischen Nomaden zu überstehen. Noch heute tragen die Berber ihre Ernte — Getreide, Honig und Olivenöl — in die Bergfeste Id Aissa

führenden Gesteinsschichten oder dort, wo diese Schichten durch Verwerfungen der Erdkruste angeschnitten sind.

Auffallend viele Oasen liegen am Rande großer Sanddünengebiete, weil die Sanddünen die oberste und somit jüngste Füllung der großen Becken darstellen und demzufolge auch Wasser speichern. Die weitverbreitete Vorstellung, die Sahara bestehe nur aus Sanddünen, ist sicherlich darauf zurückzuführen, daß die Karawanen seit altersher die Ränder dieser Gebiete wegen ihrer Oasen und Wasserstellen bevorzugten. Dadurch vermittelten die Reisenden ein völlig schiefes Bild über den Anteil dieser Landschaft an der Gesamtfläche der Sahara.

Als das Klima der Sahara immer trockener wurde und damit auch die Verdun-stung stieg, sank der Grundwasserspiegel der Brunnen in den Oasen. Die Bewohner mußten ihr Wassereinzugsgebiet vergrößern. Die Oasenbauern haben offenbar schon sehr früh konkrete Vorstellungen vom geologischen Aufbau der wasserspeichernden Becken gehabt. Sie wußten zum Beispiel, daß die grundwasserführenden Gesteinsschichten oft am Rande der Becken als schrägverkippte Schollen an die Wüstenoberfläche treten. Diese Schichten zapfen sie möglichst nahe der Oberfläche an und leiten das Wasser bis zu 50 Kilometer weit durch unterirdische Leitungen, die Foggaras, in die Oasen. Diese Methode versetzt die Oasenbauern überdies in die Lage, das Wasser der seltenen Regenfälle optimal zu nutzen: Die Flußbetten, die diese oft sintflutartigen Wassermassen sammeln und abtransportieren, führen häufig an den steilen Abbruchkanten entlang. Auf diese Weise werden die Gesteinsschichten der Saharabecken auch noch in der Gegenwart vielerorts mit Wasser gespeist.

Der Bau der Foggaras, die zuerst in Persien entwickelt wurden, ist eine Fronarbeit: Zwischen der Oase und den wasserführenden Gesteinsschichten werden auf gerader Linie in einem Abstand von etwa 30 Metern Schächte gegraben, die bis zu 60 Meter tief sein können. Es sind dutzende, bei größerer Entfernung hunderte von Schächten, die dann an ihrer Sohle durch den eigentlichen Bewässerungskanal verbunden werden. Das losgeschlagene Gestein wird in Körben zutage gefördert. Diese Arbeit wurde einst von Negersklaven verrichtet, die aus West- und Zentralafrika unter unvorstellbaren Qualen und Verlusten durch die Sahara herbeigetrieben wurden. Berichte der ersten europäischen Forschungsreisenden aus der Sahara geben Zeugnis von dieser Barbarei.

Wo die geologischen Voraussetzungen für die Foggaras fehlten, waren die Menschen gezwungen, dem sinkenden Grundwasserspiegel zu folgen, indem sie die Brunnen ständig vertieften. Bis zu 70 Meter tief reichen manche Schächte. Zugute kommt den Oasenbauern dabei, daß das fossile Grundwasser oft unter hohem artesischen Druck steht, also selber nach oben quillt. Um mit diesem Wasser Felder bewässern zu können, mußten die Menschen jedoch mancherorts große technische Schwierigkeiten überwinden. Im Oasengebiet des Rhir zum Beispiel, das im südalgerischen Becken liegt, stießen die Brunnenbauer nach etwa 30 Metern stets auf eine Schicht toniger Gesteine, die wasserundurchlässig ist und „Savornins Meer" vor dem Verdunsten schützt. Erst nachdem diese Deckschicht mit Hilfe

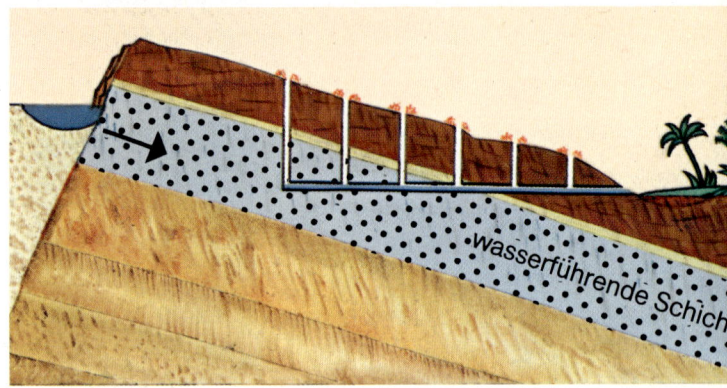

wasserführende Schicht

Mühselig ergraben die Oasenbauern das lebensnotwendige Wasser. In Algerien werden Palmen in den Grundwasserhorizont eingepflanzt. Komplizierter ist der Bau der Foggaras, die das kostbare Naß aus der Ferne durch wasserführende Gesteinsschichten in die Oase leiten. Spezialisten heben tiefe Schächte aus, die wie Perlenschnüre die iranische Wüste durchziehen

Eine der traditio-
nellen Erwerbsquellen
in der Wüste stellt
das Salz dar. In der
Danakil-Wüste Äthiopiens
werden die Schollen
eines ausgetrockneten
Salzsees mit Hebel-
kraft aufgebrochen. In
der Oase Bilma in der
südlichen Sahara läßt
man Salzlauge in
Lehmkulen von der
Sonne eindampfen

schwerer Rammen zertrümmert worden war, quoll das Wasser bis zur Erdoberfläche empor. Um die Leistung des Brunnens zu erhöhen, mußten jedoch die Gesteinstrümmer der Deckschicht aus dem inzwischen vollgelaufenen Schacht entfernt werden. Diese schwierige, ja gefährliche Arbeit führten Mitglieder einer Tauchergilde aus, der sogenannten Retassa (arabisch: Taucher). Aus mittelalterlichen arabischen Schriften geht hervor, daß diese Spezialisten – natürlich ohne Tauchgeräte – bis zu 40 Meter tief unter Wasser vier Minuten lang arbeiten konnten. (Der untrainierte Mensch kann die Luft kaum eine Minute anhalten).

Bis heute haben die Oasenbauern am meisten damit zu kämpfen, daß ihre Felder und Dattelpalmenhaine versalzen. Daran ist, so paradox das klingen mag, das Wasser schuld. Das erklärt sich wiederum aus der Geschichte des fossilen Grundwassers. Die steinernen Schwämme der Sedimentationsbecken sogen sich während der Eiszeit voll Wasser. Dabei vermischte sich das eindringende Regenwasser oft mit den Resten des Meerwassers, das in den marinen Ablagerungsgesteinen primär eingeschlossen ist oder es nahm die Salze auf, die verdunstetes Meerwasser in den Gesteinsporen hinterlassen hatte. In der Nähe von Küsten erhöht sich die Gefahr der Versalzung noch, weil der fossile Grundwasserspiegel stellenweise mehr als hundert Meter unter dem Meeresspiegel liegt. Das Grundwasser hat das gleiche Niveau wie das Meer während der Eiszeit – das so niedrig war, weil damals große Wassermengen als Eis in den Polarregionen gebunden waren. Danach stieg der Meeresspiegel durch Abschmelzen des Eises wieder an – der Grundwasserspiegel jedoch nicht, weil jetzt die reichen Niederschläge fehlten. Durch das starke Gefälle sickert seit Jahrtausenden ständig Meerwasser in die Sedimentationsbecken ein.

Je mehr Grundwasser der Mensch entnimmt, umso mehr wird dieser Vorgang noch gefördert. Die Brunnen werden immer salziger. Daran liegt es auch, daß weite Küstenstriche Ägyptens und Libyens, hauptsächlich die Gegend südlich der Großen Syrte, weitgehend menschenleer sind.

In der Sahara enthält auch das süßeste Grundwasser noch so viel Salz, daß es, indem es verdunstet, in nur wenigen Jahren auf den Feldern dicke Krusten bildet – selbst dann, wenn man nachts bewässert, weil dann weniger verdunstet. Um diese Versalzung zu verhindern, müssen die Oasenbauern große Mengen wertvollen Wassers dazu verwenden, um die Felder durchzuspülen. Neuerdings führen Agrartechniker auf Versuchsfarmen in der Wüste den Pflanzenwurzeln das Wasser durch Leitungen von unten zu – die Felder versalzen dadurch nicht so stark und der Wasserverbrauch läßt sich einschränken. Erste Erfolge ermutigen die Fachleute.

Auf einer meiner Expeditionen hatte ich mir vorgenommen, zusammen mit Freunden die letzten Fischer der Sahara aufzusuchen. Ihre Dörfer liegen irgendwo im Dünenmeer von Ubari im Innern der großen Wüste Südlibyens.

Mit zwei Land-Rovern fahren wir in einem ausgetrockneten Flußbett parallel zu der goldgelben Wand von fast zweihundert Meter hohen, sich auf ihren steilen Kämmen brechenden Sandwogen. Wir suchen nach einer Durchfahrt. Es ist ein vorsichtiges Herantasten an den für Fahrzeuge sicherlich gefährlichsten Untergrund der Wüste. Wir müssen mitten hindurch, obwohl ich mir kaum vorstellen kann, wie unsere Wagen das schaffen sollen – trotz der speziell für das Fahren in Sandwüsten hergestellten Ballonreifen. Obwohl wir den Vierradantrieb eingeschaltet haben, sinken die Räder bereits im flachen Vorfeld des Dünenmeeres beunruhigend tief ein.

Wir halten an, beraten und verschaffen unseren Autos durch Luftablassen, je viermal, fast Plattfüße. So werden die Reifen noch breiter. Über einen kilometerlangen, rampenartigen Sandhang fahren wir auf den Kamm der ersten Riesenwoge. Die dem Wind zugewandten Hänge der Dünen sind überwiegend fest, die steilen Leeseiten jedoch bodenlos weich, die weiten Täler tückisch. Im Slalom mit kilometerweiten Bögen kämpfen wir uns durch das Labyrinth der Gitterdünenwüste, so benannt, weil die langgestreckten Täler durch Querdünen gekammert sind. Für die Bergfahrt benutzen wir die festen Luvhänge, Leehänge für die Talfahrt.

Der Motor dreht mit höchster Leistung, die Räder versinken stellenweise bis zu den Achsen im Sand. Um nicht in die gefährlichen Strudellöcher hineinzugeraten, 10 bis 15 Meter tiefe, vom Wind in die Sandwogen geblasene Trichter, die oft völlig unerwartet auftauchen, fahren wir immer wieder mühsame Umwege. Und bei alledem müssen wir, wenn wir uns nicht in der Endlosigkeit des Sanddünenmeeres verirren wollen, unsere Hauptrichtung einhalten. Oft stoppen wir, ersteigen eine Düne, um die beste Passage zu erkunden.

In einem weiten Tal vor uns taucht plötzlich in ungewisser Entfernung ein leuchtend roter Punkt wie eine Wegmarkierung auf. Er erweist sich als das Fragment eines langsam im Sand versinkenden Feuerwehrwagens. Er hatte es offensichtlich nicht geschafft. Wohin nicht geschafft? Es war für uns wie eine Erscheinung, surrealistische Ausgeburt, verirrter Import eines spätindustriellen Zeitalters – unbeabsichtigt zum Kunstobjekt des 20. Jahrhunderts geworden.

Die düsteren Wolken hängen sackartig durch. Das verheißt nichts Gutes. Der

Problematisch ist die Bewässerung von Feldern am Rande der Wüste. Auch das süßeste Wasser enthält noch Salze. Durch die starke Verdunstung bleiben sie als dicke Kruste zurück und verwandeln den Boden in eine sterile Wüste

Wind wird heftiger. Über den Graten der
Dünen stehen lange Sandfahnen. Dann
beginnt der Sand zu fließen. Die Oberfläche der Dünen verwandelt sich allmählich
in die Bewegung eines riesigen, im Wind
wogenden goldgelben Kornfeldes. Sandsturm.

Der Anblick der fließenden Flächen,
die schnelle Schußfahrt hinab in ein tiefes
Dünental erregen Schwindel. Der Grat
des nächsten Dünenzuges, den ich hinauf-
rase, scheint sich vor mir in einzelne Sand-
fetzen aufzulösen. Der Sturm verwischt
die Grenzen zwischen Erde und Himmel.
Kurz vor dem Grat verläßt mich der Mut.
Instinktiv fürchte ich den tiefen Abgrund
dahinter. Statt weiter Vollgas zu geben,
ziehe ich den Fuß zurück. Der Wagen
versinkt auf der Stelle im Sand, nur einen
Meter vor dem Dünengrat. Ich steige aus,
stemme Sandbleche unter die Reifen, versuche wieder zu starten – das Fahrzeug
bewegt sich keinen Zentimeter. Der Hang
ist zu steil, um ihn aus dem Stand heraus
zu bewältigen. Ich muß mich rückwärts
durch das Tal hindurch auf eine bereits
überquerte Düne zurückziehen, um neu-
en Schwung zu gewinnen. Das gelingt. Ich
gebe Vollgas, in rasender Fahrt jage ich
ins Tal. Wie in einer Achterbahn reißt es
mich am Hang empor. Reicht der
Schwung, um über den Grat vor mir hin-
überzuschießen?

Einen Meter vor dem Endpunkt meines
ersten Versuches bleibe ich stehen. Das
gleiche passiert auch anschließend bei
dem erneuten Rückzug auf die Schwung-
düne. Es ergeht mir wie einem Pendel, das
langsam ausschwingt – der Ruhepunkt
würde die tiefste Stelle des Tales sein. Was
das bedeutet, ist mir klar. Ich käme hier
mit dem Wagen nie wieder raus.

Erneuter Versuch und erneuter Verlust
von Bewegungsenergie. Die Besatzung
des zweiten Fahrzeuges hat die eiserne
Regel eingehalten, in ein Dünental erst

Der See von
Umm el-Ma liegt
wie eine blaue In-
sel im Sandmeer
der libyschen
Wüste. Fossiles
Grundwasser
speist ihn. Unge-
klärt ist bis heute,
warum er nicht
vom Sand zuge-
weht wird

dann hineinzufahren, wenn das erste Fahrzeug hindurchgekommen ist. Nun haben die Freunde weiter westlich eine etwa drei Meter niedrigere Stelle in dem Dünenzug ausfindig gemacht. Das kann ich vielleicht gerade noch schaffen.

Nicht ganz. Als die Vorderräder über den Grat hinausschießen, wird ihr Antrieb für einen kurzen Moment unwirksam. Die Hinterräder drehen durch und schleudern meterhoch Sand in die Luft. In abenteuerlicher Stellung sitzt der Wagen erneut fest, die Hinterachse tief eingegraben, die Vorderachse ragt freischwebend über den Dünengrat hinaus.

An der Leeseite des Autos blasen starke Windwirbel tiefe Löcher aus – der Wagen sinkt dadurch immer weiter in den Sand ein. Auf diese Weise verschluckt die Sandwüste alles, was sich nicht mehr bewegen kann. Leben, Überleben in der Sandwüste läßt sich darum nicht zuletzt als ständige Flucht vor dem Versinken durch Bewegung definieren.

Mit größter Anstrengung schaufeln wir den Grat unter dem Rover weg, nach einer Weile kippt das Fahrzeug dadurch auf die andere Seite der Düne. Als Bestandteil einer Sandlawine fahre ich den steilen Leehang hinunter ins nächste Tal.

Nach mehreren Stunden erreichen wir endlich unser Ziel. Wieder ist es eine Landschaft starker Kontraste – mit tiefblauen, palmenumsäumten, grundwassergespeisten Seen inmitten von Riesendünen. Im Gegensatz zur unbewohnten Krateroase Wau en Namus 500 Kilometer entfernt sind diese Seen von Gemüsegärten umgeben, von Getreidefeldern, Schilfhütten und aus Salzschlammziegeln

erbauten kleinen Häusern. Die Abgeschiedenheit dieser Oasen sorgt am Mandarasee, unserem ersten Ziel, für einen freundlichen Empfang. Die geistlichen und weltlichen Honoratioren laden uns zu einem rituell dargebotenen Tee ein.

Die Männer verfügen ganz augenfällig über ein ungewöhnlich großes Maß an Freizeit. Stundenlang spielen sie eine Art Mensch-ärgere-dich-nicht. Als Figuren dienen weiße Steine und dunkle Bällchen −luftgetrockneter Eselsmist −, das Spielbrett ist der mit kleinen Aushöhlungen versehene Wüstenboden. Dieses Spiel, dessen Bestandteile sich überall finden lassen, hatte ich auch schon bei den auf Leichtgepäck bedachten Nomaden gesehen.

Ein Mann rezitiert Texte aus dem Koran. Das gleißende Licht der Wüste spiegelt sich auf seiner Stirn in den kristallinen Sandkörnern, die sich während der rituellen Verbeugungen der schweißnassen Haut angeheftet haben.

Ganz in der Nähe der ständigen Männerversammlung sind Frauen damit beschäftigt, ein prächtiges Zwiebelfeld zu bewässern. Mühsam schöpfen sie das Wasser aus Brunnen. Der nahe, große See kann nicht genutzt werden. Er ist durch Verdunstung im Laufe der Zeit immer salziger geworden.

Zu den Pflichten der Frauen gehört es auch, eine für die Sahara einzigartige Nahrungsquelle zu nutzen. Mit Hilfe meterlanger, schlauchförmiger Kescher fischen sie in den Seen nach winzigen Krebsen, die das Wasser zahlreich bevölkern. Zu einem undefinierbaren Brei zusammengekocht, stellen diese Tierchen, die den wissenschaftlichen Namen *Artemia salina* tragen, zusammen mit Algen, die ebenfalls ins Netz gehen, eine wichtige Eiweißquelle für die Menschen dar. Noch heute wird dieser Brei, zu brotähnlichen Fladen getrocknet, vom Mandarasee in andere Oasen exportiert. Mehrfach beobachte ich, daß neuerdings als Fanggerät eigenartige Doppelschläuche sehr beliebt sind, deren ursprünglicher Zweck den Frauen wahrscheinlich nicht bekannt ist. Es sind Strumpfhosen.

Mit Hilfe der Dolmetscherdienste dreier palästinensischer Lehrer, die in der winzigen Dorfschule am Mandarasee unterrichten, finde ich heraus, wem die männlichen Bewohner der Oase ihr Übermaß an Freizeit verdanken: dem Erdöl. Der libysche Staat ist durch den Export dieser fossilen Energie zu Reichtum gelangt und schüttet für seine Bürger, unabhängig von ihrer Arbeitskraft, eine Art Gewinnbeteiligung aus. Die Lehrer übersetzen mir jedoch auch, daß mit dem Geldboten häufig ein Regierungsvertreter in das Dorf kommt. Er versucht, die Be-

Eine Erbschaft aus der Erdgeschichte bildet den heutigen Reichtum der Wüste. Doch bevor das Erdöl in die Pipelines fließt, muß das explosive Gas als Abfallprodukt verfackelt werden. Unter hohem artesischen Druck schießt fossiles Wasser aus einem Bohrloch hervor

wohner dazu zu überreden, daß sie ihre Oase aufgeben und fortziehen. Die Oasenbauern sind längst Gegenstand einer Planungsgeometrie geworden. Technokraten im fernen Tripolis wollen sie in neue, andersartige Oasen umsiedeln, weit weg im Wadi Adshall, um so die Verwaltung des Landes zu zentralisieren. Noch widersetzen sich die Menschen am Mandarasee diesen Plänen. Ich bestärke sie in ihrem Entschluß zu bleiben, indem ich die gewachsene Schönheit ihrer Oase preise. Doch auf die Dauer werden sich diese Menschen, die jahrhundertelang in einer der lebensfeindlichsten Landschaften der Erde überlebten, nicht behaupten können. Denn längst ist damit begonnen worden, auch dieser Oase das Wasser abzugraben.

Im Wadi Adshall, am Rande des grundwasserreichen Mursukbeckens, haben die Libyer mit großem technischen Aufwand begonnen, das fossile Grundwasser zu nutzen. Damit wurde das jüngste Kapitel in der langen Geschichte menschlichen Raubbaus an natürlichen Ressourcen eingeleitet. Nach dem Erdöl löste Grundwasser in der Sahara die neueste Euphorie dieses gierigen Zeitalters aus. Auf der Suche nach Öl wurde oft auch „Savornins Meer" angebohrt. Statt des begehrten schwarzen Goldes der Wüste sprudelte vielerorts unter hohem artesischen Druck Wasser aus den Bohrlöchern. Sind auch die Wassermengen im Untergrund gewaltig – unbegrenzt sind sie nicht, genausowenig wie die Ölvorräte. In dem gegenwärtigen Wüstenklima werden die Grundwasservorräte nur noch geringfügig aufgefüllt und jede übergroße Entnahme geht – wie beim Erdöl – auf Kosten der Vorräte. Sie werden durch eine großtechnische Ausbeutung in absehbarer Zeit erschöpft sein. Was sich in Jahrmillionen angesammelt hat, werden die Menschen in nur wenigen Jahrzehnten verbrauchen.

Im Kufra-Becken hat der libysche Staat neue Oasen angelegt, in denen Getreide und für das Vieh Luzerne angebaut werden. Eine 500 Meter lange Rohrkonstruktion rotiert um das Bohrloch im Zentrum und versprüht Wasser. Selbst aus dem Weltraum sind die neuen Oasen mit ihrem Durchmesser von einem Kilometer zu erkennen. Die Zone der grünen Vegetation erscheint hier rot – aus technischen Gründen eine „Falschfarben-Aufnahme"

Die natürlichen Oasen haben Jahrhunderte, in einigen Fällen sicherlich schon Jahrtausende hindurch der Wüste widerstanden. Die begrenzte Arbeitskraft der Oasenbauern hielt die Entnahme von Grundwasser und dessen Erneuerung durch Niederschläge weitgehend im Gleichgewicht. Das ändert sich nun beängstigend: Eine Vielzahl artesischer Brunnen und die Motorpumpen der neuen Oasen holen so viel Wasser aus den Speichergesteinen, daß der Grundwasserspiegel bedenklich sinkt und damit alten Oasen vielerorts bereits die Lebensgrundlage entzogen wird. In vielen Gegenden der Sahara gilt die Faustregel: Ein Quadratmeter großtechnisch bewässerter Wüstenboden läßt einen Quadratmeter traditionell bewirtschafteter Oasenfläche vertrocknen.

Das stört die Bewässerungstechnokraten jedoch wenig. Sie argumentieren: Die alten Oasen, die auf eine Balancierung des Grundwasserspiegels angewiesen sind, stellten insgesamt gesehen einen nur geringen Teil der theoretisch durch moderne Methoden nutzbaren Fläche dar. Die Folgen des Absinkens des Grundwasserspiegels und damit die Existenz dieser Gebiete könnten deshalb vernachlässigt werden. Es ist abzusehen, daß den neuen Oasen nur eine kurze Lebensdauer beschieden bleibt – aber auch das stört die Planer nicht. Mehrere Jahrzehnte sprudelnden Überflusses sind eine paradiesische Verlockung für ein Volk, das Jahrhunderte hindurch um jeden Liter Wasser, um jeden Quadratmeter fruchtbaren Landes kämpfen mußte. Man denkt in diesen Ländern seit jeher schicksalsergeben: Allah hat den Arabern das Öl gegeben, er hat ihnen das Grundwasser geschenkt, er wird sicherlich weiterhelfen, wenn alles verbraucht ist.

Das Haupthindernis, das neben der Menschenleere der Sahara einer grenzen-

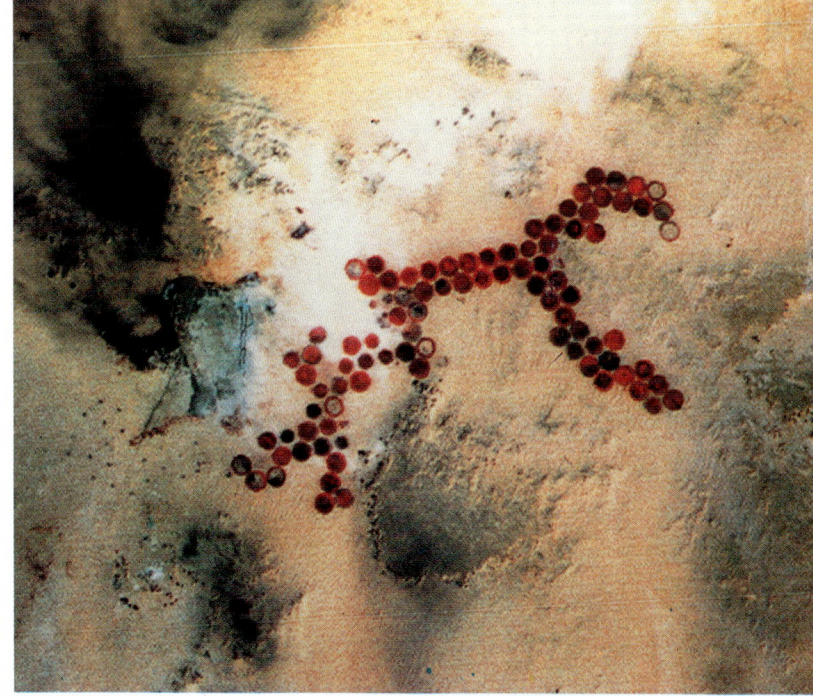

losen Neulanderschließung Einhalt gebietet, ist nach wie vor die begrenzte Nutzbarkeit des fossilen Grundwassers – sein hoher Salzgehalt.

Selbst kurzfristiger Erfolg könnte den neuen Oasen nur beschieden sein, wenn man die unterirdische Bewässerung erheblich intensiviert. Der technische Aufwand dafür begrenzt derartige Projekte. Außerdem stehen gar nicht genug Arbeitskräfte zur Verfügung, um die neuen Oasen zu bewirtschaften. Wenn die Bewohner aus den alten Oasen fortgehen, dann wollen sie, angelockt von mehr Komfort, in die Städte ziehen oder auf den Erdölfeldern arbeiten. Sie geben damit die Sicherheit auf, die ihnen die Erfahrung der Vergangenheit garantiert und tauschen dafür eine ungewisse Zukunft ein.

Neue landwirtschaftliche Projekte sollten in der Sahara auf jene Gebiete beschränkt bleiben, in denen auch heute noch das Grundwasser durch ausreichende Niederschläge aufgefüllt wird, etwa südlich des Atlas oder in der Nähe anderer Gebirge. Die Oasenstädte im Tale des Mzab in der algerischen Sahara beweisen den Erfolg solcher Vernunft. Obwohl diese jahrhundertealten Siedlungen inmitten trockener Wüste liegen, werden hier zehntausende von Menschen bis heute ausreichend mit Wasser versorgt: durch unterirdische Wasserströme, die im regenreichen Atlasgebirge entspringen und weit in die Sahara eindringen. Die moderne Bewässerungstechnologie sollte lediglich dazu genutzt werden, die Substanz der alten, bewährten Oasenkulturen zu erhalten und die Lebensqualität ihrer Bewohner zu erhöhen.

Unbestritten sind die Erfolge der Israelis bei der Kultivierung der Wüste Negev. Doch sie ist ja auch nur ein winziger Fleck, verglichen mit der Sahara. Das weitgehend wüstenhafte Israel produziert soviel Nahrungsmittel, daß es sogar große Men-

Staubnebel verschleiert die Sonne über Ghardaia im Mzab-Tal der algerischen Sahara. Die Stadtoase verdankt ihre Existenz unterirdischen Wasserströmungen, die durch Niederschläge im fernen Atlasgebirge gespeist werden

gen davon exportieren kann. In der Negev-Wüste gezogenes Gemüse und Obst ist im Winter auf fast allen europäischen Märkten zu finden. Diese Erfolge sind nur möglich, weil die Israelis raffinierte, der Wüste angepaßte landwirtschaftliche Techniken entwickelt haben und so gut wie jeder Tropfen Regen genutzt wird.

Der größte Teil der Feldfrüchte gedeiht dort im künstlichen Klima von Gewächshäusern aus transparenten Plastikfolien. Diese Gewächshäuser dienen natürlich nicht, wie im kühlen Klima Europas, dazu, die Sonnenwärme zu speichern, sondern sie sollen verhindern, daß die wertvolle Feuchtigkeit in die trockene Wüstenluft entweicht. Verglichen mit der offenen Feldwirtschaft, benötigt man so für gleiche Ernteerträge nur ein Zehntel der Fläche und ein Zwanzigstel des Wassers.

Aber auch in ihren Freilandkulturen, in Orangen- und Pfirsichplantagen, haben die israelischen Agronomen den Verbrauch von Wasser und damit die gefährliche Versalzung der Böden auf ein Mindestmaß verringert. Perforierte Plastikrohre, unterirdisch verlegt, führen den Wurzeln der Bäume präzise die Wassermenge zu, die sie für ihr Wachstum benötigen. Darüber hinaus sind israelische Wissenschaftler seit langem bestrebt, Pflanzen nutzbar zu machen, die von Natur aus in der Wüste vorkommen, also an die Verhältnisse angepaßt sind. Die Forscher versuchen, aus ihnen ertragreiche Kulturpflanzen zu züchten, die auch Salz vertragen.

In einigen Fällen zeichnen sich bereits Erfolge ab. So könnte es beispielsweise gelingen, die strauchartige Jojoba-Pflanze großflächig anzubauen, ohne sie künstlich bewässern zu müssen. Sie enthält ein sehr dünnflüssiges Öl, das von der Industrie benötigt wird. Es könnte binnen kurzem das besondere Öl ersetzen, das heute noch aus dem Pottwal gewonnen wird. So würde eine Wüstenpflanze dazu beitragen,

eine gefährdete Tierart des Meeres zu schützen und zu erhalten.

Der Saft einer anderen Wüstenpflanze – ein Wolfsmilchgewächs – läßt sich ebenfalls zu Öl und sogar zu Benzin verarbeiten. Noch liegen die Kosten dafür über dem Preis für Erdöl. Aber angesichts der zur Neige gehenden Erdölvorräte und durch verbesserte Technologien wird sich aus dieser Wüstenpflanze vielleicht eines Tages Benzin wirtschaftlich gewinnen lassen.

Neben der erfolgreichen Kleinarbeit der Israelis nehmen sich etliche andere Projekte, die Wüste einzudämmen und ihr Ackerland abzuringen, eher gigantisch aus. Die Russen haben damit begonnen, die Amerikaner planen es: Ganze Flüsse sollen aus regenreichen Regionen in Wüsten umgeleitet werden. Hunderte von Kilometern müssen dabei überwunden, ganze Bergzüge durchbrochen, gigantische Tunnel und Kanalsysteme erbaut werden. Die Kosten für derartige Projekte in Nordamerika werden auf 400 Milliarden Dollar veranschlagt, das ist mehr als anderthalbmal der gesamte Staatshaushalt dieser größten Industrienation der Welt. Inzwischen zuviel, auch für ein Land wie Amerika.

Doch die Zeit drängt. Im Vergleich zu anderen Wüstenregionen ist die wüstenhafte Westhälfte der USA mit Stadtoasen dicht besiedelt. Damit ist auch der Verbrauch fossiler Grundwasserreserven weit vorangeschritten. Von künstlich bewässerten Golfplätzen, aus den Klimaanlagen und aus den swimming pools von Las Vegas und Phönix verdunstet mehr Wasser, als Regen vom meist wolkenlosen Wüstenhimmel fällt. Der Boden der intensiv bewässerten landwirtschaftlichen Nutzflächen ist vielerorts weitgehend erschöpft und versalzen. In den Weizengebieten der Great Plains östlich der Rocky Mountains bläst der heiße, trockene Wind bereits soviel fruchtbaren Boden von den gepflügten Feldern, daß dadurch eine Produktionsmöglichkeit von drei Millionen Tonnen Weizen im Jahr verlorengeht.

Auch die Kapazitäten des Colorado-River als natürliche Fernwasserleitung sind erschöpft. Nicht ein einziger Tropfen dieses wasserreichen Flusses gelangt mehr in den Pazifik. Alles wird hinter gewaltigen Staumauern auf dem Kontinent zurückbehalten, um Energie zu gewinnen und Land zu bewässern. Längst jedoch erkannte man, daß die Stauseen in nur hundert Jahren in einem bedrohlichen Maß durch Schlamm, Sand und Geröll aus der Wüste angefüllt sein werden. Deshalb entschloß man sich, weitere Staumauern zu bauen, die verhindern, daß der Colorado auf weiten Strecken Füllmaterial abträgt. Das jedoch ist zweischneidig. Je größer die Stauflächen werden, umso mehr verdunstet das Wasser, mit dem man eigentlich Felder bewässern wollte.

Unter diesen Aspekten betrachtet man heute auch den Assuanstaudamm im Nil eher als schädlich denn als nützlich. Von der riesigen Oberfläche des Stausees verdunsten ungenutzt gewaltige Wassermengen. Darüber hinaus lagert sich der fruchtbare Schlamm, den früher die alljährlichen Hochwasser auf die Felder schwemmten und dem die Flußoase jahrtausendelang ihre Lebenskraft verdankte, heute hinter der Staumauer ab – nutzlos auf dem Grund des Sees.

Erdölreiche Wüstenstaaten wie der Iran und Saudi-Arabien versuchen, das Eindringen von Wanderdünen in Oasenkulturen mit einer Methode zu verhindern, die auf den ersten Blick wie Umweltverschmutzung anmutet. Sie besprühen die Sandhänge mit Öl, um sie zu stabilisieren. Der Ölfilm trocknet zu einer grauen Schicht, unter der die Feuchtigkeit gebunden wird. Zuvor sät man widerstandsfähiges Dünengras aus. Auch die natürliche Wüstenvegetation wird durch die feuchtigkeitsbindende Ölkur der Dünen gefördert. Und in einigen Fällen ist es bereits gelungen, in den Ölsanden kleine Wälder heranzuziehen.

Dort, wo das schwarze Gold und damit Energie im Überfluß vorhanden ist – wie in den Scheichtümern am Persischen Golf – stehen auch die ersten großen Anlagen zur Entsalzung von Meerwasser. Aber trotz billigster Energie kosten beispielsweise mit diesem Wasser in Gewächshäusern gezüchtete Tomaten immer noch etwa 30 Mark das Kilo. Optimisten unter den Technikern hoffen, eines Tages auch die Entsalzung von Meerwasser wirtschaftlich betreiben zu können. Sie stellen sich eine Art riesiger künstlicher Nieren vor. Membranen wie die, welche die Verunreinigungen aus dem Blut herausfiltern, sollen das Salz aus dem Meerwasser entfernen.

Neuerdings ist auch die alte Idee wieder diskutiert worden, das Eis der kalten antarktischen Wüste für die Bewässerung der heißen Wendekreiswüsten zu nutzen. In Paris wurde dafür eigens eine Eisbergtransportgesellschaft gegründet. Nach den Vorstellungen ihrer Inhaber sollen gewaltige Tafeleisberge von starken Schleppschiffen aus antarktischen Gewässern bis nach Australien und in den Persischen Golf gezogen werden. Erster Präsident der Firma wurde der für die Wasserversorgung Saudi-Arabiens verantwortliche Scheich Mohammed Faisal.

Die Experten sind sehr unterschiedlicher Meinung darüber, ob derartige Unternehmen machbar sind. Die Befürworter des Projektes wollen zunächst einen Eisberg vor die südwestaustralische Stadt Perth schleppen lassen. Nach ihren Berechnungen, die auf der Maschinenstärke vorstellbarer Spezialschlepper fußen, kann ein solcher Eisberg bis zu 1000 Meter lang, 200 Meter breit und 500 Meter dick sein. Nur etwa 60 bis 70 Meter des Kolosses würden dabei über die Wasseroberfläche ragen. Die Eisbergimporteure hoffen, daß die Eisinsel auf ihrem Weg durch wärmeres Wasser so abschmilzt, daß sich von selbst ein strömungsgünstiger Bug ausbildet. Der Transport etwa nach Perth würde vermutlich sechs Monate dauern. Während dieser Zeit würde der Eisberg auf ungefähr die Hälfte zusammenschmelzen. Dennoch würden am Ende schätzungsweise 50 Millionen Tonnen Wasser übrigbleiben – genug, um eine Million Menschen ein Jahr lang zu versorgen.

Vor einem solchen ersten Schleppzug stehen jedoch unabschätzbare Schwierigkeiten. So ist zum Beispiel noch nicht bekannt, warum einige der Eisgiganten schneller auseinanderbrechen als andere. Außerdem müssen die Strömungen in den südlichen Ozeanen genauer erforscht werden. Und die Spezialschlepper mit extrem starken Motoren sind noch nicht konstruiert. In den Importländern für antarktisches Eis müßten außerdem gewaltige Trockendocks erbaut werden, in denen die Eisberge abtauen.

Die Befürworter solcher Pläne meinen, daß sich alle diese Investitionen lohnen. Nach ihrer Rechnung ist das Wasser eines Eisbergs von 50 Millionen Tonnen in Australien 20 Millionen und in Saudi-Arabien 100 Millionen Mark wert.

Die Kritiker des Projektes sind jedoch davon überzeugt, daß die wertvolle Fracht niemals aus den Wasserhähnen der in Stadtwohnungen umgezogenen saudischen Beduinen sprudeln wird. Sie wenden ein, der Eisberg und somit sein Wert werde rapide zusammenschmelzen, sobald er in die Nähe des Äquators oder gar von Wüsten gelange. Sie halten den Projektoren vor, in ihrer Rechnung einen wichtigen Posten vernachlässigt zu haben: Je mehr die Eisinsel abschmilzt, umso kleiner wird auch die Oberfläche, die die Sonnenstrahlen reflektiert. Die Befürworter halten dem entgegen: Dieser ungünstige Faktor werde ausgeglichen, indem der Schleppzug immer schneller wird, je mehr der Eisberg zusammenschmilzt.

Endgültige Klarheit kann sicherlich nur mit einem Versuch gewonnen werden. Er soll vielleicht schon in Kürze stattfinden. Die Saudis haben unterdessen bereits zwei Millionen Petrodollar für die Planung flüssig gemacht.

Eines wird jedoch sicherlich nicht gelingen: Die Eisberge direkt vor die Haustür der Staaten am Persischen Golf zu schleppen. Auch wenn sie zusammenschmelzen, wird ihr Tiefgang immer noch größer sein, als die Seestraße von Hormuz tief ist – 40 Meter.

Welche Technologie auch immer neue Möglichkeiten entwickelt – es wird Illusion bleiben, größere Regionen der Wüste oder gar die ganze Sahara in einen Gemüsegarten zu verwandeln. Harte Zahlen wiederlegen die Planer. Denn beispielsweise nur etwa sechs Prozent der Sahara eignen sich überhaupt für eine Bewässerung. In allen anderen Gebieten haben sich durch die Verwitterung Salze und Metallverbindungen oft als panzerartige Krusten auf der Wüstenoberfläche angereichert oder Abtragung und Umlagerung sind so stark, daß sich keine humusreichen Böden bilden können. Auf solchem Untergrund wird jeder Pflanzenwuchs unmöglich.

Noch ein anderer Vergleich wirkt erschreckend: Jährlich werden in Nordafrika etwa hundert Quadratkilometer Wüste durch künstliche Bewässerung erschlossen – aber um diese Größe dehnt sich die Sahara heute binnen zwei Tagen aus. In den letzten 50 Jahren ist die größte Wüste der Erde allein entlang ihrer 5000 Kilometer langen Südgrenze 200 Kilometer weit vorgestoßen und hat dabei eine Million Quadratkilometer Land erobert.

Vieles deutet darauf hin, daß diese Verwüstung bereits das Mittelmeer übersprungen und in Spanien Fuß gefaßt hat. In der Provinz Almeria fanden Wissenschaftler in den letzten Jahren Hinweise dafür. In einer wüstenähnlichen Landschaft entdeckten sie Pflanzen, Insekten und die Brutplätze von Vogelarten, die typisch für die Sahara sind und bislang nur dort vorkamen. Eine von ihnen – der Wüstengimpel – wurde zuerst von mir in Spanien nachgewiesen.

Die meisten Klimatologen meinen, daß die Sahara an ihrer Südgrenze heute nur das zurückerobert, was sie bereits vor der letzten regenbringenden Kaltphase der Eiszeit lange besessen hat.

Längst ist der Mensch Opfer der Wüste geworden. Er bezwingt sie nicht, sondern fördert sie sogar. Nur an wenigen Plätzen wächst die Wüste, weil ihre Sandwalzen die Oasen und das Ackerland verschütten. Der Mensch weicht in langem, zähen Kleinkrieg davor zurück. Eine Million Quadratkilometer mehr Wüste in einem halben Jahrhundert – mehr als viermal die Bundesrepublik Deutschland – das bedeutet unvorstellbares Leid für eine Million Menschen. So dicht war die Sahelzone südlich der Sahara noch jüngst besiedelt. Seit 1968 aber sind die sommerlichen Regen ausgeblieben. Am härtesten wurden Mauretanien, Ober-Volta, Mali und Niger von der Dürre betroffen. Bis heute starben fast 500 000 Menschen an ihren Folgen. Millionen Tiere – Rinder, Kamele, Schafe, Ziegen, Esel – verendeten.

Es ist ein langer Todeskampf, ein ständiges Hoffen auf Wolken. Wenn sie kom-

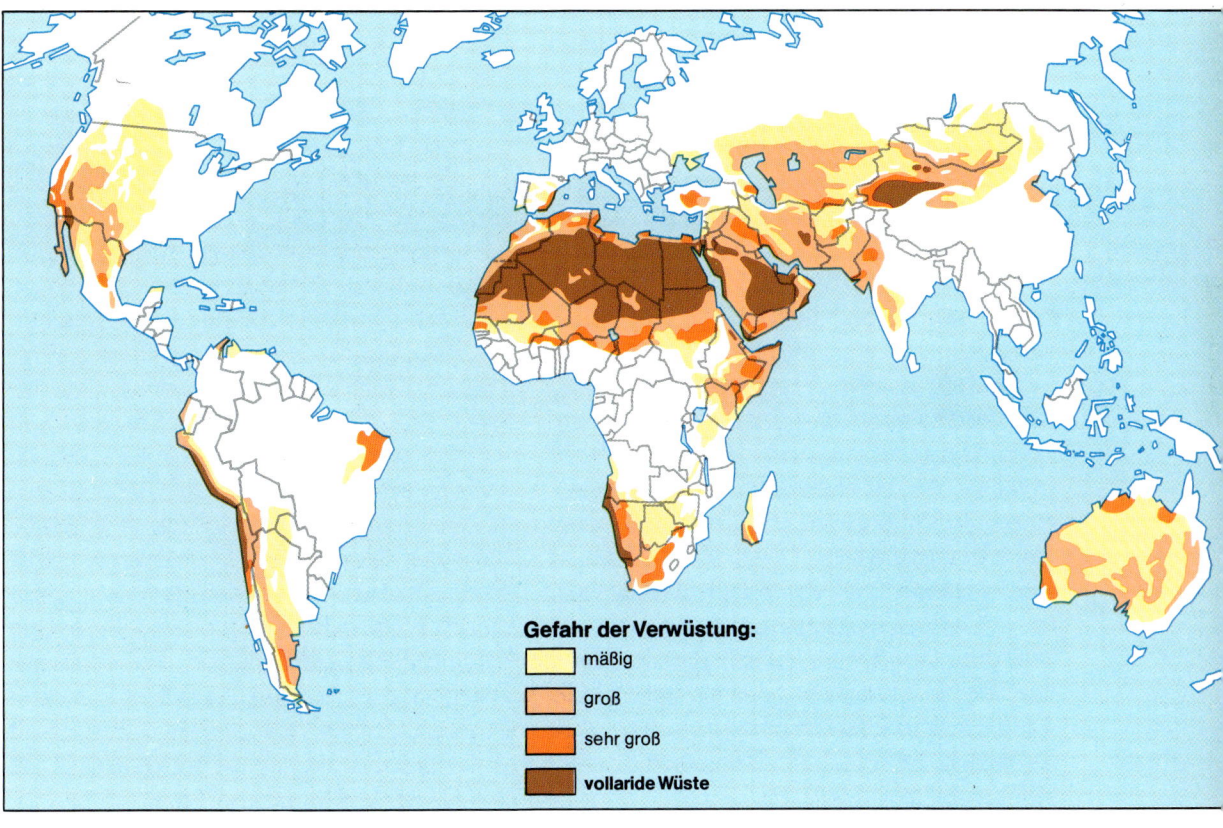

Die Wahrscheinlichkeit der weiteren Verwüstung unserer Erdoberfläche in den nächsten 50 Jahren zeigt die GEO-Karte, die nach Erhebungen der Unesco entstand

Gefahr der Verwüstung:

mäßig

groß

sehr groß

vollaride Wüste

331

men, dann bringen sie Regen für wenige Minuten – zu wenig, um die Weiden wieder grünen zu lassen, zuviel, um zu sterben. Arm sind die Menschen in diesen Gebieten immer gewesen. Mühsal haben sie immer ertragen. Jetzt kommt die Not, der Untergang.

Die wenigsten Menschen verdursten. Sie verhungern, sterben an Krankheiten, denen ihre geschwächten Körper nichts mehr entgegenzusetzen haben. Die Hilfsgüter der reichen Nationen dringen nur selten bis zu den Nomaden vor, die sich mit ihren restlichen Herden irgendwo verkriechen und stumm auf Regen warten. Gleichmut, Korruption und Inkompetenz untergraben die Auslieferung von Spenden an die Hungernden. Überladene Lastwagen brechen irgendwo zwischen den Häfen und dem Landesinneren auf unwegsamen Pisten zusammen. Milchpulver aus zerborstenen Containern wird vom Winde verweht.

Es ist ein langer Weg von den Toten auf den Schlachtfeldern der Wüste bis zu den Reißbrettern der Eisbergtransportgesellschaft und den Gewächshäusern, in denen Wüstenpflanzen kultiviert werden, aus denen sich Benzin herstellen läßt. Experten der Vereinten Nationen haben errechnet, daß es 100 Jahre dauern und 50 Milliarden Dollar kosten würde – eine irreale Summe –, um der Wüste nur das wieder abzuringen, was sie im letzten halben Jahrhundert erobert hat. Sie errechneten auch, daß 120 Kilo Hirse pro Kopf und Jahr gerade genug sei, um zu existieren. Diejenigen, die bisher überlebten, hatten dafür nur 30 Kilo.

Jahrhunderte sind die Nomaden mit ihren Herden auf der Suche nach Weidegründen den Regenwolken gefolgt. Mit bloßen Händen hoben sie in den Wadis Tränken aus. Die Tiere tranken, was auch ihr Futter wachsen ließ: Regenwasser. Die Arbeitskraft der Hirten, die Menge des

Wenig Aussicht
auf Erfolg haben die
Menschen im
Abwehrkampf gegen
die Wüste. Die
Sandmassen von
Sicheldünen über-
fluten Kulturland
in Ägypten. Oasen-
bauern im Sahel gra-
ben dem sinkenden
Grundwasser nach

Wassers, des Futters und die Kopfzahl der Herden bildeten eine in sich geschlossene Einheit – mit einem modernen Schlagwort bezeichnet: ein Ökosystem. Waren die Futterpflanzen abgeweidet, so versiegten meist auch die temporären Tränken. Die Nomaden zogen weiter. Die Pflanzen und die Böden konnten sich erholen. Die lange Wanderung dezimierte die Herden zu einer Kopfzahl, die den Vorräten der Landschaft entsprach.

Noch vor der großen Dürre, Mitte der sechziger Jahre unseres Jahrhunderts, kamen Entwicklungsexperten und bohrten immer neue Brunnen bis hinab ins fossile Grundwasser. Hirten wurden dort seßhaft. Ihre Herden wuchsen und wuchsen. Seit der Jungsteinzeit – das dokumentieren auch die großartigen Rindergemälde im Tassili-Gebirge – wuchs das Ansehen der Hirten mit der Kopfzahl ihrer Herden. Überweidung war die Folge des gestörten Gleichgewichts zwischen Wasser und Nahrungsangebot. Noch bevor die Gräser

der Wüstensteppe neue Samen für die nächste Wachstumsperiode ausbilden konnten, wurden sie abgenagt. Und zu viele Hufe zertrampelten eine zu dünne Humusschicht zu Staub, den die Stürme forttrugen.

Als dann die Regenfälle ausblieben und sich eine große Naturkatastrophe abzeichnete, versuchten die Hirten ihren Tieren Futter zu verschaffen, indem sie die Kronen der Bäume in der Savanne köpften. Ihrer Blätter beraubt, starben jetzt auch die Bäume. Abermillionen von Akazien hätten die jahrelange Dürre wahrscheinlich überlebt, denn ihre Wurzeln reichen mehr als 30 Meter oft bis ins fossile Grundwasser hinab.

Die Vereinten Nationen – Rechenzentrum menschlichen Massenelends – haben von Ökologen auch errechnen lassen, daß eine Durchschnittsfamilie von fünf Personen im Sahel einen Hektar Savannenwald im Jahr zerstört, um Futter für Vieh und Brennmaterial für ihr karges

Mahl zu gewinnen. Je mehr die Menschen durch die Ausbreitung der Wüste bedrängt werden, desto mehr tragen sie selbst zur Verwüstung bei. Ein Teufelskreis beginnt. Mit jedem Feld, das vertrocknet, mit jedem Tier, das verendet, sind die Menschen immer mehr gezwungen, Brennholz gegen Nahrung einzutauschen. Lange Karawanen von Frauen und Eseln, mit schwankenden Holzbündeln beladen, weisen den Weg in die Städte, die durch die Elendsquartiere der Dürreflüchtlinge uferlos gewachsen sind.

Vor Beginn der großen Dürre waren 65 Prozent der Bevölkerung Mauretaniens Nomaden. Heute sind es nur noch 20 Prozent. Die Bevölkerung der Hauptstadt Nouakchott erhöhte sich durch die Flüchtlinge von 30 000 auf 150 000. Dort versuchen die einst stolzen Nomaden, die Reste ihrer Herden am Leben zu erhalten, indem sie sie mit den zerrissenen Pappkartons der Hilfssendungen füttern. Aber sie wollen immer noch nicht wahrhaben, daß sie längst zu Empfängern von Almosen geworden sind.

Mit dem Wald der Savanne hat der Mensch die grüne Haut zerstört, die das tropische Afrika vor dem austrocknenden Vakuum der Sahara schützte. Das Klima wird noch trockener. Der Boden wird zum Schleifmaterial der Sandstürme. Die Selbstverwüstung eines ganzen Erdteils schreitet unaufhörlich voran. Wie in einer gigantischen Kesselschlacht rücken die Wüsten von Norden, aus dem südlichen Afrika und von Osten, vom trockenen Horn Afrikas gegen das grüne Herz des Kontinents vor. Aber auch an dieses wichtige Organ der Erde – an die Urwälder, die die Wolken mit Feuchtigkeit versorgen, die die Weiden der Nomaden nähren – hat der Mensch längst Hand angelegt. Zur Rohstoffquelle degradiert, wird der Urwald gefällt und exportiert – gefördert von Entwicklungsprojekten.

Nicht allein in Afrika, auf allen Kontinenten wachsen die Wüsten: Jedes Jahr

Als die Weiden in der Trockenzone des Sahel am Südrand der Sahara verdorrt waren, köpften die Nomaden als letzte Futterreserve die Akazien, um ihre Tiere zu versorgen. Doch diese Nothilfe verzögerte den Tod der Rinderherden nur

global um 70 000 Quadratkilometer. Das entspricht der Fläche des Freistaates Bayern. Und fast überall fördert der Mensch den Vormarsch der Trockenheit weit über ihre naturgegebenen Grenzen hinaus. Die explosionsartige Ausbreitung der Wüste steht in direktem Zusammenhang mit der in erschreckendem Tempo anwachsenden Menschheit. Die Ursachen sind so vielfältig wie menschliche Lebensformen, menschliche Kultur. Seit der Antike, lange bevor hungrige Rinderherden, hungrige Menschen und der Kahlschlag in den Savannenwäldern den Vormarsch der Sahara nach Süden förderten, hatten im Norden – rund um das Mittelmeer – Raubbau an den Wäldern und Millionenheere gefräßiger Ziegen ganze Landstriche veröden lassen.

Klassisch ist auch das Beispiel eines anderen Tieres. Das nach Australien eingeschleppte europäische Kaninchen hat sich dort durch das Fehlen von natürlichen Feinden in derart astronomischer Zahl vermehrt, daß der Kontinent kahlgefressen zu werden droht. Wissenschaftler haben mit Schrecken festgestellt, daß die Zahl der dem Wüstenklima angepaßten einjährigen Pflanzenarten nach jedem der seltenen temporären Regenfälle abnimmt. Die Kaninchen fressen die jungen Pflanzen ab und verhindern damit, daß eine neue Samengeneration ausgebildet wird, die das Überleben der Art bis zum nächsten Regen gewährleistet. Viele Pflanzen drohen auszusterben, noch bevor sich die Kaninchenpopulation durch den selbst verursachten Nahrungsmangel dezimiert. Es ist eine Ausbreitung der Wüste durch die Störung des ökologischen Gleichgewichts, die der Mensch verursacht hat.

Die Wüsten mit dem kleinsten Anteil von Sanddünen liegen in Nordamerika. Doch das ändert sich neuerdings beängstigend schnell. Die Wüsten Amerikas sind

Am Rande der Elendsquartiere von Menschen, die vor der Wüste in die mauretanische Hauptstadt Nouakchott flüchteten, versucht ein Nomade, das letzte Tier seiner Herde mit Fetzen von Pappkartons am Leben zu erhalten

zum Sandkasten der wachsenden Bevölkerung aus den Stadtoasen geworden. An jedem Wochenende verwandeln Hunderttausende von ORVs (Off Road Vehicles), Geländefahrzeuge ohne Schalldämpfer, die Stille der Wüste in eine Lärmapokalypse. Ihre Räder zermahlen den Wüstenboden zu Sand und Staub, walzen die steilen Grate hoher Dünen zu runden Kuppen, zerstören die empfindlichen oberflächennahen Wurzeln der Pflanzen: Wüstenausdehnung als Folge von Sport in zunehmender Freizeit.

In der Bilanz der Ausbreitung von Wüsten erscheinen heute unter dem Strich der Ökologen längst rote Zahlen. Auch in den fruchtbaren Klimazonen sind die Böden durch eine intensive Landwirtschaft vielerorts so ausgebeutet, daß durch Kunstdünger erst einmal an Energie und Nährstoffen ein Vielfaches von dem eingebracht werden muß, was die Ernte hinterher abwirft. Und die Abgase der Industrie tragen wesentlich dazu bei, daß die Verwüstung der Erde eine neue Dimension erhält: Kohlen- und Schwefelsäure aus den Fabrikschloten fallen als Giftregen nieder und verwandeln in unserer unmittelbaren Umgebung tausende von Seen zu sterilen Wasserwüsten.

Es wird sich sicherlich als „fruchtbarer" erweisen, die Zahl der Menschen auf der Erde durch Geburtenkontrolle zu begrenzen – als den Versuch zu unternehmen, alle Wüsten in Gemüsegärten verwandeln zu wollen. Die Wüste läßt sich nicht bezwingen, denn sie ist ja keinesfalls ein kurzfristiger Unfall der Erdgeschichte, der zu beheben wäre. Im Gegenteil: Sie ist der normale Oberflächenzustand der Kontinente seit etwa vier Milliarden Jahren. Pflanzen und Tieren gelang es erst vor 400 Millionen Jahren, aus den Urozeanen heraus die Kontinente zu besiedeln. Zuvor waren sie mehr als dreieinhalb Milliarden Jahre öd und leer, wie in der Bibel

beschrieben. Eine Urwüste über unvorstellbar lange Zeit.

Die Wüste hat ihre Herrschaft über die Erde nie völlig aufgegeben. Gegenwärtig sind mehr als 35 Prozent des Festlands von Wüsten, Wüstensteppen und Trockensavannen bedeckt. Auch wenn der Erde noch eine Kaltphase der längst nicht beendeten Eiszeit bevorsteht – wie Klimatologen vermuten –, werden sich die heißen Wüsten abermals nur für einen erdgeschichtlich kurzen Moment zugunsten der vorrückenden Eiswüsten verkleinern.

Das wahre Wesen der Wüste läßt sich nur erfassen, wenn man begreift, daß ihre Erscheinungsform wahrscheinlicher ist als die jeder anderen Landschaft. Schon geringfügige Störungen des Bewässerungskreislaufes von den Ozeanen auf das Festland fördern – zunehmend durch die Einwirkungen des Menschen – die Entstehung und Ausdehnung von Wüsten. So wird die Wüste denn auch als Phänomen in der Zukunft so etwas wie das kosmische Schicksal unseres Planeten bleiben.

Das sollte jedoch nicht entmutigen. Der Triumph des Menschen besteht gerade darin, daß er schon seit der Steinzeit in der Lage ist, die Hoffnung auf Überwindung kosmischer Gesetzmäßigkeiten zum Prinzip zu erheben.

Die Begegnung mit der Naturerscheinung Wüste erzeugt beim Menschen Widerstand und den Willen, ihn zu überwinden. Das Ergebnis ist seine kulturelle Leistung, die er dagegensetzt. So ist es kein Zufall, daß ausgerechnet in der Wüste die drei großen Weltreligionen – das Judentum, das Christentum und der Islam – entstanden. Wenn die Verkünder dieser Glaubensrichtungen Einsicht haben in das Wesen des Menschen und in die Gesetzmäßigkeit der Wüstenbildung, dann läßt sich die Wüste zwar niemals bezwingen, aber ihre durch uns geförderte Ausbreitung kann eingedämmt werden.

Für die Bewohner der amerikanischen Großstädte ist die Wüste vor der Haustür zum Sandkasten geworden. Mit ihren Freizeitvehikeln zerstören sie die letzte Vegetation und leisten so der Ausbreitung der Wüste Vorschub

Stichwort-Verzeichnis

(Kursive Seitenzahlen verweisen auf Bilder)

Stichwort-Verzeichnis

Literatur zum Thema

Cailleux, A.
Der unbekannte Planet;
Kindler, München, 1968

Gardi, R.
Cram Cram, Erlebnisse
rund um die Air-Berge in
der südlichen Sahara;
Franckh'sche Verlagshand-
lung, Stuttgart, 1969

Gardi, R./Neukomm-Tschudi
Felsbilder der Sahara im
Tassili n'Ajjer; Hallwag,
Bern 1969

Gardi, R.
Tenere – die Wüste, in der
man Fische fing; Bentili,
Bern, 1980

Gerster, G.
Brot und Salz; Atlantis,
Zürich/Freiburg i. Br., 1980

Heberer, G./
Wendt, H. (Hrsg.)
Entwicklungsgeschichte der
Lebewesen (Grzimeks Tier-
leben, Ergänzungsband 1);
Kindler, München, 1962

Hugot, H. J./Bruggmann, M.
Zehntausend Jahre Sahara;
Bucher, Luzern, 1976

Illies, J./
Klausewitz, W. (Hrsg.)
Unsere Umwelt als Lebens-
raum – Grzimeks Buch der
Ökologie; Kindler, Zürich,
1973

Kaplan, R. W.
Der Ursprung des Lebens;
dtv, Stuttgart, 1972

Krömmelbein, K.
Historische Geologie,
10./11. Aufl. (Brinkmanns
Abriß der Geologie, Bd. 2);
Enke, Stuttgart, 1977

Lehmann, U.
Paläontologisches Wörter-
buch, 2. Aufl.; Enke,
Stuttgart, 1977

Lhote, H.
Die Felsbilder der Sahara;
Zettner, Würzburg, 1969

Louis, H./Fischer, K.
Allgemeine Geomorpholo-
gie, 4. Aufl. (Lehrbuch der
Allgemeinen Geographie,
Bd. 1); de Gruyter, 1979

McKee, E. D. (Hrsg.)
A Study of Global Sand Seas;
United States Government
Printing Office,
Washington, 1979

Meyers Handbuch über das
Weltall (5. Aufl.);
Bibliographisches Institut,
Mannheim, 1973

Murawski, H.
Geologisches Wörterbuch
(7. Aufl.);
Enke, Stuttgart, 1977

Petrov, M. P.
Deserts of the World; Wiley
& Sons, New York, 1976

Schiffers, H.
Die Sahara und ihre Rand-
gebiete, 3 Bde.; Weltforum
Verlagsgesellschaft,
München, 1971

Schmieder, O.
Die neue Welt, Band 2:
Nordamerika; Keyser'sche
Verlagsbuchhandlung,
München, 1963

Stanek, B.
Planetenlexikon; Hallwag,
Bern 1979

Stonehouse, B.
Tiere der Arktis; BLV,
München, 1974

Stonehouse, B.
Tiere der Antarktis; BLV,
München, 1974

Sutton, A. u. M.
The Life of the Desert;
McGraw Hill, New York,
1966

Tischler, W.
Einführung in die Ökologie;
G. Fischer, Stuttgart, 1979

Unsöld, A.
Der neue Kosmos; Springer,
Heidelberg, 1979

Wagner, F. H.
Wildlife of the Deserts;
Harry N. Abrams Inc.,
New York, 1980

Walter, H.
Die Vegetation der Erde –
Band 1: Die tropischen und
subtropischen Zonen;
Fischer, Jena/Stuttgart,
1973

Wilhelmy, H.
Klima-Geomorphologie in
Stichworten; Hirt, Kiel, 1974

Zeil, W.
Allgemeine Geologie, 11.
Aufl. (Brinkmanns Abriß der
Geologie, Bd. 1); Enke,
Stuttgart, 1975

Sahara – 10 000 Jahre zwischen Weide und Wüste;
Handbuch zur Ausstellung
des Rautenstrauch-Joest-
Museums für Völkerkunde
in Zusammenarbeit mit dem
Institut für Ur- und Früh-
geschichte der Universität
zu Köln und dem Museum
Alexander Koenig, Bonn,
o.J.

Bildnachweis

Anordnung im Layout: l. = links, r. = rechts, o. = oben, m. = Mitte, u. = unten

Sam Abell: 70/71
Prof. Gerhard Alberti: 87 o.,
98 u.
Bryan & Cherry Alexander:
184 m.
Ardea Photographics/K.W.
Jink: 243 o.
Ardea Photographics/W.
Weisser: 82
Ardea Photographics/Gert
Behrens: 210/211
Anthony Bannister: 45, 212/
213, 218 l., 222 o., 223 o., 252
u., 253 u., 257 u.
Wilfried Bauer: 254 u., 272/
273, 274/275, 288/289, 292/
293, 333, 334, 336/337
Derek Bayes/Aspect: 324
Fred Bruemmer: 264 u.,
265 r. u.
D. Cavagnaro: 216/217,
261 r. u.
Deutscher Wetterdienst/In-
strumentenamt Hamburg:
192
Jean Dufour: 10/11
Ecology Pictures/John Proc-
tor: 218/219

Victor Englebert: 276,
278/279, 307, 316, 335
Entheos: 94 u., 184 u., 232 o.
Equipe Vulcain: 118
Rainer Fabian: 41 u.
Georg Fischer/Visum:
Klappenfoto
M.P.L. Fogden: 91 o., 222 u.
Klaus D. Francke: 176/177,
326, 327
Uwe George: Titel, Vorsatz
vorne und hinten, 3: 2. von
o., 5. von o., 6. von o., 6/7, 8/
9, 12/13, 16/17, 21, 22/23, 24,
25, 26/27, 28/29, 30/31, 32/33,
35−37, 41 o., 42 o., 43 o., 48/
49, 51, 56, 57, 64, 74 l., 78/79,
84/85, 90 o., 91 u., 92, 95, 96/
97, 98 o., 178/179, 205 o., 226/
227, 235 u., 236 o., 237, 246,
247, 256, 259, 286, 287, 296/
297, 302/303, 305, 306, 309,
312, 313, 320/321
Dr. Georg Gerster: 52/53, 60/
61, 63, 88, 154/155, 199, 224/
225, 280, 281 o., 284/285, 314,
315, 318/319, 323, 332
Carol Hughes: 253 o.
David Hughes: 214/215,
254 o., 255 o. und u., 258
Tom Jacobi/Stern: 281 u.,
14/15
Joël Jaffre/Jean Marc Durou:
3 u., 172 o., 277
Peter Johnson: 76/77, 196
Uwe Karstens: 3 o., 43 u.,
87 u., 325 l.
Keystone: 65
Stephan J. Krasemann: 74/75,
185
Daniel Krinsley: 206

Hiroji Kubota/Magnum:
156/157
Thor Larsen: 266, 267
Ørnulf Lauritzen: 265 o.
Philippe Luzuy: 240/241
Mannering & Assoc.: 150/
151, 174/175, 184 o., 187, 268
Mantis Wildlife Films: 261 o.
Walter Mayr: 235 o., 290/291
Loren A. McIntyre: 162/163,
172 u., 173 o., 198, 202/203
Meteor Krater Co.: 123
Prof. Franz-Dieter Miotke:
190
Elliot Morris: 189 m. und u.,
191 o.
David Muench: 94 o.,
220/221, 231
NASA: 3: 3. von o., 4. von
o., 112, 113, 115, 117, 131,
133, 137 u., 138, 140/141, 142,
143, 145, 146
NASA/Earth Sat. Corp.:
18−20, 325 r.
NASA/Jet Propulsion Lab.:
132
NASA/Landsat/Dr. R.
Haydn, ZGF München: 34,
46, 55, 72/73, 93, 197
NASA/US Geological
Survey: 137 o., 186
NASA/Snyder, 2nd Mars
Colloquy: 139
Natural Science Photos: 263
Natural Science Photos/Dick
Brown: 255 m., 257 o.
Tom Nebbia: 238, 282/283
Reiner H. Nitschke: 205 u.,
236 u.
Nordelbische Kirchen-
bibliothek Hamburg: 39
Observer: 194/195
Oxford Scientific Films:
223 u., 228 u., 261 l. u.
Eliot Porter: 158/159, 189 o.

Bill Ratcliffe: 44, 83, 98 m.,
152/153
Björn Rurikssón: 160/161,
173 u., 188, 265 l. u.
Raghubir Singh: 310/311
Charles Swithinbank: 164/165
Jürgen Schmitt/Stern: 338
Prof. Dr. Fred Scholz: 322
Emil Schulthess: 102/103, 182/
183
Philippe Taquet: 90 u.
Gianni Tortoli: 228/229 au-
ßen l. u.
Stephen Trimble: 80/81,
170/171, 191 u., 243 u.
Art Twomey: 68/69
US Geological Survey/Erick-
sen: 42 u.
H. Roger Viollet: 298
Lewis Wayne Walker: 232 u.

Kartographie:
Horst Busecke: 251
Günther Edelmann:
166−168, 169, 193, 200, 201,
301, 331
Jörg Kühn: 104/105: 106/107,
119, 181
Bernhard Ziegler: 314

346

Bisher in gleichem Format und gleicher Ausstattung erschienen:

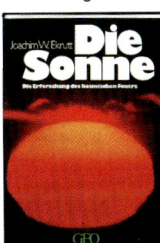  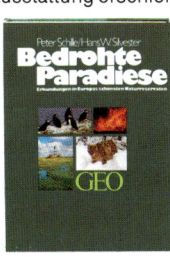  

Joachim W. Ekrutt
DIE SONNE
Die Erforschung
des kosmischen
Feuers

Peter-Hannes Leh-
mann/Jay Ullal
TIBET
Das stille Drama auf
dem Dach der Erde

Peter Schille/
Hans W. Silvester
BEDROHTE
PARADIESE
Erkundungen in
Europas schönsten
Naturreservaten

Loren A. McIntyre
DIE
AMERIKANISCHE
REISE
Auf den Spuren
Alexander v. Humboldts

Uwe George
GEBURT
EINES OZEANS